ENTRE LE CORPS ET L'ESPRIT

PSYCHOLOGIE ET SCIENCES HUMAINES

Bernard Feltz et Dominique Lambert

entre le corps et l'esprit

Approche interdisciplinaire
du Mind Body Problem

MARDAGA

PRÉSENTATION DES AUTEURS

Marc CROMMELINCK
Laboratoire de Neurophysiologie, Faculté de Médecine
Université Catholique de Louvain

Patrice DE NEUTER
Unité de Recherches Cliniques Psychiatriques, Faculté de Médecine
Université Catholique de Louvain

Joseph DUCHÊNE
Département Sciences, Philosophies, Sociétés, Faculté des Sciences
Facultés Universitaires Notre-Dame de la Paix, Namur

Bernard FELTZ
Centre de Philosophie des Sciences, Institut Supérieur de Philosophie
Université Catholique de Louvain

Gérard FORZY
Laboratoire de Biophysique, Faculté Libre de Médecine
Université Catholique de Lille

Philippe GALLOIS
Service de Neurophysiologie, Faculté Libre de Médecine
Université Catholique de Lille

JEAN LADRIÈRE
Centre de Philosophie des Sciences, Institut Supérieur de Philosophie
Université Catholique de Louvain

Dominique LAMBERT
Département Sciences, Philosophies, Sociétés, Faculté des Sciences
Facultés Universitaires Notre-Dame de la Paix, Namur

Jean-Noël MISSA
Fonds National de la Recherche Scientifique, Institut de Philosophie
Université Libre de Bruxelles

Annie PETIT
Département de Philosophie, U.F.R. de Lettres et Sciences Humaines
Université Blaise-Pascal, Clermont II, Clermont-Ferrand

Alain TÊTE
Centre de Recherche en Psychologie Cognitive, Faculté de Psychologie
Université de Provence, Aix-en-Provence

Gertrudis VAN DE VIJVER
Fonds National de la Recherche Scientifique, Département de Philosophie et
d'Epistémologie, Université de Gand

© 1994, Pierre Mardaga éditeur
Rue Saint-Vincent 12 - 4020 Liège
D. 1994-0024-31

Introduction
B. FELTZ et D. LAMBERT

Les recherches sur le cerveau connaissent aujourd'hui des progrès prodigieux. Non seulement les disciplines biomédicales, et en particulier les recherches embryologiques et neurologiques, voient se modifier en profondeur leurs cadres théoriques et expérimentaux, mais en outre le cerveau, ainsi que son activité, devient un objet d'investigation pour une série de disciplines qui lui étaient il y a peu encore étrangères. Ainsi, logiciens, mathématiciens, physiciens, informaticiens rivalisent dans l'élaboration de modèles formels portant sur les différents niveaux de complexité du système nerveux. Par ailleurs, dans le monde de la psychologie, les recherches de type cognitiviste ont pris une importance considérable. Il en ressort une modification radicale de la topographie du paysage disciplinaire traditionnel des neurosciences.

Loin d'être évacuée, la question de l'esprit s'en trouve renouvelée, dynamisée, plus présente que jamais dans son énigme irréductible. En effet, tous ces développements scientifico-technologiques, malgré leurs présuppositions le plus souvent réductionnistes, n'ont pas réussi à évacuer une interrogation résurgente, qui touche au regard que chaque individu porte sur les siens, sur lui-même, qui vise l'identité profonde de l'être humain.

Pourtant il devient urgent de voir en quoi ces nouveaux cadres théoriques sont susceptibles de modifier les termes classiques de la question.

La signification du concept même d'«esprit» semble entraînée dans un processus de métamorphose dont la dynamique reste tout entière à exhiber. Là est tout l'enjeu de cette mise en résonance de contributions interdisciplinaires qui mobilisent des chercheurs issus de champs d'investigation les plus en pointe sur la question.

Une réactualisation de la question du rapport de l'esprit au corps ne peut pourtant faire l'économie d'une mise en perspective historique. En effet, J. Ladrière nous montre comment les schémas aristotéliciens et platoniciens marquent profondément notre culture jusque dans ses expressions les plus récentes et posent les antinomies fondamentales de l'anthropologie contemporaine. H. Bergson et M. Merleau-Ponty ont, chacun à leur manière et dans des perspectives très différentes, repris la question en fonction des derniers développements des sciences du début de ce siècle. A. Petit et J. Duchêne nous introduisent au cœur de leurs dynamiques conceptuelles.

Les sciences formelles prennent une importance nouvelle dans l'exploration du monde neuronal. D. Lambert cherche à préciser la distance qui sépare l'intelligence formelle de l'intelligence humaine dans sa concrétude biologique et historique. G. Van De Vijver s'attache à une explicitation de la dynamique d'émergence du sens à partir de points de vue aussi divers que le connexionnisme ou la morphodynamique.

Les neurosciences constituent le point focal du débat. M. Crommelinck montre comment les recherches en neurophysiologie de la vision, en articulation aux diverses architectures cognitives, conduisent à prendre en considération l'activité première de l'animal, linéament d'une activité intentionnelle, tandis que G. Forsy et Ph. Gallois, au départ de recherches neurophysiologiques, tentent de jeter un pont avec la physique contemporaine.

La philosophie des sciences et l'épistémologie s'interrogent traditionnellement sur les limites de chaque discipline, questionnement décisif dans des recherches interdisciplinaires. J.N. Missa montre comment les diverses approches de la mort modifient les conceptions du rapport entre le corps et l'esprit. B. Feltz analyse en quoi les théories sur la conscience du neuroscientifique G. Edelman rencontrent simplement un projet réductionniste ou au contraire proposent une vision novatrice du vivant et de l'être humain.

La psychologie, par son objet même, est une des composantes centrales du débat. A. Tete retrace un historique des diverses modalités d'«incarnation», d'implémentation sur un support de l'esprit humain, considéré essentiellement comme activité cognitive. P. De Neuter interroge la tradition psychanalytique pour manifester les intrications profondes, à la manière d'un nœud borroméen, des registres de l'imaginaire, du réel et du symbolique.

Cette mise en perspective interdisciplinaire ne vise en aucun cas à l'exhaustivité. L'objectif est de montrer combien il est encore possible, au-delà de tout dogmatisme et de toute clôture disciplinaire, de reprendre avec vigueur la question de l'identité de l'être humain. Un rapport dialectique s'instaure. La réflexion sur les liens entre le corps et l'esprit se nourrit des apports des divers savoirs. En même temps, la question renvoie aux limites de chaque démarche particulière. Ce rapport paradoxal a valeur symbolique. Il devient métaphore du rapport de l'être humain à sa propre condition, où s'entrecroisent inextricablement finitude et liberté.

Première partie

PERSPECTIVES HISTORIQUES

Chapitre 1
Le problème de l'âme et du corps dans la conception classique

J. LADRIÈRE

Par « conception classique » on entendra ici la conception qui est communément reçue dans la tradition intellectuelle de l'Eglise Catholique depuis le moyen âge et qui est essentiellement celle qui a été exposée par saint Thomas dans la seconde moitié du XIIIe siècle. On tentera ici de rappeler les grandes lignes de la doctrine de saint Thomas, en prenant directement appui sur les questions de la *Somme Théologique* qui traitent de l'être humain (dans le contexte d'une réflexion d'ensemble sur l'œuvre de la création) et plus particulièrement sur la question qui traite de l'âme.

L'originalité de saint Thomas est d'avoir réussi à exprimer dans le cadre d'une armature conceptuelle reprise aux grands penseurs grecs et singulièrement à Aristote la vision du monde, de l'homme et de Dieu qui s'était élaborée dans la pensée chrétienne depuis les origines, à travers les œuvres des Pères de l'Eglise (et tout particulièrement de saint Augustin), puis des auteurs médiévaux qui l'ont précédé. Le problème était de construire une interprétation spéculative capable de faire droit d'une part aux données de l'expérience humaine commune et d'autre part aux données de la foi chrétienne, ces deux catégories de données étant considérées non seulement comme nécessairement compatibles mais comme nécessairement complémentaires puisqu'elles reflètent d'une part l'ordre de la nature et d'autre part l'ordre de la grâce, dérivant l'un et l'autre de la souveraine liberté de Dieu (en tant que créatrice et en tant que salvifique). En particulier, en ce qui concerne l'être humain, il s'agissait de déterminer son statut, en tenant compte à la fois de ce que lui en apprend la conscience qu'il a de lui-même et de ce que nous apprend la révélation au sujet de sa destinée. Mais il fallait de plus caractériser ce statut au moyen d'une construction conceptuelle susceptible de s'intégrer de façon pleinement cohérente dans le cadre d'une reconstruction spéculative systématique de l'ensemble du réel. Or chez saint Thomas, reprenant en cela Aristote, cette reconstruction, qui vise à mettre en évidence la structure intelligible de la réalité, envisagée dans toute son extension et dans sa constitution la plus essentielle, s'opère à partir d'une mise en perspective qui apparaît comme capable en effet de faire saisir le réel en totalité et du point de vue de sa fondation absolue (c'est-à-dire en tant que rapporté à un principe fondateur unique, nécessairement auto-fondateur).

L'instrument conceptuel de cette mise en perspective est le concept d'être, qui définit un point de vue radical, celui de la constitution universelle en laquelle tous les éléments du réel sont posés dans la réalité, non seulement en ce qu'ils sont en tant que tel ou tel, mais primordialement en ce qu'ils sont existants. Le questionnement qui s'instaure selon ce point de vue prend dès lors l'allure d'un questionnement ontologique, c'est-à-dire relatif à l'être du réel : en définitive, ce qui nous rend le réel intelligible c'est qu'il est le déploiement de l'être, et nous le comprendrons dès lors en comprenant ce qu'il en est de l'être, ou, en d'autres termes, comment a lieu et en quoi consiste ce déploiement universel en lequel la réalité tout entière se pose en ce qu'elle est. Ce point de vue ontologique, qui est de soi universel, commande non seulement la compréhension du réel en totalité mais aussi la compréhension de chacune des régions constitutives du réel : nous comprenons tel ou tel type de réalité dans la mesure où nous découvrons comment il se situe dans la perspective universelle que spécifie le concept d'être, c'est-à-dire comment, de façon particulière, dans ce type de réalité se réalise le déploiement universel constitutif du réel comme tel, ou encore quel est le statut de ce type de réalité du point de vue de l'être, autrement dit encore quelle est sa structure ontologique. On pourrait ainsi distinguer, dans l'entreprise de la constitution d'une théorie spéculative selon le point de vue de l'être, une ontologie générale, portant sur le déploiement universel de la réalité en tant que tel, et des ontologies régionales, portant sur les statuts ontologiques respectifs des différents types de réalité. Dans le contexte de la pensée thomiste, l'ontologie générale prend la forme d'une doctrine de la création, et les ontologies régionales sont construites relativement à cette doctrine, chaque type d'être étant compris selon le statut qui lui revient dans l'ordre de la création (soit celui du créateur, s'il s'agit de l'être de Dieu, soit celui de tel ou tel type de créature, s'il s'agit de l'être de tel ou tel type de réalité finie). C'est donc en tant qu'ontologie régionale, entendue au sens qui vient d'être dit, que se construit l'interprétation spéculative de saint Thomas relativement à ce type d'être que constitue la réalité humaine. La question posée à propos de l'homme est celle de son statut ontologique : comment l'être de l'homme réalise-t-il la condition générale de l'existant, et comment, de façon plus précise, réalise-t-il la condition d'être créature ?

Cette interprétation spéculative prend l'allure d'une reconstruction : il s'agit de réeffectuer dans le domaine de l'intelligible pur, c'est-à-dire du concept, ce qui s'est effectué dans le réel. C'est forcément à partir de l'appréhension que nous pouvons avoir du réel que nous pouvons entreprendre de le reconstruire conceptuellement. Or, comme on l'a déjà rappelé, en ce qui concerne l'être humain, nous disposons de deux catégories d'informations, celles qui nous viennent de l'expérience commune et celles qui nous viennent de la révélation. Ce que nous pouvons apprendre de l'être de l'homme selon l'expérience commune (ou, ce qui revient au même, selon la conscience que nous pouvons avoir de nous-mêmes), ce n'est évidemment que ce par quoi il se manifeste, c'est-à-dire ses opérations. Et l'analyse de ces opérations, singulièrement des opérations de type cognitif, fait voir qu'elles se répartissent en deux catégories. Certaines d'entre elles mettent en jeu des appareils sensoriels, et dépendent donc, à titre essentiel semble-t-il, de la constitution du corps humain. D'autres par contre, bien que prenant appui sur celles du premier type, étant relatives à des objets purement intelligibles, séparés du sensible (bien que s'inscrivant dans la réalité, telle qu'elle nous est accessible, en tant qu'engagés dans la structure même des choses sensibles), sont formellement indépendantes de la réalité sensible en tant que telle et doivent donc, semble-t-il, être rapportées à un principe d'opération capable de l'intelligible pur, donc ayant lui-même un type de réalité qui n'est pas celui du corps, qui est d'ordre non matériel, et que nous pouvons qualifier en utilisant le terme d'« esprit » (qui lui-même dérive de la métaphore du souffle mais qui a été dégagé, déjà dans la réflexion de saint Augustin, de toute connotation d'ordre matériel).

Ce que, par ailleurs, nous pouvons apprendre par la foi chrétienne, concernant le statut de l'être humain, se ramène essentiellement aux trois données suivantes : l'être de l'homme, bien que présentant des aspects apparemment contrastés, est foncièrement un, bien qu'il soit soumis à la mort, sa réalité la plus essentielle est non mortelle, et il est promis à la résurrection. Ces trois données sont impliquées dans la conception chrétienne de la destinée humaine : l'existence humaine est ordonnée à une destinée éternelle, la vie présente n'en est en quelque sorte que la phase préparatoire, mais cette phase est décisive, en ce sens que l'homme est responsable de sa destinée future, que, par ses actions, il se rend, en cette vie, digne ou indigne de la béatitude éternelle, et c'est son être tout entier qui est engagé dans cette destinée, la dissolution du corps n'étant en quelque sorte qu'un épisode transitoire. Les données de l'expérience, conduisant à la séparation de l'intelligible et du sensible, doivent donc être interprétées comme manifestant la complexité de l'être humain, non une dualité essentielle. Contre toutes les doctrines dualistes, la transition chrétienne conçoit foncièrement l'être de l'homme comme intégrant dans un statut d'unité toutes les puissances dont il est doté. Mais il y a la mort. Elle est considérée comme une conséquence du péché originel, donc comme survenue dans l'histoire de l'humanité à la suite d'un événement spirituel, dans lequel a été mise radicalement en cause la relation de l'homme et de Dieu. Elle est d'ordre événementiel, non d'ordre constitutif. Autrement dit, elle n'est pas inscrite dans l'essence de l'être humain. Et ce qui s'est introduit dans l'existence humaine par un événement peut aussi en être ôté par un autre événement. De fait, la foi chrétienne voit dans la résurrection du Christ cet autre événement, en et par lequel le Christ a vaincu la mort. Si elle est un fait, attesté par l'expérience constante de l'humanité, elle ne doit pas être considérée comme marquant la fin de l'existence ni même comme signifiant une séparation définitive entre une partie spirituelle de l'être humain et son corps. Or l'événement de la résurrection du Christ et la promesse de la résurrection ne sont nullement en contradiction avec l'essence de l'être humain. Bien au contraire, du point de vue de l'essence de l'homme, la mort, en tant qu'elle signifie soit la destruction complète de l'existence, entraînant ainsi dans l'anéantissement, avec le corps, le principe spirituel qui l'anime, soit la séparation définitive de ce principe et du corps auquel il est lié en cette vie, est une sorte de violence contre-nature, une occurrence brutale, un désordre fondamental, en soi incompréhensible, que l'on ne peut que subir, que l'on ne peut accepter comme la vérité ultime de la vie.

Mais si, comme dit la liturgie des défunts, à la mort « la vie est changée, non enlevée », il doit y avoir dans l'être humain une part de lui-même qui, précisément, n'est pas entraînée par le processus de dissolution qui, de façon évidente, affecte en tout cas sa manifestation sensible, c'est-à-dire son corps. Et cette part doit être en lui la part vraiment essentielle, celle qui constitue sa personnalité, qui est en lui le principe de sa liberté et de sa responsabilité. L'idée d'une destinée éternelle, la promesse de la résurrection, l'espérance de la vie éternelle, de la béatitude, de la vision de Dieu n'auraient aucun sens si tout s'arrêtait à la mort. La tradition chrétienne a repris le terme d'*âme* (traduction française du latin *anima* et du grec *psuchê*), qui signifie dans la pensée antique le principe de vie, pour désigner l'être essentiel de l'homme, ce qui le constitue vraiment comme une personne, porteuse d'une destinée éternelle. On pourra dire alors, pour exprimer cette idée que l'être essentiel de l'homme n'est pas atteint par la mort, que l'âme est immortelle. Corrélativement, bien entendu, on dira que le corps, lui, est mortel. Et on est amené ainsi à utiliser un vocabulaire qui pourrait facilement induire une vision dualiste, comme dans la formule «L'homme est une créature raisonnable, composée d'une âme immortelle et d'un corps mortel».

La résurrection est la restauration de l'intégrité de l'être humain, elle est la réparation du désordre qui s'est introduit dans la création et par lequel «la mort est entrée dans le monde». On exprime parfois la foi en la résurrection en parlant de la «résurrection des corps». Le texte latin du Credo utilise l'expression «resurrectiones mortuorum», «résurrection de ceux qui sont morts». Ce qui signifie que la résurrection concerne l'être tout entier de ceux qui sont passés par l'épreuve de la mort, que par la résurrection ils retrouveront leur unité. La foi chrétienne associe l'événement de la résurrection des morts aux événements qui doivent marquer le retour glorieux du Christ et la fin des temps, c'est-à-dire la fin de ce temps qui est sous le signe de la faute originelle. La fin des temps, c'est ce moment où les fruits de la Rédemption seront entièrement acquis, où le Royaume de Dieu aura atteint sa plénitude, où la promesse du salut s'accomplira intégralement. La résurrection s'inscrit dans ce contexte d'un accomplissement et d'un plérôme, qui est celui d'un moment final, d'un «eschaton». Elle est située dans l'horizon d'une espérance eschatologique. Mais ceci pose une question quant au statut de l'être humain pendant cette période intermédiaire qui sépare, pour chacun, le moment de la mort de la «fin du temps». Pendant cette période l'«âme» est «séparée» de son corps, mais c'est un état provisoire, qui n'est pas conforme à son essence. Dans cet état, l'âme attend l'événement de la résurrection, qui la réunira à son corps. Si on croit fermement à l'unité foncière de l'être humain, il faut donc penser que, dans cet état intermédiaire, l'âme garde un rapport à son corps, que celui-ci conserve donc une réalité, qui ne peut cependant être identifiée à celle des molécules dont a été constitué son corps visible pendant sa vie terrestre. L'âme séparée conserve tout ce qui appartient à son essence, tout ce qui fait sa réalité authentique, mais il faut bien reconnaître qu'elle a cette réalité authentique *en tant que* séparée. Il faut la penser comme capable des opérations caractéristiques de l'être humain, comme capable de comprendre, d'admirer, d'aimer, d'espérer, alors même que ces opérations ne peuvent plus, comme dans l'état où l'âme était unie à son corps visible, s'appuyer sur la sensibilité. Il faut la concevoir comme ayant au sens le plus fort le statut d'une personne, bien que manquant de ce qui, normalement, appartient à la personne humaine en tant qu'esprit incarné.

Voilà tout ce dont il faut rendre compte. Comment penser le statut ontologique de l'être humain de façon à répondre adéquatement à ce réquisit ? La démarche entreprise par saint Thomas pour répondre à cette question se veut entièrement rationnelle. Elle entend se fonder uniquement sur les données de l'expérience et sur le raisonnement. Or il lui paraît que l'expérience, tout en faisant apparaître, comme on l'a rappelé, une certaine dualité dans les opérations dont l'homme est capable, atteste suffisamment l'unité de l'être humain. Cette façon de comprendre l'expérience est, bien entendu, entièrement en accord avec la conception chrétienne de l'homme. Mais elle peut être justifiée sans qu'il faille faire appel directement à la révélation. Par ailleurs la pensée antique donne le modèle d'argumentations qui soutiennent l'idée selon laquelle il y a un principe essentiel, dans l'être humain, qui est de nature immortelle. Quant à la résurrection, elle est irréductiblement une donnée propre à la foi chrétienne. Mais si on pense simultanément l'unité d'essence de l'être humain et l'immortalité du principe de cette essence, de ce qu'on appelle l'âme, on pense par le fait même non certes la nécessité de la résurrection, ni même sa réalité, mais en tout cas sa possibilité. Et l'on pourrait même dire sa « naturalité », pour indiquer qu'elle est comme appelée par la thèse de l'unité de l'être humain, bien que la raison laissée à ses seules lumières n'ait pas de quoi affirmer que l'âme *doive* effectivement retrouver son corps à la faveur d'un événement à venir. La raison peut prédire, pour autant qu'elle puisse prendre appui sur des lois, reconnaissables à partir de l'observation des phénomènes. Mais nous ne sommes pas ici dans l'ordre des prédictions. Il faut souligner fortement que la résurrection, dont parle la foi chrétienne, n'est absolument pas de l'ordre de la prédiction, elle est de l'ordre de l'espérance.

Du point de vue des instruments conceptuels utilisables, saint Thomas dispose de deux sources principales : la philosophie platonicienne, qui s'est prolongée dans la tradition néo-platonicienne et à travers celle-ci a fortement influencé la pensée patristique et la pensée médiévale, et la philosophie d'Aristote, fort mal connue jusqu'au XIIIe siècle et dont l'introduction dans les universités occidentales (en particulier celle de Paris), à travers les traductions latines des traductions arabes et des commentateurs arabes, a constitué un événement majeur de la vie intellectuelle au XIIIe siècle. Dans la philosophie platonicienne saint Thomas peut trouver une argumentation pour l'immortalité de l'âme. Mais c'est au prix d'un dualisme qui va jusqu'à considérer le corps comme un «tombeau» de l'âme. Par contre, la philosophie d'Aristote, et singulièrement son traité *De l'âme*, qui contient une analyse ontologique du vivant en général et de l'homme en particulier, propose une conceptualisation qui paraît assurer de façon tout à fait satisfaisante l'unité de l'être humain. Mais c'est au prix d'une négation de l'immortalité de l'âme. Accompagnée cependant d'une argumentation qui permet d'établir l'immortalité de l'intellect, mais en séparant l'intellect de l'âme. Aristote fait de l'âme le principe de vie et conçoit ce principe comme inhérent au vivant (en un sens qui sera précisé plus loin), de telle sorte que la mort du vivant est aussi nécessairement la mort de l'âme. Mais par ailleurs Aristote rattache les opérations intellectuelles à un principe distinct de l'âme, l'intellect (*nous*). Etant capable de connaître toute chose, en tant qu'il saisit le réel selon l'intelligible qui en est l'armature, il n'est pas conditionné par les limitations qui affectent la connaissance sensible, enfermée dans les contraintes propres à toute structure matérielle. Mais s'il en est ainsi, c'est qu'il n'est pas lui-même une structure matérielle ; il n'est donc pas soumis, comme les choses matérielles (y compris les choses vivantes), à la corruption, autrement dit il est incorruptible, donc non mortel. Mais le texte du traité *De l'âme* où il est question de l'intellect est très elliptique et très obscur, et il a donné lieu d'ailleurs à des interprétations très variées. Si l'intellect est incorruptible, à quel titre l'être humain possède-t-il l'intellect ? Il ne peut être identifié à l'âme ou à une partie de l'âme, puisque celle-ci est mortelle. Il ne semble donc pas que l'on puisse en faire une faculté propre à l'individu. Si chaque individu humain est capable de connaissance intellectuelle, c'est donc, semble-t-il, en tant qu'il participe à une entité indépendante de lui, au même titre d'ailleurs que tout autre individu humain. Et puisque tous les individus humains pensent de la même façon, il faut admettre que l'intellect est unique. Les opérations intellectuelles ne sont donc pas attribuables aux personnes individuelles : si quelqu'un pense, c'est l'intellect unique qui pense en lui, non un intellect qui serait le sien. Bien que cette façon de comprendre la doctrine aristotélicienne du «*nous*» ne s'impose pas absolument, c'est en tout cas cette interprétation qui a été adoptée par les commentateurs arabes, dont saint Thomas a connu les œuvres, en particulier Averroès.

Or il n'était pas possible pour saint Thomas d'admettre une telle conception. Si les opérations de l'intelligence ne sont pas attribuables à la personne, cela implique que tout ce qui est d'ordre non sensible, donc d'ordre spirituel dans l'homme, est tout à fait impersonnel. Mais alors la possibilité même d'une destinée personnelle disparaît et la densité ontologique de l'être humain est réduite à celle d'un vivant singulier qui est de façon transitoire le lieu où s'exercent les opérations d'une entité transcendante qui elle-même n'est pas une personne. Mais par ailleurs saint Thomas choisit délibérément de s'inspirer de la conceptualité aristotélicienne plutôt que de celle du platonisme parce qu'il lui paraît qu'elle est parfaitement à même de rendre compte de l'unité ontologique de l'être humain. Il ne peut l'utiliser toutefois qu'à la condition de la modifier pour la rendre capable de rendre compte aussi de l'immortalité de l'âme. Or comme le corps est visiblement mortel, admettre l'immortalité de l'âme c'est admettre, *ipso facto*, sa séparabilité. La stratégie de saint Thomas va consister à ramener l'intellect aristotélicien dans l'individu, c'est-à-dire à en faire une puissance de l'âme, et même la puissance la plus caractéristique de l'âme, qui en fait une âme «rationnelle». Dès lors les arguments aristotéliciens qui entendent prouver l'incorruptibilité de l'intellect doivent être transposés de l'intellect, puissance de l'âme, à l'âme elle-même, principe de cette puissance. Mais si l'âme est incorruptible, donc séparable, l'unité de l'être humain n'est-elle pas une simple apparence ? S'il y a vraiment unité, l'âme a besoin de la sensibilité pour exercer ses puissances propres. Et donc, si elle est séparée du corps, elle est incapable de soutenir ces opérations. Mais quel peut bien être alors son statut d'existence ? Du reste, la possibilité même de la séparation n'est guère pensable. Si on entend établir clairement l'unité, on doit montrer comment la dualité de l'intelligible et du sensible dans l'être humain n'est pas une dualité réelle, et on doit pour cela concevoir l'âme comme un co-principe, responsable des opérations qui relèvent de l'intelligible, qui n'a de sens que relativement à un autre co-principe, responsable des opérations qui relèvent du sensible. Mais un co-principe n'a pas de réalité en dehors de sa relation au principe dont il est complémentaire. Il peut être distingué par la pensée mais il n'est pas ontologiquement séparable.

La thèse de l'unité paraît donc difficilement conciliable avec celle de l'incorruptibilité de l'âme. Il faut choisir, semble-t-il : ou bien tenir fermement à l'unité, mais alors le statut de l'âme séparée devient impensable, ou bien tenir fermement à l'incorruptibilité de l'âme, mais alors il n'y a pas vraiment unité. Voilà l'aporie devant laquelle se trouvait saint Thomas. La question qu'il a dû résoudre peut se formuler comme suit : comment modifier la conceptualisation aristotélicienne, qui constitue une bonne base pour penser l'unité, tout en sauvegardant la thèse de l'incorruptibilité de l'âme, donc sa séparabilité ?

*
* *

Aristote a pensé le statut ontologique de l'être humain dans le cadre conceptuel qui lui a servi pour penser le statut ontologique du vivant en général. Et ce cadre conceptuel lui-même a été élaboré par lui, dans les deux premiers livres de sa *Physique*, pour penser le statut ontologique de l'étant naturel en toute généralité. La caractéristique la plus essentielle de l'étant naturel, aux yeux d'Aristote, est la mutabilité qui affecte non seulement les propriétés particulières de l'étant naturel mais l'être même de cet étant. Tout étant naturel est soumis à la génération et à la corruption ; or ce sont là des processus qui impliquent une transformation «substantielle», à la faveur de laquelle une substance d'une certaine espèce devient une substance d'une espèce différente. Cette mutabilité radicale doit être inscrite, comme possibilité essentielle, dans la structure ontologique de l'étant naturel. C'est donc en réfléchissant aux conditions de possibilité de la mutabilité radicale que l'on peut arriver à mettre au jour cette structure.

L'analyse des conditions de possibilité de la mutabilité se fait en deux étapes. Considérons d'abord le cas d'un changement «accidentel», c'est-à-dire d'une transformation affectant un étant naturel dans ses propriétés, mais sans modifier sa nature propre. L'exemple utilisé par Aristote au Livre I de la *Physique* est celui d'un illettré qui devient lettré. Soit donc un enfant qui apprend à lire. Il s'agit là d'un processus dont le point d'arrivée est l'état dans lequel cet enfant est devenu capable de lire, donc possède la propriété de «lettré» qu'il n'avait pas au début. Il ne cesse pas, par ailleurs, d'être un enfant humain. Corrélativement, le point de départ du processus est un état dans lequel l'enfant ne possédait pas encore cette propriété. Cet état peut donc être caractérisé, du point de vue de la capacité à acquérir, comme absence de cette capacité. La transformation s'effectue donc entre l'absence d'une certaine détermination et la présence de cette détermination dans l'étant considéré. Les termes utilisés par Aristote sont «*steresis*» (privation) et «*eidos*» (figure, mode d'apparaître, propriété, détermination). Mais le passage de la privation à la possession d'une propriété n'est concevable qu'à la condition qu'il y ait un élément-support, qui subsiste à travers ce changement et qui passe précisément, par rapport à la propriété qui est en jeu dans le changement, d'un état négatif à un état positif, par une suite continue d'états intermédiaires constituant précisément le processus de changement comme tel. Cet élément-support, Aristote l'appelle «*hypokeimenon*» : littéralement, ce qui a été étendu en dessous, ce qui supporte des états successifs, ce qui est le siège du changement. On a traduit ce terme en latin par «*subjectum*» (littéralement, ce qui a été jeté en-dessous), devenu en français «sujet». (Il faut noter que dans la philosophie moderne le terme «sujet» a été utilisé pour désigner celui qui «supporte» les opérations de la pensée, qui est à l'origine de l'action, et qui est conscient de lui-même comme être pensant et agissant, à savoir l'être humain comme conscience-de-soi). Nous avons donc finalement trois termes : le sujet, la privation, la détermination.

Considérons maintenant le cas d'un changement «substantiel». Soit un étant E_A d'espèce A qui se transforme en un étant E_B d'espèce B. Aristote considère comme une donnée d'expérience qu'il y a des transformations de ce genre, aussi bien dans le domaine des êtres inanimés que dans le domaine des êtres vivants. Ici le processus de changement part d'un étant déterminé de façon essentielle par la propriété caractérisante A et aboutit à un étant déterminé de façon essentielle par la propriété caractérisante B. Un processus de changement doit être caractérisé par son état final. Du point de vue de cet état final, l'étant E_A est évidemment dépourvu de la propriété B, caractéristique de l'état final. Corrélativement, l'étant E_B est en possession de cette propriété B. Nous retrouvons donc, comme dans le cas du changement accidentel, la privation et la détermination. Mais quel est le support de la transition ? Ce ne peut être l'étant E_A, puisque la transformation a pour effet de faire disparaître la propriété A; qui est ici une propriété caractérisante essentielle. Et ce ne peut être non plus l'étant E_B, puisque la propriété B, caractérisant cet étant à titre essentiel, ne devient entièrement présente qu'au terme du processus. Il faut donc invoquer un autre terme. Mais ce terme ne peut être un étant au sens propre. Un tel étant, en effet, est nécessairement déterminé par une propriété caractérisante, soit par exemple C. Un étant E_C, caractérisé à titre essentiel par cette propriété, ne peut servir de support aux propriétés A et B, qui sont aussi des propriétés caractérisantes à titre essentiel. Un étant ne peut être caractérisé à titre essentiel que par une seule propriété. Précisément, la difficulté vient du fait que nous avons affaire ici à un changement substantiel et non à un changement accidentel. Il faut alors, nous dit Aristote, raisonner «par analogie» avec le cas du changement accidentel. Dans ce dernier cas, le support est lui-même caractérisé par une propriété essentielle qui n'est pas affectée par le changement. Comme on vient de le voir, dans le cas qui nous occupe maintenant, le support ne peut pas lui-même être ainsi caractérisé. C'est la condition pour qu'il puisse relier un état caractérisé par l'absence d'une propriété essentielle B et un état caractérisé par la présence de cette propriété. Autrement dit, nous devons penser le sujet-support d'une transformation substantielle comme dépourvu de propriété caractérisante. Il n'a donc pas de consistance propre, mais il a cependant une réalité. C'est celle, précisément, d'être support d'une transformation qui touche la détermination essentielle de l'étant : il est défini comme pure fonction.

A partir de cette analyse du changement, nous pouvons nous faire une idée de la structure ontologique de l'étant naturel. Des trois éléments qui interviennent dans la structure du changement, deux seulement peuvent intervenir dans la structure ontologique : la privation, dans un étant déterminé, n'est autre que la possibilité pour cet étant soit d'être affecté par des changements accidentels soit d'être au point de départ d'une transformation substantielle. Mais une telle possibilité ne peut jouer le rôle d'un principe constituant : elle doit dériver de la constitution de l'étant. Restent la détermination et le support. Tout étant naturel est déterminé de façon essentielle, comme on l'a vu, par une propriété caractérisante, que désigne le terme «*eidos*». Et d'autre part il doit comporter dans sa constitution un principe-support, qui le rend apte à subir éventuellement une transformation substantielle. (Quant aux transformations accidentelles, c'est l'étant ainsi constitué qui est le support).

Comment concevoir au juste le rapport entre ces deux principes constituants ? On peut s'appuyer utilement, pour penser ce rapport, sur l'analogie de l'étant artificiel. A la différence de l'étant naturel, qui contient en lui-même le principe de sa genèse et de ses métamorphoses, l'étant artificiel l'a seulement dans un autre, l'«artiste» qui le fait exister. Il ne s'agit donc que d'une analogie, mais elle est éclairante. Prenons l'exemple d'une statue qui a été taillée dans un bloc de marbre. Ce qui la fait reconnaître essentiellement, c'est sa forme, la figuration qu'elle fait apparaître. Cette forme est ce qui la caractérise à titre essentiel. Mais il ne s'agit pas d'une détermination purement pensée. Cette forme est inscrite dans un matériau, qui lui sert en quelque sorte de support. Et nous pouvons du reste nous représenter la fabrication de la statue comme un processus qui relie un état où le matériau «marbre» est support d'une forme qui est celle d'un bloc plus ou moins parallélépipédique à un état final où le même matériau «marbre» est support d'une forme qui est celle de la statue. La limite de cette analogie, c'est que le matériau en question n'est pas un pur support. Le marbre se présente toujours comme déjà pris dans une forme, quelle qu'elle soit : un morceau de marbre est un étant déterminé, ce n'est pas une pure fonction. Mais l'analogie nous permet de nous faire une idée plus concrète de la structure ontologique de l'étant naturel. Le principe de détermination, l'«*eidos*», joue le rôle que joue la forme dans le cas de l'étant artificiel. La détermination caractérisante de l'étant est une forme. (Le terme utilisé par Aristote est «*morphê*», que l'on retrouve dans un mot tel que «morphologie»). Et d'autre part le principe-support joue le rôle que joue le matériau dans le cas de l'étant artificiel. Le support de l'étant est un matériau. Aristote utilise ici le terme «*hylê*», qui signifie «bois», par dérivation «bois de charpente» et par généralisation «matériau». On a traduit en latin ce terme par «*materia*», devenu en français «matière». Les principes constituants de la structure ontologique de l'étant naturel sont donc la forme et la matière. D'où l'expression de «théorie hylémorphique». Naturellement ces termes doivent être pris au sens précis qu'autorise l'analogie.

Forme et matière ne sont pas des choses, des étants, qui par leur association constitueraient un être complexe. Ce sont des principes qui, par leur corrélation, contribuent, l'un avec l'autre, à déterminer le mode d'être propre aux étants naturels, en tant que caractérisés par la propriété de mutabilité radicale. On pourrait dire que ce sont de pures fonctions ontologiques. Dans le domaine où règne la mutabilité radicale, une forme ne peut exister à l'état pur, car la forme est une détermination et une détermination ne peut être que ce qu'elle est, elle ne peut, de soi, se transformer en une autre. De plus, il faut observer que, dans la nature, chaque espèce contient (à la fois simultanément et successivement) une pluralité d'individus. Chacun des individus d'une même espèce possède comme propriété caractérisante essentielle la détermination caractéristique de cette espèce. Si cette détermination était une forme pure, elle serait ce qu'elle est en tant que réalité individuelle et ne saurait se distribuer en une pluralité d'individus. C'est en tant que la forme des étants naturels est corrélative à un «matériau» que les transformations substantielles sont possibles et qu'une même propriété essentielle peut se réaliser dans une pluralité d'individus. La fonction de la «matière» est de donner en quelque sorte un ancrage à la forme, en lui conférant un statut concret, en lui donnant d'être non une détermination abstraite mais la détermination d'un étant concret, existant pour son propre compte, à titre individuel, en tant que possédant une réalité propre et en tant que distinct de tout autre.

La conception d'Aristote relative au vivant est construite sur la base de sa conception de l'étant naturel en général. L'être vivant est un étant naturel; il a donc nécessairement la structure ontologique qui appartient à l'être naturel comme tel. Ce qui le distingue, c'est qu'il est capable d'opérations spécifiques qui sont associées à cette modalité d'être que désigne le terme de «vie». La recherche, sur la base de l'expérience, de ce qu'il y a de commun aux différentes catégories de vivants, fait apparaître que les propriétés les plus caractéristiques du vivant sont la nutrition et la reproduction. La nutrition est cette fonction qui permet au vivant individuel de se maintenir en vie et la reproduction est cette fonction qui permet à l'espèce de se maintenir dans l'existence, en dépit du phénomène de dégénérescence qui finit par provoquer la mort de tous les individus vivants. Or chaque espèce de vivants représente une certaine modalité d'être, une manière de se poser dans la réalité. Les fonctions caractéristiques du vivant ont pour finalité de maintenir dans l'existence la modalité d'être propre à l'espèce. Mais cette modalité d'être se manifeste de façon visible dans les opérations caractéristiques dont le vivant est capable. On peut donc dire que le vivant est un type d'étant dont l'activité spécifique consiste précisément à assurer le maintien de cette activité elle-même. Ce qui caractérise le vivant est donc cette capacité autoréflexive qui le définit comme sa propre perpétuation : la vie est en vue d'elle-même.

Du point de vue ontologique, le vivant est constitué de deux principes corrélatifs, l'un qui est de la nature d'une forme et l'autre qui a la fonction du matériau-support. Ce qui caractérise le vivant, c'est sa forme. Aristote utilise le terme «*psuchê*» (traduit en latin par «*anima*», qui devient «âme» en français) pour désigner le type de forme qui appartient au vivant. Et il définit ce type de forme comme suit : «L'âme est la forme d'un corps organique qui a la vie en puissance». On pourrait comprendre cette formule comme signifiant que, dans le vivant, le corps joue le rôle du principe-support auquel l'âme, comme forme, serait corrélative. Mais, comme on l'a vu, la «matière» à laquelle la forme est corrélative est une pure fonction, alors qu'un corps vivant est un étant déterminé. On ne peut donc dire, dans le contexte aristotélicien, que l'âme est au corps comme une forme à une matière. Ce serait interpréter le vivant comme un étant artificiel (dont la forme est présentée dans un matériau), non comme un étant naturel. En réalité, le corps n'est en aucune manière un matériau, il est pour ainsi dire l'expressivité même de la forme. Les opérations caractéristiques du vivant supposent un appareil opératoire d'une grande complexité, que traduit précisément le terme «organique». Ce terme marque la différence que l'on peut constater entre un corps vivant et un corps inerte. Le corps organique est caractérisé par sa capacité à réaliser les opérations propres au vivant. Pour que la forme du vivant, l'âme, puisse déployer effectivement sa vertu spécifique, c'est-à-dire se manifester effectivement par les propriétés qui sont le propre du vivant, il faut qu'elle se donne les déterminations qui sont constitutives de l'appareil au moyen duquel elle pourra réaliser cette autoréflexivité qui fait la spécificité du vivant. C'est cet appareil qui est le corps organique. Toutes les déterminations qui appartiennent à l'individu vivant dépendent d'une détermination fondamentale dont le principe est la forme. L'âme, comme forme, est le principe de cette propriété caractérisante, la vie, à laquelle se rattachent tous les caractères qui font d'un corps un corps vivant, y compris les aspects morphologiques qui permettent de reconnaître le type (l'espèce) auquel un vivant singulier appartient.

La formule utilisée par Aristote est destinée à mettre en évidence la différence qui sépare un corps non vivant, fût-il organisé, d'un corps vivant. Le passage de l'inerte au vivant suppose l'intervention d'un principe de détermination enveloppant dans son efficace les opérations spécifiques de la vie. Mais toute opération est mise en œuvre d'un dispositif opératoire et ce dispositif doit être d'un degré de complexité correspondant au degré de sophistication de l'opération en question. L'expression « en puissance » indique précisément que ce dispositif, à savoir le corps organique, a les propriétés voulues pour devenir le medium d'effectuation des opérations propres au vivant. Encore faut-il, pour qu'il fonctionne comme corps vivant, que son fonctionnement soit assumé dans un principe intégrateur. C'est précisément le rôle de la forme, en tant que principe de toutes les propriétés du vivant, y compris de celles qui relèvent de la condition d'organicité, de faire concourir les différents aspects du fonctionnement organique à l'effet global qu'est la vie. Mais si le corps organique est seulement « en puissance » par rapport à la vie, cela signifie que la forme est émergente par rapport au corps organique. Plus exactement, puisque *toutes* les propriétés du vivant découlent de la détermination fondamentale qui définit la forme, les propriétés qui sont spécifiques de la vie sont émergentes par rapport à celles qui sont spécifiques du corps en tant simplement qu'organisme. Il faut cependant prendre garde à ne pas comprendre cette émergence au sens d'une superposition, ce qui détruirait l'unité du vivant. On peut avoir affaire à un corps organisé ayant la complexité voulue pour devenir un corps vivant mais non animé par une forme de vivant. Comme tel il serait un étant naturel non vivant, une machine naturelle complexe, et aurait une forme correspondant au degré d'être d'une telle machine. Un corps vivant est un corps organisé assumé par une âme. Dans l'étant naturel qu'est le corps vivant, c'est-à-dire dans le vivant lui-même, l'âme assume toutes les fonctions qui sont celles de la forme d'un corps organisé non vivant et en plus les fonctions qui font précisément d'un tel corps un corps vivant.

La forme, en déployant ses virtualités, fait apparaître les propriétés qui dérivent de sa puissance constituante, et en particulier celles qui se manifestent comme corps organisé. Elle se donne en quelque sorte à elle-même son effectivité dans le corps qu'elle anime. Il faut dire dès lors que le corps vivant c'est l'être vivant lui-même. Si l'âme doit se manifester sous cette modalité de la corporéité vivante, c'est en raison du rapport constitutif qu'elle soutient, en tant que forme, avec la matière-support. Une forme pure aurait sa consistance en elle-même, mais elle ne participerait pas au mode de présence qui est celui des choses sensibles. Les formes des étants naturels, et des vivants en particulier, n'ont leur réalité concrète qu'en vertu de leur réception dans la matière-support. Et c'est cette condition ontologique qui se traduit dans la condition de corporéité : l'étant naturel est constitué ontologiquement de telle sorte que son mode de manifestation est précisément la présentification de la forme dans un corps vivant. Mais un corps vivant, c'est la vie elle-même en l'une des figures de son effectivité concrète.

Cette analyse s'applique directement au cas de l'être humain, de telle sorte que l'âme humaine répond à la définition générale de l'âme, valable pour tout type de vivant. Mais l'âme humaine se distingue par le fait que l'homme est capable d'opérations dont aucun autre vivant n'est capable. L'âme humaine est donc d'un degré de perfection plus élevé que celui des âmes des autres espèces de vivants.

On rencontre cependant ici la difficulté déjà mentionnée plus haut du rôle de l'intellect. Les opérations propres à l'être humain sont, pour Aristote, les opérations d'ordre intellectuel (et singulièrement le jugement). Le principe immédiat de ces opérations (la puissance opérative qui les exécute) est l'intellect «*nous*». En toute rigueur on devrait rapporter ce principe d'opération au principe fondamental de l'être humain, à sa forme, c'est-à-dire à l'âme humaine. Mais étant donné que les opérations intellectuelles paraissent d'une tout autre nature que les opérations organiques, il y a lieu de penser — c'est, semble-t-il, ce que suggère le texte du traité *De l'âme* — que leur principe immédiat est indépendant de l'âme et est d'un ordre ontologique supérieur à celui de l'âme.

*
* *

La conception aristotélicienne de l'étant naturel et sa conception de l'âme comme forme paraissent fournir un cadre conceptuel adéquat pour une interprétation de l'être de l'homme qui a souci de son unité. C'est ce qui explique que saint Thomas suive effectivement Aristote dans sa manière de penser la structure ontologique de l'étant humain. L'âme est la forme de l'étant humain et, comme celui-ci partage la condition générale de mutabilité des étants naturels, cette forme est reçue dans une «matière», qui est une pure fonction de sustentation, préalable à toute détermination. Tout ce qui est déterminé vient de la forme. Or le corps, au sens ordinaire du mot, comme cette totalité organique dans laquelle l'être humain a sa visibilité et son individualité, est évidemment de l'ordre du déterminé. Toutes les déterminations qui le caractérisent dérivent donc de la détermination caractérisante qui est celle de la forme de l'étant humain, à savoir de l'âme. Et cette détermination essentielle doit être précisée par la propriété qui est la plus caractéristique de l'être humain. Or ce qui distingue l'homme des autres vivants, c'est qu'il est capable d'opérations intellectuelles. On doit donc caractériser son âme par cette propriété, que l'on peut exprimer en disant qu'elle est une âme «rationnelle». Ce qui correspond à la définition classique de l'être humain comme «vivant doué de raison». Dans le vocabulaire aristotélicien, on pourra dire que toutes les propriétés qui appartiennent au corps sont des «accidents», à travers lesquels se manifeste l'essence de l'être humain, c'est-à-dire cette détermination caractérisante dont le principe est l'âme rationnelle.

Mais saint Thomas ne suit Aristote que jusqu'à un certain point, tout en utilisant sa façon de raisonner. Quand on passe du type «végétal» au type «animal», on voit apparaître des propriétés nouvelles, comme la locomotion, et donc un degré plus élevé d'autoréflexivité. Les propriétés du végétal doivent être comprises comme relevant d'une forme qui est l'âme végétale. Et les propriétés propres à l'animal doivent, de leur côté, être rattachées à une forme qui est l'âme animale. Y a-t-il superposition de l'âme végétale à l'âme animale ? En général, y a-t-il pluralité des formes ? La doctrine de la pluralité des formes a été fort répandue au moyen âge, dans les courants d'inspiration néoplatonicienne. Saint Thomas l'a vigoureusement combattue, essentiellement sur la base de l'argument selon lequel la pluralité des formes compromet radicalement l'unité du vivant, et donc celle de l'être humain en particulier. Il suit en cela Aristote, qui explique que l'âme animale reprend en quelque sorte à son compte les capacités de l'âme végétale et, de façon générale, que l'âme d'un degré donné reprend sous sa détermination caractérisante propre celles de toutes les âmes de degré inférieur. Cette façon de comprendre la fonction de l'âme, comme forme unique unifiante, lui permet de surmonter l'hésitation d'Aristote au sujet du statut de l'intellect. Cette hésitation empêche Aristote de penser jusqu'au bout l'unité de l'être humain. Pour faire droit à ce que suppose cette unité, il faut poser résolument que l'âme humaine, en tant qu'elle est forme et donc principe de toutes les déterminations qui entrent dans la constitution de l'être humain, est principe de *toutes* les opérations dont l'homme est capable, *y compris* des opérations intellectuelles. C'est pourquoi on doit dire qu'elle est une âme «rationnelle».

Mais en même temps saint Thomas est soucieux d'assurer l'immortalité de l'être humain. C'est là une propriété qui, comme toute détermination, doit être rapportée à l'âme. Mais le corps est mortel, c'est-à-dire que les propriétés qui caractérisent le corps et qui sont, on l'a souligné déjà, d'ordre accidentel sont périssables. Mais, s'il en est ainsi, il faut attribuer à l'âme la capacité de continuer à exister sans ces propriétés, donc sans le corps, et corrélativement la capacité d'exercer ses opérations les plus spécifiques sans avoir à prendre appui sur les propriétés qui définissent l'organisme ou qui sont rendues possibles par celles qui définissent l'organisme. Dans son argumentation en faveur de l'immortalité, saint Thomas reprend pour l'essentiel l'argumentation d'Aristote qui tend à établir l'indépendance de l'intellect par rapport à l'âme. Comme on l'a vu, les opérations de l'intellect, pour saint Thomas, doivent être attribuées à l'âme. Mais ces opérations ont ceci de remarquable qu'elles sont, en elles-mêmes, indépendantes de la sensibilité, bien que, dans la condition terrestre de l'être humain, elles doivent prendre appui, dans leur effectuation, sur des opérations de la sensibilité. (C'est ce qu'exprime le célèbre adage : «Il n'y a rien dans l'intellect qui ne soit préalablement dans le sens (l'organe sensible)».) Si la sensibilité vient à disparaître, avec le corps, les opérations spécifique de l'âme ne peuvent en être affectées, si ce n'est quant aux conditions de leur effectuation. Et l'âme elle-même, principe de ces opérations, ne peut être entraînée dans la dissolution de cet ensemble de propriétés accidentelles qui constituent le corps organique.

Mais cette argumentation ne va-t-elle pas à l'encontre de ce qui est affirmé de l'unité de l'être humain ? La conception qui garantit l'unité permet-elle de penser de façon cohérente l'immortalité ? En tant que l'homme est un étant naturel, son âme ne peut exercer sa fonction de forme que corrélativement à un support, la «matière prime», c'est-à-dire le matériau ontologique pur, sans détermination propre, qui précède toute détermination «matérielle» au sens ordinaire du terme. C'est en raison de son rapport à ce support ontologique que l'âme-forme est principe de ces propriétés qui constituent la corporéité de l'homme et que celui-ci apparaît dans la visibilité comme corps. L'argument en faveur de l'immortalité implique que l'âme continue à exister même si elle est privée de ces propriétés. Mais peut-on penser qu'elle reste corrélative au principe support, à la «matière prime», si elle ne s'exprime plus dans la corporéité, alors que celle-ci est la conséquence de cette corrélativité de l'âme à la matière prime ? La disparition du corps semble entraîner nécessairement la disparition de ce qui est la condition ontologique de la corporéité, c'est-à-dire le rapport de l'âme-forme à la matière prime.

Mais une forme peut-elle exercer sa fonction de forme indépendamment de ce rapport ? S'il s'agit de la forme d'un étant naturel autre que l'homme, certainement non. Une telle forme ne peut, comme on dit, subsister par elle-même, c'est-à-dire qu'elle ne peut, par sa seule vertu propre, se poser dans la réalité pour ce qu'elle est en elle-même. Son statut ontologique la rive de façon nécessaire à une condition de concrétisation, qui correspond à la fonction de la matière prime. Mais il n'en est pas ainsi en ce qui concerne l'âme humaine, comme on peut s'en convaincre en examinant les propriétés de ses opérations caractérisantes. Du point de vue ontologique, rien n'empêche de penser qu'une forme, en tant que forme, puisse exister par elle-même. Le cas des formes des étants naturels est en somme un cas particulier. On peut très bien concevoir qu'une forme dont la perfection ontologique serait d'un degré plus élevé que celui des formes des étants naturels ait en elle-même les ressources suffisantes pour se poser dans le réel simplement par le fait qu'elle est la détermination qui la définit. Autrement dit, on peut très bien concevoir qu'une telle forme puisse subsister par elle-même. La spéculation platonicienne a montré comment peut être pensé le statut ontologique d'une forme subsistante.

Visiblement saint Thomas a suivi cette suggestion. La solution qu'il propose au problème posé par la thèse de l'immortalité consiste en effet à poser que, lorsque l'étant humain est dépouillé des propriétés qui le font exister comme corps, son âme est, *ipso facto*, déchargée, si l'on peut dire, de la condition ontologique qui lui impose de ne pouvoir subsister que dans un rapport constitutif à la matière prime, et continue à subsister dans le statut qui est celui d'une forme subsistante. Aristote, suivi en cela par saint Thomas, donne le nom de «substance» à toute réalité «complète», c'est-à-dire capable de se poser dans la réalité selon la détermination qui la caractérise à titre essentiel, autrement dit à toute réalité capable d'être réelle, de s'inscrire dans l'être, par elle-même et à partir d'elle-même, d'être une réalité consistante pour son propre compte, autrement dit encore à toute réalité autosubsistante. Si l'âme, dans son statut séparé, est une forme subsistante, elle a précisément ce caractère d'autosubsistance qui caractérise la substance. Elle est par elle-même substance. Mais cette propriété ontologique d'être substance, d'avoir l'être par elle-même, et non dans un autre (comme l'accident), ou sous la condition d'un rapport à un autre principe (comme la forme d'un étant naturel non humain), l'âme doit la posséder déjà lorsqu'elle dispose d'un corps. Sinon il faudrait penser la mort comme une transformation radicale du statut ontologique de l'âme. C'est d'ailleurs sur les propriétés d'indépendance des activités spirituelles (et en particulier intellectuelles) dans le statut où l'âme s'exprime dans la corporéité qu'est basé l'argument en faveur de l'immortalité. Cette indépendance est donc déjà réelle dans la condition présente de l'âme, alors même que ses opérations propres prennent appui sur les opérations de la sensibilité, donc sont corporellement conditionnées.

L'autosubsistance est donc caractéristique de l'âme en tant que telle, en tant que forme de l'étant humain. Autrement dit, l'âme est substance par elle-même, et non en vertu de son rapport à la matière prime (comme le sont les formes des étants naturels non humains). Seulement, dans son état présent, cette propriété d'être substance s'exerce sous la condition de la corporéité, c'est-à-dire du déploiement intégral de ces propriétés de l'étant humain qui le constituent comme corps. De fait que celui-ci est précisément, dans les propriétés qui le caractérisent, l'expression concrète de l'âme, il contribue à fournir à celle-ci la possibilité effective de déployer intégralement ses propriétés. Alors que, dans l'état séparé, l'âme ne peut déployer que ses opérations propres, non celles qui sont le propre d'un organisme. L'étant humain concret, en tant que totalité constituée par ce déploiement intégral, est évidemment capable de participer à l'être par ses ressources propres, donc d'être autosubsistant. Autrement dit, il est substance.

Ainsi d'un côté on reconnaît que l'âme est substance par elle-même, en tant que forme autosubsistante, soit réellement, dans l'état séparé, soit potentiellement, dans l'état où elle peut s'exprimer dans un corps. Et d'un autre côté on reconnaît ce caractère de substance à l'étant humain concret, résultant du déploiement intégral des potentialités de l'âme dans l'état non séparé, en tant que rapportée comme principe corrélatif à la matière prime. Comment concilier ces deux positions ? Etienne Gilson a eu à ce sujet une formule très heureuse : selon saint Thomas, a-t-il écrit, l'âme est une «substance substantifiante». Par elle-même elle a déjà un statut de substance. Mais dans l'état non séparé, elle exerce ce statut en sa fonction de forme, en tant que principe de déploiement des propriétés caractéristiques de la corporéité. Puisque, comme forme, elle est déjà substance, il faut dire que c'est en sa vertu de substance qu'elle puise la force ontologique qui lui permet d'être principe d'un tel déploiement. Et puisque la réalité concrète de l'être humain, en son état présent, est faite de ce déploiement, il faut dire que c'est de l'âme-substance que vient à cette réalité concrète la vertu de se poser dans l'existence effective, en et par elle-même, donc d'être substance. L'âme-substance donne à la réalité concrète de l'être humain d'être elle-même substance ; on peut donc dire, comme Gilson, qu'elle est «substantifiante».

Mais l'âme a beau avoir, en tant que substance, la capacité de subsister par elle-même comme pure forme, il n'en reste pas moins que le déploiement intégral de ses virtualités de forme comporte la corporéité. Dans l'état présent, celle-ci présuppose le rapport de l'âme à la matière prime. Dans l'état séparé, ce rapport est défait. Mais il s'ensuit que l'âme est en quelque sorte en défaut de sa corporéité. Elle ne cesse pas, dans la séparation, d'être la forme qu'elle était, avec les virtualités qu'elle comporte. Elle garde donc un rapport à la corporéité, non sans doute sous forme actuelle, mais sous forme d'une exigence découlant de son essence. On pourrait dire que l'âme séparée reste constitutionnellement une forme incarnée, même si ce statut d'incarnation n'est plus effectivement exprimé.

On conçoit qu'à partir de cette remarque puissent être développées des considérations susceptibles de montrer à tout le moins la convenance sinon la nécessité de la résurrection. Du point de vue ontologique, la question qui se poserait à partir de là serait de savoir comment on peut concevoir la réincorporation de l'âme, c'est-à-dire la réactualisation de son rapport constitutif à la corporéité. S'agirait-il, comme dans la vie présente, d'un rapport conditionné par un rapport plus originaire à la matière prime, ce qui en somme ramènerait le statut de l'être humain ressuscité à son état actuel ? Ou s'agirait-il d'un autre statut, que l'on ne peut guère qualifier que négativement, en disant qu'il n'est pas celui d'une forme corrélée à la matière prime ? Ceci suggère que la corporéité de l'étant humain n'est pas, de soi, conditionnée par le statut qui, selon la ligne de pensée aristotélicienne, est celui de l'étant naturel, autrement dit que la corporéité, de soi, en son essence, n'est pas à penser à partir de l'idée d'organisme, au sens que présuppose l'interprétation biologique de l'être humain, mais plutôt à partir de ce qu'on pourrait appeler sa capacité présencielle, c'est-à-dire de la capacité qu'elle possède d'être, non seulement l'expression de l'âme mais sa présence même, dans la concrétude de l'existence effective. Nous rejoignons ici, à partir de ce parcours aristotélicien et thomiste, la conception de la corporéité qui a été développée dans la ligne de la phénoménologie existentielle, en particulier par Merleau-Ponty.

Il faut reconnaître cependant que la méthode phénoménologique est profondément différente de la méthode conceptuelle de l'aristotélico-thomisme. Alors que celle-ci tente d'interpréter le réel, tel qu'il se présente en ses propriétés visibles, au moyen de concepts construits sur la base d'analogies jugées pertinentes, la méthode phénoménologique tente de rejoindre l'expérience vécue telle qu'elle s'apparaît à elle-même, en deçà des conceptualisations qu'elle autorise. C'est la possibilité même de la conceptualisation qu'il s'agit de porter au discours, à même l'auto-compréhension vécue de la réalité existentielle. A vrai dire, ce qui est vraiment signifiant dans une interprétation conceptuelle, c'est l'intention qui la porte. Et cette intention elle-même procède de l'autocompréhension vécue de l'expérience. Il faudrait, pour bien faire, remonter de la conceptualisation en termes de matière et de forme aux intentions dont elle procède, et tenter à partir de là de montrer la convergence qui existe entre ce que peut donner une analyse existentielle et l'intention porteuse de la construction interprétative dont il a été question ici. Convergence qui n'est sans doute que partielle, mais qui est en tout cas presque certainement effective en ce qui concerne l'unité de l'être de l'homme. Or n'est-ce pas là le principal enjeu de la réflexion anthropologique ? Le langage qui parle de l'âme et du corps comme de deux entités distinctes, unies par quelque mystérieux «lien substantiel», suggère inévitablement une vision dualiste, que l'expérience vécue récuse. Comment penser au juste l'unité, sans compromettre cette conviction profonde, attestée aussi bien par la pensée réflexive que par les traditions religieuses, que la mort n'est pas, pour l'être humain, une fin absolue ? Comment penser à la fois l'essentialité de la corporéité et la mortalité de l'homme ? Ce sont là des questions qui ont été pensées avec rigueur dans le passé, mais qui demeureront cependant toujours à penser.

Chapitre 2
Du corps objet au corps expressif : l'ontologie phénoménologique de Merleau-Ponty
J. DUCHÊNE

Le thème de la corporéité est central dans la recherche de Merleau-Ponty. Présent dès *La Structure du Comportement* et la *Phénoménologie de la Perception*, principalement sous la forme du cogito préréflexif et du corps propre, il continue de hanter *L'œil et l'Esprit* et *Le Visible et l'Invisible* où il est désigné par le concept de « chair ». Ces deux figurations du corps le désignent en tant que corps expressif, mais, alors qu'il était expression du sujet (compris d'ailleurs davantage comme « je peux » que comme « je pense ») en tant que corps propre, il devient en outre expression et différenciation de l'Etre en tant que « chair ».

La recherche de Merleau-Ponty sur la corporéité s'est déployée en réaction à ce qu'il appelle le « grand » rationalisme[1]. Celui-ci est l'objet de son admiration et même de sa fascination, mais aussi de sa critique sévère et continuelle. Cette philosophie marque encore profondément notre culture. Elle a donné naissance à la science et à une vision du monde et de la raison qui nous sont familières, mais qui nous rendent incapables de comprendre le sort historique des hommes et notamment l'articulation de la représentation et du vécu. Dans les *Résumés de Cours*, Merleau-Ponty énonce ce diagnostic : « Pour avoir « oublié » le flux du monde naturel et historique, pour l'avoir réduit à certaines de ses productions comme l'objectivité, les sciences de la nature, ..., la philosophie et la raison sont devenues incapables de maîtriser, et d'abord, de comprendre le sort historique des hommes »[2].

Par son dualisme et son objectivisme, le grand rationalisme a rendu possible la science — et c'est son immense mérite — mais il nous a aussi déracinés. Il nous a rendus aveugles au vécu, à l'existence avec son épaisseur charnelle, sa résistance, son opacité. Si la tâche de la philosophie n'est pas d'être une pure démarche intellectuelle ou conceptuelle, si elle consiste à aller du vécu au concept et du concept au vécu, pour explorer le mystère de l'expression, alors il faut lever l'oubli qui porte sur l'origine de la science et de l'objectivité en explorant la perception, source de tout savoir et critère ultime de la réalité ontologique. Toute l'œuvre de Merleau-Ponty est consacrée à cette tâche dont nous évoquons ici quelques jalons.

Après avoir évoqué la double attitude — fascination et dépassement — de Merleau-Ponty à l'égard du grand rationalisme, nous montrerons qu'il découvre dans celui-ci des points d'appui ou des pierres d'attente de son propre dépassement et cela à travers certains textes où il est question du mystère de l'union de l'âme et du corps. Nous présenterons enfin quelques développements de ce thème dans la phénoménologie de Merleau-Ponty, principalement dans ses deux premiers ouvrages.

1. MERLEAU-PONTY ET LE «GRAND» RATIONALISME

Merleau-Ponty vouait une grande admiration au grand rationalisme. Il reconnaît trois grands mérites à ce courant de pensée qui marque encore si profondément notre culture.

Tout d'abord, le grand rationalisme a rendu possible la science sans faire de celle-ci le juge ultime de la réalité. Loin de céder comme notre science actuelle à l'artificialisme absolu, ou à la seule exigence d'opérationalité, «la science classique gardait le sentiment de l'opacité du monde, c'est lui qu'elle entendait rejoindre par ses constructions, voilà pourquoi elle se croyait obligée de chercher, pour ses opérations, un fondement transcendant ou transcendantal[3]». Le grand rationalisme «a créé la science de la nature et n'a pourtant pas fait de l'objet de science le canon de l'ontologie[4]». Il manifeste une aisance «à dépasser la science sans la détruire» et à «limiter la métaphysique sans l'exclure[5]». Ces formules magnifiquement ciselées disent bien l'admiration de Merleau-Ponty pour une vision du monde qui donne à la science toute sa place sans tomber dans le positivisme et la platitude ontologique. Merleau-Ponty reprendra comme sien ce projet, mais en lui donnant de nouvelles bases, notamment en montrant que l'explication scientifique du monde est une des facettes du corps expressif au travail dans la perception.

Le deuxième mérite du grand rationalisme est, en outre, d'avoir reconnu «l'être du sujet ou de l'âme[6]». En ce sens, il est une étape capitale et décisive de l'histoire de la philosophie, car «une fois introduite en philosophie, la pensée du subjectif ne se laisse plus ignorer[7]». L'histoire de la subjectivité ne commence certes pas avec le rationalisme du XVIIe siècle. Les philosophes grecs ont déjà affirmé des thèses proches de celles des philosophies du sujet, notamment l'idée défendue par les sophistes selon laquelle l'homme est la mesure de toutes choses ou, encore, l'idée étrange de l'âme capable de connaître ce qu'elle ignore ou d'ignorer ce qu'elle sait. Ainsi, on peut lire dans le Ménon : «Il est impossible à un homme de chercher, ni ce qu'il sait, ni ce qu'il ne sait pas. Ni, d'une part, ce qu'il sait, il ne le chercherait en effet, car il le sait et, en pareil cas, il n'a pas du tout besoin de chercher; ni d'autre part, ce qu'il ne sait pas, car il ne sait pas davantage ce qu'il devra chercher[8]». Dans ce texte, on trouve déjà la problématique que Merleau-Ponty explorera sous le thème de la connaissance comme passage, non pas de l'ignorance au savoir, mais de l'antéprédicatif au prédicatif, de l'irréfléchi au réfléchi. Mais, pour les Grecs, l'être du sujet ou de l'âme n'occupe pas une place centrale et ne devient pas une forme canonique de l'être. «Jamais, pour eux, le négatif n'est au centre de la philosophie[9].» Pour le «grand» rationalisme, au contraire, «nulle forme d'être ne peut être posée sans référence à la subjectivité[10]». Le sujet, la nature, Dieu, sont soumis au doute et aux exigences de la subjectivité. Cette façon de penser se prolongera à travers le criticisme de Kant à propos de la connaissance de la nature, à travers la théologie de Kierkegaard pour ce qui concerne la connaissance de Dieu et à travers la phénoménologie de Hegel et de Husserl.

Merleau-Ponty reprendra également cette thèse de la fonction centrale de la subjectivité. Il résume lui-même la phénoménologie en disant qu'elle s'est efforcée de concilier l'extrême objectivisme et l'extrême subjectivisme. En revenant à la perception comme source de toute connaissance, il se situe dans le prolongement de cette démarche.

Le grand rationalisme suscite encore l'admiration de Merleau-Ponty parce qu'il a «conçu l'univers comme infini — ou du moins sur *fond d'infini*[11]». Comme les cartésiens, il se propose de «montrer qu'il y a un absolu[12]». On a souvent interprété la philosophie de Merleau-Ponty comme une philosophie athée. Beaucoup de ses commentateurs — surtout ceux de ses premières œuvres — la considèrent comme une philosophie relativiste. Pourtant, sa réflexion se présente comme une «introduction à la définition de l'être[13]», comme une ontologie à trois entrées possibles : la Nature, le Sujet, Dieu. Ce sont déjà les trois entrées du cartésianisme. La philosophie de la nature et l'exploration des multiples facettes de la subjectivité ont, certes, retenu beaucoup plus longuement l'attention de Merleau-Ponty que la théologie. Mais celle-ci n'est pas niée comme telle; une note de travail de *Le visible et l'invisible* affirme clairement : « Je suis contre la finitude au sens empirique, existence de fait qui a des limites, et c'est pourquoi je suis pour la métaphysique[14] ».

Au nom de son exigence de synthèse, le grand rationalisme a produit une philosophie de la nature comme « objet », ou comme étendue, une philosophie de l'homme comme « sujet », ou comme esprit, et une théologie dans laquelle Dieu assurait l'harmonie entre l'homme et la nature, la pensée et l'étendue, l'âme et le corps. Historiquement, cette synthèse a été féconde. Elle a rendu possible l'essor des sciences de la nature et l'exploration par l'homme des profondeurs de sa subjectivité. Mais nous ne pouvons plus, selon Merleau-Ponty, adhérer à cette philosophie parce qu'elle a engendré une « diplopie » ontologique[15], ou un « strabisme[16] » ontologique, entendons par là qu'elle a donné naissance à un dualisme ontologique qui oppose intériorité et extériorité, âme et corps, intelligible et sensible, sujet et objet, pensée et étendue. L'origine dernière de ce dualisme est le point de départ de la philosophie cartésienne, à savoir le recours à la pratique du doute méthodique. Par cette méthode, la philosophie cartésienne tout entière repose sur l'alternative du tout ou rien, de l'être et du néant. Historiquement et philosophiquement, écrit Merleau-Ponty, notre idée de l'être naturel comme objet en soi, qui est ce qu'il est, parce qu'il ne peut être autre chose, émerge d'une idée de l'être sans restriction, infini ou cause de soi, et celle-ci, à son tour, d'une alternative de l'être et du néant[17]. Il y a donc un lien entre la théologie cartésienne et la pratique du doute méthodique. Dans celui-ci, le sujet prétend, au fond, se faire l'égal de Dieu. Inversement, le doute méthodique conduit à penser l'être de Dieu comme « Ens realissimmum[18] » ou plénitude d'être achevée, comme « Causa Sui », être non relationnel, infini et positif et cela au nom, précisément, de l'alternative du tout ou rien. Merleau-Ponty, au contraire, s'oriente vers une détermination de Dieu comme « Abîme »; cette détermination est la seule qui soit capable, selon lui, de garder à l'être sa dimension de profondeur et son épaisseur ontologique. Les cartésiens, nous dit-il, avec leur notion d'infini objectif, ont élaboré une métaphysique qui nous donne des raisons décisives de ne plus faire de métaphysique puisqu'ils utilisent la notion de Dieu comme principe explicatif de toutes les obscurités de notre expérience et dissolvent ainsi le principe même de toute interrogation philosophique.

Philosophie objectiviste de la nature et théologie réaliste et, finalement, positiviste, sont donc de purs produits de la méthode cartésienne du doute méthodique et de l'alternative du tout ou rien qu'elle implique. Mais le cogito conçu comme pure transparence de soi à soi résulte aussi de ce complexe ontologique. Le doute méthodique «astreint tout être, s'il doit n'être pas rien, à être pleinement, sans possibilités cachées[19]».

Chez Descartes, l'hypothèse de la négativité est entrevue de façon radicale, notamment à travers la pratique du doute méthodique et la fameuse hypothèse du malin génie. Mais, malgré cela, il ne nous confronte pas à l'expérience de l'«Abîme» ou de «Sigè l'Abîme», car cette négativité reste linguistique. A peine articulée, elle est aussitôt neutralisée par l'affirmation d'un être qui est identité de soi à soi, infini positif.

L'alternative de l'être et du néant renvoie enfin à une certaine façon d'entrevoir la philosophie. Pour les cartésiens, la philosophie a une fonction «explicative». Le philosophe cherche l'ordre des raisons. Le rationalisme prend pour modèle d'intelligibilité l'établissement de rapports de causalité linéaire. Merleau-Ponty croit aussi à une intelligibilité du réel, mais, à «l'ordre des raisons» des cartésiens, il préfère un «nexus rationum», un nœud de raisons, une causalité circulaire, ou plutôt dialectique, un rapport en «chiasme» plus apte à décrire les rapports de l'homme au monde ou de l'homme à l'autre homme. Le rapport en chiasme permet d'accueillir «la contradiction comme mouvement de l'être[20]», d'échapper aux philosophies de l'identité qui sont réductrices. Merleau-Ponty évoque aussi un rapport «d'empiétement» ou «d'entrelacs». L'homme est dans la nature et la nature est en l'homme, mais ces rapports ne sont pas primordialement des rapports de causalité linéaire. Ce sont des rapports de déhiscence, d'expression. Ils naissent l'un et l'autre de ce que Merleau-Ponty appelle l'extase originelle par un processus de «différenciation» et de «métamorphose» qu'il convient d'accueillir, d'admirer, de célébrer plutôt que «d'expliquer», car l'explication est réductrice et renvoie à un sujet «spectateur impartial» voyant les choses du point de vue de Sirius. Par principe, l'explication tente d'éliminer l'altérité. Elle part de l'expérience de la contingence, mais, au lieu d'y faire apparaître l'altérité, elle s'efforce de l'annuler et de la réduire.

Merleau-Ponty, au contraire, ne conçoit plus la philosophie comme «explication», mais comme «phénoménologie» et comme «monstration». Philosopher, c'est interroger — c'est la part de négativité et de subjectivité dans la philosophie —, non pour se complaire dans le relativisme, le doute et le scepticisme ou, à l'inverse, pour fuir dans «l'explication», mais pour faire voir le «jaillissement immotivé» du monde, le «il y a» primordial, pour découvrir, dans le présent, l'originaire et laisser parler l'ordre des symboles. C'est en scrutant l'unité de l'âme et du corps, ou les profondeurs du corps propre et de la corporéité comme chair, que Merleau-Ponty dévoile l'être comme expression. C'est dans le corps expressif que se trouve en nous le pouvoir d'aller vers l'originaire.

2. LE GRAND RATIONALISME ET LE PROBLÈME DE L'UNION DE L'AME ET DU CORPS

Il y a un impensé dans le grand rationalisme et dans la philosophie de Descartes. Cet impensé concerne la question de l'union de l'âme et du corps. Merleau-Ponty évoque cet impensé dans les notes de cours consacrées au thème de l'union de l'âme et du corps chez Malebranche, Maine de Biran et Bergson. Pour Descartes, la problématique de l'union de l'âme et du corps n'est pas d'abord spéculative ou théorique, mais pratique. Il ne se demande pas comment unir deux réalités contradictoires, mais il constate un fait paradoxal, celui de l'existence de ce corps. Ainsi, dans la sixième Méditation, Descartes nous dit que l'union est enseignée par les sentiments de faim, de soif, ... qui proviennent «du mélange de l'esprit avec le corps» car ces sentiments sont des «façons confuses de penser». On ne peut interpréter de façon purement mécanique — comme il faudrait le faire selon la logique du corps machine — ces façons confuses de penser. Descartes se contente d'une telle affirmation sans s'efforcer d'en rendre compte et sans s'interroger davantage sur la compatibilité de cette thèse avec le dualisme de principe qui caractérise son anthropologie.

Dans un autre texte, une lettre à Mesland de 1645, Descartes écrit : «il ne laisse pas d'être très vrai que j'ai maintenant le même corps qu'il y a dix ans, bien que la matière dont il est composé soit changée, à cause que l'unité numérique du corps d'un homme ne dépend pas de sa matière, mais de sa forme qui est l'âme[21]». Descartes, tout dualiste qu'il soit, reprend, pour parler de l'âme et du corps, le vocabulaire de l'hylémorphisme aristotélicien. Il constate ici que le corps n'est pas seulement un morceau d'étendue «partes extra partes», mais qu'il se caractérise par une unité spéciale, qu'il est une «totalité» et que l'âme assure une fonction de continuité dans la temporalité. Mais il en reste à la constatation. Il n'essaye ni d'en rendre compte, ni de la justifier.

Outre le texte cité ci-dessus, trois autres textes cartésiens évoquent encore l'union de l'âme et du corps. Une lettre à Hyperaspites d'août 1641 affirme : «Si par «corporel» on entend tout ce qui peut, en quelque manière que ce soit, affecter le corps, l'esprit en ce sens devra aussi être dit corporel[22]». Etrange affirmation pour une philosophie qui fait du dualisme le centre de son anthropologie. Pourtant, dans le même sens, une lettre à Elisabeth de 1643 reconnaît qu'on peut attribuer à l'âme une «extension» et une «matière» : «puisque votre Altesse remarque qu'il est plus facile d'attribuer de la matière et de l'extension à l'âme, que de lui attribuer la capacité de mouvoir un corps et d'en être mue sans avoir de matière, je la supplie de vouloir librement attribuer cette matière et cette extension à l'âme ! Car cela n'est autre chose que la concevoir unie au corps[23]».

Cependant, dans une autre lettre de 1649 adressée à Morus[24], Descartes précise qu'on ne peut attribuer à l'âme une étendue de «substance» (comme celle du monde), mais seulement une étendue «de puissance». Dans la lettre à Elisabeth, citée plus haut, il précisait d'ailleurs déjà : «l'extension de cette matière (le corps) est d'autre nature que l'extension de cette pensée (l'âme) en ce que la première est déterminée à un certain lieu, duquel elle exclut toute autre extension de corps, ce que ne fait pas la deuxième[25]». Merleau-Ponty reprendra ce problème dans sa réflexion sur la spatialité du corps propre en distinguant le corps spatialisé et le corps spatialisant. Dans ses cours sur l'union de l'âme et du corps chez Malebranche, Maine de Biran, Bergson, il commente ces textes de Descartes en ces mots : «l'âme, vue du corps, apparaît comme s'appliquant à ce corps et douée d'une étendue *par contagion*. Mais il ne s'agit que de l'âme *des autres* et non de l'âme en tant qu'âme. *Du dehors*, on lui trouve l'étendue d'extension ; du dedans, on ne peut la saisir que par réflexion[26]». En d'autres termes, Descartes constate une union de fait et une distinction de droit ou d'essence. Mais il ne tente pas de concilier vision du dedans et du dehors. C'est seulement dans une philosophie du corps expressif que vision du dehors et du dedans peuvent se superposer sans se confondre. C'est une telle philosophie que Merleau-ponty construira, afin de dialectiser et de rendre compossibles ces deux visions.

Le troisième texte cartésien qui évoque une union de l'âme et du corps est une lettre à Arnaud, de juillet 1648. On peut y lire : «Car, si par «corporel» nous entendons ce qui appartient au corps, encore qu'il soit d'une autre nature, l'âme peut aussi être dite corporelle, en tant qu'elle est propre à s'unir au corps[27]». Une fois de plus, l'union de fait est reconnue, mais on la dit impensable si on se place du point de vue de la nature ou de l'essence.

Il y a donc une contradiction dans la philosophie cartésienne en ce sens que, à trois reprises, Descartes est obligé de reconnaître une union de fait de l'âme et du corps dont il ne peut rendre compte au niveau de la pensée. La reconnaissance de cette opposition entre le monde des faits et celui des essences signifie peut-être que Descartes admettait que «l'analyse philosophique n'épuise pas l'expérience[28]». Merleau-Ponty interprète en ce sens cet impensé de la philosophie cartésienne. Il comprend ces textes comme des jalons ou des pierres d'attente pour un développement philosophique ultérieur. Il y voit les prémisses d'une problématique qui sera reprise par Malebranche puis développée comme le thème central de sa propre philosophie.

Au regard de Merleau-Ponty, Malebranche, Maine de Biran et Bergson se sont rendu compte de ces impasses de la pensée cartésienne. Ils ont cherché à les dépasser en proposant une vision plus unifiée de l'âme et du corps, chacun selon une perspective originale.

Malebranche continue de se situer dans la «série cartésienne» : par sa théorie de la vision en Dieu, il renonce aux idées innées et il essaye d'éclairer les relations de l'âme et du corps par la relation de l'âme à Dieu. En ce sens, Malebranche reste cartésien, car Dieu reste, pour lui, le garant de l'harmonie préétablie. Par contre, Maine de Biran et Bergson comprennent les relations de l'âme et du corps comme une introduction à la relation de l'âme à Dieu. Ils se situent dans la «série pascalienne» dont Merleau-Ponty se rapproche davantage. Mais cela ne l'empêche pas d'être sensible à certains aspects de la problématique de Malebranche. En effet, Malebranche lui apparaît moins idéaliste que Descartes : «Il a vu dans le miroir de Dieu le problème de *l'existence* en tant que celle-ci *n'est pas réductible à l'idéalité*[29]». Merleau-Ponty pense aussi que l'existence n'est pas réductible à l'idéalité, mais il le montrera, non en invoquant le miroir de Dieu, mais plutôt celui de l'Etre sauvage ou vertical qu'il appelle aussi la chair.

On trouve aussi chez Malebranche la question de la connaissance par sentiment. Il reconnaît ainsi une passivité de l'entendement : au lieu de définir l'esprit comme «substance qui pense», Malebranche le définit parfois comme «substance qui aperçoit ce qui le touche et ce qui le modifie». Dans la phénoménologie de Merleau-Ponty la même attention sera accordée à la passivité notamment à travers sa réhabilitation de la perception; ainsi l'un et l'autre pourraient défendre ensemble la thèse selon laquelle l'homme n'est pas un esprit qui *domine* et déploie le temps, mais un esprit disposant de quelques pouvoirs. A côté du savoir mathématique auquel il continue d'accorder sa préférence de crainte de tomber dans l'erreur, Malebranche accepte un savoir acquis par la seule expérience qui nous fait connaître non pas les rapports des idées entre elles, mais les rapports des choses avec nous. Merleau-Ponty accorde, lui aussi, une place importante à l'expérience et au vécu dans l'élaboration du savoir philosophique. Malebranche a en outre substitué à l'évidence immédiate du cogito cartésien une évidence médiate, suspendue au principe selon lequel le néant n'a pas de propriété : il a remplacé le «je pense donc je suis» par l'énoncé suivant : «le néant n'a pas de propriétés, je pense. Donc, je suis.» Merleau-Ponty commente cet énoncé en ces termes : pour Malebranche comme pour Descartes, il y a un lien entre être et pensée, mais ce lien découle, chez Malebranche, du principe : le néant n'a pas de propriétés. L'évidence du cogito ne passe plus par le doute ; on n'y voit plus la pensée qui se donne son être. A la différence de Descartes, le «je» ne saisit pas sa pensée «dans son tracé constituant et dans son origine[30]». Malebranche accorde que la connaissance de soi par soi n'est pas une coïncidence totale, mais qu'il y a une «obscurité du sentiment de soi-même» et donc une sorte d'irréfléchi dans le cogito[31]. Cette non-coïncidence avec soi-même est ce qui permet au cogito d'être ouvert à autre chose, d'être intentionnel. Chez Malebranche les idées sont comprises comme des idées que l'homme pense sans les produire. L'idée reste donc à distance. Notre rapport aux idées est un rapport d'horizon et non de possession totale. Quant à la connaissance de Dieu, c'est «une connaissance sans idée». Merleau-Ponty à son tour parle à plusieurs reprises dans son œuvre d'une connaissance de l'Etre sans concept.

Sur de nombreuses questions, Malebranche a donc posé des jalons pour une reprise et un dépassement de Descartes : «il y a, chez Malebranche, l'intention délibérée de faire entrer dans la philosophie l'irréfléchi[32]». En concluant sa réflexion sur Malebranche, Merleau-Ponty n'hésite pas à écrire : «à la limite, Malebranche aboutirait à une philosophie qui ne serait pas du tout la sienne, à une philosophie où il serait impossible de distinguer l'âme et le corps, à une sorte de simple pensée ouverte[33]». On peut, sans conteste, penser que Merleau-Ponty évoquait à travers ces termes le déploiement de sa propre philosophie comme accomplissant et prolongeant, à l'égard du cartésianisme, une interrogation déjà initiée et développée par Malebranche. Nous exposerons par la suite quelques-unes de ces thèses en montrant comment elles prennent au sérieux l'union de l'âme et du corps et en quoi elles sont anticartésiennes. Toutes ces thèses gravitent autour de la question du corps expressif.

3. LA PHILOSOPHIE DU CORPS DE MERLEAU-PONTY

3.1. La Structure du Comportement

Dès son premier livre intitulé *La Structure du Comportement*, Merleau-Ponty affronte et discute les thèses de certains courants psychologiques à propos des conduites humaines. Principalement le behaviorisme de Watson et la réflexologie de Pavlov (deux interprétations plutôt mécanistes et matérialistes du corps) et la psychologie de la forme qui accorde une attention au sens et à la dimension qualitative des conduites. Les enjeux philosophiques de cette discussion sont multiples, mais ils se ramènent au problème central des rapports de la conscience à la nature et des rapports de la conscience au corps. Dès la première page de la *Structure du Comportement*, Merleau-Ponty énonce son projet en ces termes : «Notre but est de comprendre les rapports de la conscience et de la nature, organique, psychologique et même sociale[34]». Mais, pour comprendre les rapports de la conscience à la nature, il est nécessaire d'étudier les rapports de la conscience au corps et le fonctionnement du corps lui-même.

Dans ce travail, Merleau-Ponty essaye de se frayer un chemin entre deux extrêmes, le matérialisme, qui interprète le comportement humain comme un résultat de stimulations extérieures, et le spiritualisme qui a tendance à comprendre le sujet humain comme liberté pure ou conscience donatrice de sens. Ces deux types d'explication, bien que radicalement divergents, reposent sur deux présupposés communs. Ils partent d'une vision substantialiste et dualiste et établissent une hiérarchie entre les deux substances âme-corps. En outre, ils interprètent les rapports entre l'homme et la nature comme des rapports de causalité linéaire, soit sous la forme d'une relation sujet-objet (idéalisme) soit sous la forme d'une relation objet-sujet (matérialisme).

Pour Merleau-Ponty, on ne peut interpréter le comportement ni comme une chose (behaviorisme), ni comme une manifestation d'un pur esprit (idéalisme). Bien qu'il s'inspire de la psychologie, Merleau-Ponty renonce à utiliser le terme «âme». Il lui préfère celui de «comportement». La notion d'âme implique une connotation de «substance», tandis que le terme de «comportement» inclut une connotation plus relationnelle qui traduit un échange entre un individu et un milieu, un rapport qui n'est ni un rapport de face-à-face, ni un rapport de causalité linéaire à sens unique, mais plutôt une sorte de causalité circulaire. Le terme «comportement» renvoie à une vision de l'homme «comme débat et explication perpétuelle avec un monde physique et social». Ce concept est synonyme «d'existence» en tant que celle-ci évoque également un débat de l'homme avec le monde. Le comportement est à la fois un effet du milieu et un effet du sujet dans lequel les stimulations agissent, non seulement de façon quantitative, mais qualitative. Dans le comportement, le corps est expressif (du sujet et du monde ou du milieu) : un sens apparaît. Les données du dehors n'agissent pas mécaniquement. Il y a une rencontre de l'horizontal et du vertical; l'organisme est, à la fois, actif et passif et ces deux dimensions ne se juxtaposent pas, elles interagissent. Le comportement est aussi une activité intentionnelle.

Quant au terme «structure», il est utilisé, lui aussi, pour combattre le substantialisme. La philosophie classique différencie des niveaux de comportement (comportements inférieurs et supérieurs) et des niveaux de réalité (l'ordre physique, vital, humain). Pour Merleau-Ponty, on a raison de distinguer ces niveaux, car «si tout dépendait vraiment de tout, dans l'organisme, comme dans la nature, il n'y aurait pas de lois et pas de science[35]». Mais, pour distinguer ces niveaux, on ne doit pas parler de trois sortes de réalités. On ne doit pas, comme le vitalisme, penser que le phénomène de la vie est explicable en termes de principe vital qui se surajouterait du dehors à un ordre de la matière, ni, comme le spiritualisme, penser que l'esprit se surajoute du dehors à l'ordre de la vie. On doit penser la différenciation, non pas sous forme d'addition, mais sous forme de «structuration».

Pour illustrer cette thèse anthropologique, Merleau-Ponty s'appuie sur des études de Goldstein à propos des localisations cérébrales et de l'aphasie. Suite à une blessure de guerre, deux fonctions tout à fait différentes peuvent être atteintes : les initiatives sexuelles normales et le maniement lucide des nombres. Au plan du contenu, ces fonctions sont différentes mais, dans les deux cas, il y a un rapport au virtuel et c'est ce rapport qui est atteint. Il y a un rétrécissement de milieu. Le blessé ne sait plus se rapporter au virtuel. La pathologie est moins une soustraction de «contenu» que le surgissement d'un comportement moins différencié. La différence entre le comportement normal et le comportement pathologique est une différence qualitative, ou de structure. Il y a une imbrication des différents niveaux qui fait que «la physiologie n'est pas pensable sans la psychologie», et inversement. Merleau-Ponty distingue trois niveaux de comportement : les formes syncrétiques se caractérisent par un comportement assez rigide dans un milieu étroit, les formes amovibles désignent le vivant capable d'émettre des signaux, et les formes symboliques sont propres à l'homme et au monde culturel. Ces trois niveaux se distinguent par leur façon de se rapporter à l'espace et au temps. Au niveau symbolique, espace et temps deviennent des milieux indéfinis de l'expérience humaine. Cependant, même le comportement humain le plus symbolique, à savoir le langage et, dans celui-ci, le langage formel, ne nous arrache pas à la vie, ni à la nature. L'homme peut créer une seconde nature, un milieu humain et culturel, mais il ne peut quitter ses racines. Aussi, Merleau-Ponty pensera-t-il l'activité de la conscience en terme d'archéologie et de téléologie.

Le concept de «structure» permet donc de dépasser les antinomies du matérialisme et du spiritualisme ou du mécanisme et du vitalisme. La théorie de la forme issue de la psychologie de la forme doit se prolonger «en philosophie de la forme qui se substituerait à la philosophie des substances[36]». Le tout dans une «forme» ou dans une «structure» n'est pas la somme des parties.

Mais quel est le statut ontologique de la structure ? Elle n'est pas une structure en soi, indépendante de la conscience qui la pense, ni une structure pensée, indépendante de la réalité qu'elle organise. Elle est «en soi - pour moi». Elle est une structure perçue. En ce sens Merleau-Ponty se rapproche du criticisme de Kant, bien qu'il soit plus réaliste que Kant, donnant davantage de poids à la perception à laquelle il confère un statut ontologique ultime.

Concluant la *Structure du Comportement*, Merleau-Ponty écrit : «Ni le psychique à l'égard du vital, ni le spirituel à l'égard du psychique, ne peuvent être traités comme des substances ou des mondes nouveaux. Le rapport de chaque ordre à l'ordre supérieur est celui du partiel au total. Un homme normal n'est pas un corps porteur de certains instincts autonomes, joint à une «vie psychologique» définie par certains processus caractéristiques — plaisir et douleur, émotion, association des idées — et surmonté d'un esprit qui déploierait ses actes propres sur cette infrastructure. L'avènement des ordres supérieurs, dans la mesure où il s'accomplit, supprime comme autonomes les ordres inférieurs et donne aux démarches qui les constituent une signification nouvelle.[37]» Il en résulte que le dualisme, c'est-à-dire la distinction radicale du psychique et du somatique, n'est plus intéressante que pour penser la pathologie, et non l'homme normal. Dès lors, les images cartésiennes utilisées pour exprimer les rapports de l'âme et du corps doivent être abandonnées ou réinterprétées. Il s'agit de l'image du pilote en son navire et de celle de l'artisan et de son outil. Entre l'âme et le corps, il y a désormais des rapports d'expression. L'âme est le sens du corps et le corps la manifestation de l'âme. Mais cette façon de parler ne doit pas induire en erreur et laisser croire que l'exprimé préexiste à l'expression. «On peut bien comparer les relations de l'âme et du corps à celles du concept et du mot, mais à condition d'apercevoir, sous les produits séparés, l'opération constituante qui les joint.[38]» Pour Merleau-Ponty, il n'y a pas les idées d'une part et le langage pour les dire, il y a une dialectique entre parole parlante et parole parlée. Il n'y a pas, d'autre part, d'idée sans langage. Il en résulte que l'esprit n'est pas «une nouvelle sorte d'être, mais une nouvelle forme d'unité[39]». Le psychisme n'est pas «dans» le corps[40]. Merleau-Ponty défendra cette thèse jusqu'au bout. Dans *Le Visible et l'Invisible*, il écrit : «Quand l'organisme de l'embryon se met à percevoir, il n'y a pas création par le corps en soi d'un Pour soi, et il n'y a pas descente dans le corps d'une âme préétablie, il y a que le tourbillon de l'embryogenèse soudain se centre sur le creux intérieur qu'elle préparait. — Un certain écart fondamental, une certaine dissonance constitutive émerge. — Le mystère est le même que celui par lequel un enfant bascule dans le langage.[41]»

Dans ses conclusions de *La structure du Comportement*, Merleau-Ponty reconnaît les limites de son analyse du corps. Il a utilisé les données des sciences humaines et a adopté le point de vue du spectateur étranger. Il a feint «de ne rien savoir sur l'homme par réflexion[42]».

C'est ce point de vue réflexif qu'il va adopter dans la *Phénoménologie de la Perception* et d'autres textes plus tardifs comme *Le Philosophe et son Ombre* et *Le Visible et l'Invisible* afin de compléter son anthropologie du corps expressif.

3.2. Le problème de la connaissance dans la Phénoménologie de la Perception

L'ouvrage le plus anticartésien de Merleau-Ponty est certainement, dans son titre, la *Phénoménologie de la Perception* puisque, par la pratique du doute méthodique, Descartes a écarté la perception comme source possible d'une connaissance, et qu'il a cherché dans les idées innées, garanties par Dieu, la source de notre connaissance scientifique ou philosophique du monde.

Merleau-Ponty refuse la logique du «tout ou rien» qui a présidé à l'élimination de la perception comme source du savoir. Il refuse aussi les idées «innées» et nous propose d'assister à la naissance du savoir dans la perception et à son développement à travers le monde du langage et de l'idéalité. Le savoir est, pour lui, création humaine et devenir à jamais inachevé. «L'Etre, dira-t-il, est ce qui attend de nous création pour que nous en ayons l'expérience.[43]» Le savoir humain, si inventif et ingénieux soit-il, reste marqué par l'obscurité du monde, la situation du sujet connaissant, les aléas de l'intersubjectivité, l'élan et la pesanteur de la temporalité.

3.2.1. L'obscurité du monde

La thèse la plus centrale de Merleau-Ponty affirme qu'on ne peut chercher «à atteindre l'être sans passer par le phénomène». Le phénomène est alors décrit comme présentant diverses caractéristiques; il est «subjectif» et «objectif», empreint d'une certaine opacité, «sensible» et «temporel». Ces caractéristiques se conditionnent réciproquement. C'est parce qu'il est sensible et temporel que le phénomène est subjectif et opaque, qu'il comporte des faces cachées, un passé, un avenir. Mais la temporalité est aussi ce qui permet de dépasser le subjectivisme et l'opacité du phénomène en faisant rayonner l'idéalité impliquée dans le sensible.

Dans la *Phénoménologie de la Perception*, au nom de la fidélité aux phénomènes, Merleau-Ponty critique le principe cartésien de la rationalité — à savoir Dieu comme pure présence de soi à soi, ou comme pure identité — et propose de le remplacer par un nouveau principe qu'il appelle «le monde» et, plus tard, «la chair». Cette substitution est très significative; à la différence de la métaphysique classique qui croyait en une «vérité en soi» et en une connaissance intersubjective parfaite, Merleau-Ponty propose une nouvelle figure de l'Etre, à savoir l'Etre comme «il y a», «présence-absence», «identité et altérité», «lumière et obscurité». La métaphysique classique accordait un sens ontologique à la vérité et un sens subjectif, humain, accidentel à l'obscurité de notre savoir. Merleau-Ponty attribue désormais aussi un sens humain et subjectif à la vérité et un sens ontologique à la possibilité de l'erreur et de l'illusion. L'obscurité du monde ne doit pas être imputée seulement à notre ignorance: elle est inhérente à l'Etre qui a une «épaisseur ou une opacité». L'ouverture du sujet au monde n'exclut pas une occultation: «la même raison me rend capable d'illusion et de vérité». Pour Merleau-Ponty, qu'il s'agisse de la présence de soi à soi du sujet humain, ou de la présence de la chose et du monde au sujet, ou de la présence de soi à soi de l'Etre, dans tous les cas, une certaine absence habite la présence. La perception est la première forme de connaissance. Elle peut se poursuivre dans une connaissance conceptuelle et représentative, mais celle-ci, si elle est un dépassement de la perception, n'est pas un dépassement à tous égards: elle garde la même structure que la connaissance perceptive qui est une connaissance située, différente de la connaissance cartésienne qui est une vision du point de vue de Sirius, une vision de partout et nulle part. Merleau-Ponty regrette que la philosophie cartésienne ne prenne pas

« pour garante d'elle-même la pensée humaine dans sa condition de fait » mais prenne appui sur « une pensée qui se possède absolument » : si bien que la « connexion de l'essence et de l'existence n'est pas trouvée dans l'expérience, mais dans l'idée de l'infini[44] ». Ce qui est donné dans la perception dit Merleau-Ponty, c'est « la communication d'un sujet fini avec un être opaque d'où il émerge, mais où il reste engagé[45] ». Ou encore : « c'est mon inhérence à un point de vue qui rend possible à la fois la finitude de ma perception et son ouverture au monde total comme horizon de toute perception[46] ».

3.2.2. *La notion de situation*

La notion de situation est une notion clé de la *Phénoménologie de la Perception*. La situation concerne l'Etre, lui-même, qui est spatio-temporel. Parce qu'il y a le temps, « tout l'être ne peut m'être donné en personne ». Le temps est « la mesure de l'être », il met en question « l'existence absolue du monde ». Parce qu'il y a le temps, l'Etre doit être compris comme « monde », c'est-à-dire comme extérieur non seulement au sujet qui le perçoit, mais encore au Logos qui l'anime et qui prend conscience de soi dans et par le sujet humain. Le temps empêche le monde ou l'Etre d'être coïncidence de soi à soi, pure identité ou pure manifestation. L'apparence ou le phénomène n'est ni une apparence trompeuse, ni une « représentation » de l'Etre : elle en est une expression, mais dans laquelle l'exprimé et l'exprimant ne coïncident pas tout à fait. Il y a une « autre réalité que l'apparition ». Merleau-Ponty ne croit donc pas à la vérité adéquation. Il y a toujours un écart entre l'être et le phénomène et cet écart, loin d'être un obstacle à la métaphysique, en est la condition ; il épargne de transformer l'être en « objet » et le préserve comme « mystère » et « altérité ». Même le langage formel est doublé par un sens latent ou un impensé.

La situation concerne aussi le cogito ou la conscience humaine. Le temps qui empêche l'Etre d'être pur dévoilement est conjointement ce qui lui donne de se manifester. Le monde est « il y a », jaillissement, fulguration ; l'idéalité est liée à l'historicité et à la temporalisation. Dans la connaissance, l'activité constituante du sujet est « prévenue » par la « thèse du monde », par l'autoposition et l'autodévoilement du monde. La connaissance est une métamorphose du monde à travers mon corps. Le sujet de la connaissance n'est plus, comme dans le rationalisme, le sujet transcendantal déraciné du sujet empirique : ce n'est plus une pure conscience constituante. C'est un « corps propre ». Identifier le sujet connaissant au sujet constituant, c'est se condamner à ne plus comprendre comment l'erreur est possible dans la connaissance, car comment peut-on se tromper sur ce que l'on a constitué? Le sujet compris comme «corps propre» permet de rendre compte à la fois de l'erreur et de la vérité, car il est référé à une archéologie et à une téléologie. Par son archéologie, la conscience est dépendante à l'égard d'une vie irréfléchie. Descartes avec son cogito, pure affirmation de soi, ignore que notre existence nous est pour une part donnée. Cependant, l'enracinement du sujet dans une vie irréfléchie n'empêche pas Merleau-Ponty de concevoir un progrès des connaissances, du fait que notre situation nous relie au monde par des attaches élastiques. Nous pouvons changer de situation, varier nos points de vue sur les choses et en améliorer ainsi la connaissance. La situation nous condamne à porter sur toutes choses une vue perspectiviste, mais le même corps qui nous rive à un lieu peut également nous en arracher, car il est sujet moteur, capable de mouvement et donc d'ouverture à l'universel. Merleau-Ponty comprend donc la situation de façon dialectique : «si je suis ici et maintenant, je ne suis pas ici et maintenant». Ma situation est l'envers de mon pouvoir d'être partout. Le sujet peut être «présence de soi à soi», il peut se «rassembler», mais il n'est jamais pure coïncidence de soi à soi. S'il l'était, il ne pourrait plus ni s'ouvrir éventuellement à Dieu, ni parler, car le langage suppose qu'on s'adresse à un autre ou qu'on tende avec un appareil de mots vers des significations que nous ne maîtrisons pas encore. «Aucune philosophie, nous dit Merleau-Ponty, ne peut ignorer le problème de la finitude sous peine de s'ignorer elle-même comme philosophie, et la pensée infinie que l'on découvrirait immanente à la perception ne serait pas le plus haut point de la conscience, mais au contraire une forme d'inconscience.[47]»

Avec cette notion de situation, Merleau-Ponty renverse la primauté du cogito sur le sum. Notre pensée survient sur un être déjà là; la pensée est un événement. Le vrai cogito, écrit-il, c'est le «mouvement profond de transcendance qui est mon être même[48]».

La notion de situation introduit une modification dans l'harmonie préétablie de Descartes. L'idéalité n'est plus en Dieu ou dans ma tête sous forme d'idées innées. Elle émigre dans le perçu; celui-ci est «Gestalt», union du sens et de l'existence. L'harmonie est donnée implicitement au sujet qui détient, dans les profondeurs de son archéologie, les prémisses transcendantales du monde. En tant que corps, le sujet est sensible, ouvert, initié au monde. Il est une «symbolique générale du monde»; il détient une «science primordiale de toutes choses», que le contact effectif de la chose ne fait que «réveiller». Le sujet corporel est une «typique du monde»; il est pourvu d'un montage primordial à l'égard du monde. Il peut se synchroniser avec lui au point que la perception est à la fois «expression du monde» et «expression de soi». Le corps est corps expressif, c'est-à-dire que la perception n'est pas un processus de causalité. Dans la perception, les choses nous touchent avec respect, c'est-à-dire non seulement par des stimulations physiques, mais par leur sens. *L'Œil et l'Esprit* décrit longuement la «perception inspirée du peintre», et pour Merleau-Ponty toute perception est inspirée. Il y a une prépossession du visible par le voyant, une préméditation du visible dans le voyant. La perception est une exégèse inspirée, une respiration et une expiration dans l'Etre. Une réflexion du Sensible sur lui-même à travers mon corps. Dans la perception, il y a déhiscence de la chair qui est «le milieu formateur de l'objet et du sujet»; il y a «différenciation jamais achevée de l'Etre».

L'harmonie préétablie de Descartes n'est plus ici une correspondance entre des contenus de pensée et des contenus perceptifs. Elle est une connaturalité entre le sujet corporel et le monde sensible, un contrat primordial plus vieux que la pensée, présupposé par la pensée. Parce qu'elle est corporelle, mon existence peut se démettre d'elle-même et laisser être les choses, mais l'existence corporelle est aussi travaillée par un néant actif, par une transcendance verticale qui donne au sujet du mouvement pour aller plus loin. L'être de la chose ne se réduit pas à son être perçu. La chose est le corrélatif du corps parlant. Même au niveau du langage, le sujet est porté par des forces qui ne sont pas les siennes : le sujet pensant est fondé sur le sujet incarné qui est «pouvoir d'expression naturelle». Comme la naissance, la perception et le langage sont des événements transcendantaux; mais ils sont aussi, et indissolublement, actes humains. Percevoir et parler, c'est à la fois prendre distance par rapport au monde et s'incorporer au monde.

3.2.3. *Le problème de l'intersubjectivité*

En présentant le cogito comme «immanence pure», Descartes a supprimé le problème de l'intersubjectivité. Comment y aurait-il, en effet, plusieurs immanences ? L'immanence n'est radicale qu'à condition d'ignorer qu'il pourrait y en avoir d'autres. Le sujet purement immanent ne peut qu'être unique.

Par son dualisme, Descartes rend, par ailleurs, insoluble le problème de la rencontre d'autrui. Puisque le corps d'autrui n'est qu'un corps objectif, distinct de son être de sujet, la connaissance d'autrui dans la perception est une connaissance d'automate sur laquelle je «projette» un être sujet. Il faudrait, pour que la connaissance d'autrui soit une connaissance vraie et non une connaissance par projection, que le corps d'autrui soit «corps expressif», que le «pour autrui» laisse transparaître son «pour soi».

Cette connaissance d'autrui est la seule capable de fonder une intersubjectivité. L'intersubjectivité n'est pas le sujet transcendantal de Kant ou de Husserl, car celle-ci est une intersubjectivité dans laquelle sont dissoutes les différences individuelles. L'intersubjectivité doit d'abord être, selon Merleau-Ponty, une intercorporéité. Merleau-Ponty évoque celle-ci à propos de la perception : parce qu'elles s'offrent à nous de façon perspectiviste, les choses nous renvoient déjà à autrui. La chose n'est jamais «solipsiste», elle est toujours déjà intersubjective. Il ne faut donc pas penser la question de l'intersubjectivité comme s'il s'agissait d'établir un pont ou une relation entre des sujets solipsistes. Le sujet n'est jamais solipsiste, il est toujours déjà au monde et «égoïsme et altruisme sont sur fond d'appartenance au même monde». Le corps propre est prémonition d'autrui : «En serrant la main de l'autre homme, j'ai l'évidence de son être-là, (...) elle se substitue à ma main gauche (...) mon corps annexe le corps d'autrui dans cette «sorte de réflexion» dont il est paradoxalement le siège. Mes deux mains sont «comprésentes» ou «coexistent» parce qu'elles sont les mains d'un seul corps : autrui apparaît par extension de cette comprésence, lui et moi sommes comme les organes d'une seule intercorporéité.[49]» Cette intercorporéité peut se prolonger en intersubjectivité à travers l'avènement du langage. Mais celui-ci n'est pas arrachement à tout milieu et à toute situation. Ce n'est qu'un élargissement du milieu comme le laissait déjà entendre La *Structure du Comportement* en parlant de l'ordre humain comme d'une restructuration de l'ordre vital.

3.2.4. *La temporalité*

Merleau-Ponty réalise le pari de réhabiliter le sensible et le corps sans tomber dans le matérialisme. C'est que, pour lui, le visible a une doublure d'invisible. Les «idées» sont présentes dans le sensible, non pas toutes faites comme des «représentations», mais comme des axes, des pivots, des dimensions. Il y a une verticalité du sensible, un être sauvage. C'est aussi et surtout parce qu'il y a le temps qui permet au sujet de parcourir la distance entre son archéologie et sa téléologie. Le temps permet aussi au monde d'être avènement, surgissement, fulguration des phénomènes, «il y a». Le sujet peut donc, grâce au temps, accéder aux «essences», à l'idéalité. Les structures intelligibles du monde sont «préformées» à titre d'horizon. Par l'acte d'attention et de langage, elles reçoivent un supplément d'être; elles deviennent plus maniables. La temporalité est donc productrice d'idéalité. «L'être spirituel est être devenu.» On est loin des essences immuables de Platon ou des idées innées de Descartes. Si Descartes n'a pas reconnu le devenir de l'idéalité, c'est à cause de sa vision théologique du monde. Il a arraché le langage formel et la science à l'histoire, pour supposer «achevé» ce qui, pour nous, sujets temporels, n'est qu'un essai d'expression, reposant sur une «parole instituante» portée elle-même par le temps. La philosophie classique et toute la philosophie réflexive, en recherchant les conditions de possibilité de l'expérience dans des essences préexistantes, sont, selon Merleau-Ponty, victimes de l'illusion rétrospective. La philosophie réflexive et la science ont tenté de «réaliser dans le monde, avant leur propre démarche, leurs propres résultats». Merleau-Ponty, à l'encontre de ces philosophies essentialistes, prend au sérieux le devenir de la vérité. Il nous fait assister «au jaillissement d'un monde vrai et exact» par et à travers un sujet temporel inséré dans un monde lui-même temporel.

Dans ce contexte, la contingence et le sensible ne sont pas des réalités fermées sur elles-mêmes. L'enjeu de la temporalité est que «rien n'existe absolument» ou que «tout se temporalise», mais la temporalité n'est pas une existence diminuée. «La contingence du monde ne doit pas être comprise comme un moindre être» puisqu'elle rend possible le survenir et l'advenir du monde. Il est essentiel au monde «de nous permettre toujours autre chose à voir». Le temps dessine sans cesse la forme vide du véritable avènement. L'Etre est devenir, c'est par cette intuition que Merleau-Ponty essaye de surmonter tous les dualismes issus du cartésianisme. Celui du corps et de l'esprit, de l'essence et de l'existence, du fini et de l'infini, du sensible et de l'idéalité, du nécessaire et du contingent. Merleau-Ponty ne remplace pas ce dualisme par un monisme, mais par une dialectique à l'intérieur d'un rapport d'implication. C'est cela que nous avons appelé le «corps expressif» ou la «chair»[50].

NOTES

[1] Merleau-Ponty oppose le «grand» rationalisme, celui de Descartes, Malebranche, Spinoza, etc. au «petit» rationalisme qu'il identifie avec le scientisme et positivisme qui prétendent expliquer l'Etre par la science.
[2] Merleau-Ponty, *R.C.*, p. 152.
[3] Merleau-Ponty, *O.E.*, p. 9-10.
[4] Merleau-Ponty, *E.P.*, p. 218.
[5] Merleau-Ponty, *E.P.*, p. 222.
[6] Merleau-Ponty, *E.P.*, p. 219.
[7] Merleau-Ponty, *E.P.*, p. 231.
[8] Platon, œuvres complètes, trad. et notes par Léon Robin, Bibli. de la Pléiade, Tome I, 1950, p. 528.
[9] Merleau-Ponty, *E.P.*, p. 230.

[10] Merleau-Ponty, *V.I.*, p. 220.
[11] Merleau-Ponty, *V.I.*, p. 223
[12] Merleau-Ponty, *V.I.*, p. 242.
[13] Merleau-Ponty, *R.C.*, p. 125.
[14] Merleau-Ponty, *V.I.*, p. 305.
[15] Merleau-Ponty, *V.I.*, p. 220, note.
[16] Merleau-Ponty, *V.I.*, p. 219.
[17] Merleau-Ponty, *R.C.*, p. 99.
[18] Merleau-Ponty, *V.I.*, p. 264.
[19] Merleau-Ponty, *R.C.*, p. 98-99.
[20] Merleau-Ponty, *R.C.*, p. 85.
[21] *Bridoux*, Descartes, Ed. de la Pléiade, p. 1224.
[22] *Op. cit.*, p. 1224.
[23] *Op. cit.*, p. 1160.
[24] *Op. cit.*, p. 1334.
[25] *Op. cit.*, p. 1160.
[26] Merleau-Ponty, *L'union...*, p. 15.
[27] Bridoux, *Op. cit.*, p. 1309.
[28] Merleau-Ponty, *L'union...*, p. 15.
[29] Merleau-Ponty, *L'union...*, p. 11.
[30] Merleau-Ponty, *L'union...*, p. 18.
[31] Merleau-Ponty utilise les formulations suivantes pour décrire ce cogito qui inclut de l'irréfléchi : «Si on se connaît, c'est par une sorte de contact aveugle»; «Je ne suis pas ma lumière à moi-même»; «il y a un aspect de moi ou je suis donné à moi-même».
[32] Merleau-Ponty, *L'union...*, p. 22.
[33] Merleau-Ponty, *L'union...*, p. 23.
[34] Merleau-Ponty, *S.C.*, p. 1.
[35] Merleau-Ponty, *S.C.*, p. 45.
[36] Merleau-Ponty, *S.C.*, p. 142-143.
[37] Merleau-Ponty, *S.C.*, p. 195.
[38] Merleau-Ponty, *S.C.*, p. 227.
[39] Merleau-Ponty, *S.C.*, p. 196.
[40] Merleau-Ponty, *S.C.*, p. 199.
[41] Merleau-Ponty, *V.I.*, p. 287.
[42] Merleau-Ponty, *S.C.*, p. 199.
[43] Merleau-Ponty, *V.I.*, p. 251.
[44] Merleau-Ponty, *Ph.P.*, p. 55.
[45] Merleau-Ponty, *Ph.P.*, p. 253.
[46] Merleau-Ponty, *Ph.P.*, p. 350.
[47] Merleau-Ponty, *Ph.P.*, p. 48.
[48] Merleau-Ponty, *Ph.P.*, p. 432.
[49] Merleau-Ponty, *E.P.*, p. 260.
[50] On peut trouver un complément à la présentation de la philosophie du corps de Merleau-Ponty dans les deux articles suivants :
J. DUCHENE : «World» and Rationality in Merleau-Ponty's, *Phénomènologie de la Percetion, in* International Philosophical Quarterly, Vol. XVII, n° 4, Décembre 1977, p. 393-413.
J. DUCHENE : La Structure de la Phénoménalisation dans la *Phénoménologie de la Perception* de Merleau-Ponty, *in* Revue de Métaphysique et de Morale, n°3, 1978, p. 373-398.

Chapitre 3
La Relation du corps à l'esprit selon Henri Bergson
A. Petit

« Essai sur la relation du corps à l'esprit » est le sous-titre choisi par Bergson pour *Matière et Mémoire* (1896), cet enjeu philosophique directeur de l'ouvrage étant aussi constamment souligné dans les intitulés des chapitres (chap. I : Le rôle du corps; chap. II : La mémoire et le cerveau; chap. III : La mémoire et l'esprit; chap. IV : Ame et corps). C'est donc bien évidemment ce second livre de Bergson que l'on doit reprendre pour comprendre son approche de la question désignée aujourd'hui comme « the mind-body problem ». Mais bien d'autres textes s'y confrontent : Bergson l'aborde en fait dès son premier livre, l'*Essai sur les données immédiates de la conscience* (1889), par l'exploration de la « conscience », la critique des interprétations de la psychophysique, et l'appel à une psychologie attentive au qualitatif; par la suite, il revient souvent sur ces questions - *Le Rire* (1900) les reprend, elles sont l'occasion de débats à la Société de philosophie sur « Le parallélisme psychophysique et la métaphysique positive » (1901)[1], elles sont le thème d'articles comme « Le cerveau et la pensée : une illusion philosophique » (1904)[2], « L'âme et le corps » (1912)[3], auxquels il faut ajouter les conférences données en Angleterre (1911)[4] et à Madrid (1916)[5].

La compréhension des relations corps-âme est ainsi l'une des préoccupations constantes, essentielles de Bergson. Qu'on peut même dire fondatrice de ses questionnements, comme il l'a lui-même déclaré :

«Je m'étais proposé — il y a quelque douze ans de cela — le problème suivant : "Qu'est-ce que la physiologie et la pathologie actuelles enseigneraient sur l'antique question des rapports du physique et du moral, à un esprit sans parti pris, décidé à oublier toutes les spéculations auxquelles il a pu se livrer sur ce point, décidé aussi à négliger, dans les affirmations des savants, tout ce qui n'est pas la constatation pure et simple des faits".» (Débat de 1901 sur «Le parallélisme psycho-physique et la métaphysique positive», *Mélanges,* p. 480).

De cette déclaration on doit aussi retenir la décision bergsonienne d'articuler ses positions philosophiques sur l'examen attentif des expériences et informations scientifiques : la question des rapports du physique et du moral, du corps et de l'âme, pose en même temps celle des rapports entre métaphysique spéculative et sciences. Lorsqu'ils débattaient de ses thèses, les contemporains de Bergson argumentaient beaucoup sur leur prétendue adéquation à l'actualité scientifique[6]. Les philosophes qui s'y sont ensuite particulièrement intéressés n'ont jamais manqué de les confronter à ce que la physiologie et la pathologie ont depuis apporté : ainsi Vladimir Jankélévitch[7], qui signale et souligne complaisamment «tous les appuis que la neurologie moderne a fournis aux anticipations bergsoniennes[8]»; ainsi Maurice Merleau-Ponty[9], qui est, lui, plus réservé[10]; récemment, Jean-Pierre Changeux[11] se pose en critique radical au nom d'une «biologie moderne de l'esprit» où il voit «l'exact contre-pied» des thèses de Bergson[12], tandis que Jean-Didier Vincent[13], tout en jugeant que la neurophysiologie disqualifie bien des conceptions bergsoniennes, leur reconnaît cependant le mérite de susciter d'importantes réflexions philosophiques.

Sans prétendre ici juger des pertinences actuelles neurophysiologique et/ou philosophique des thèses de Bergson, il s'agit au moins de préciser leur compréhension et leurs enjeux.

Or, dans les différentes lectures précédemment évoquées, une expression, j'allais dire une étiquette, est souvent au cœur des débats : celle de «spiritualiste». Elle engendre, semble-t-il, bien des équivoques. Pour notre part, nous voudrions insister sur le fait que Bergson ne s'est jamais présenté comme tel; au contraire, et surtout pour ce dont il est question ici, il a toujours présenté «spiritualisme» et «matérialisme» comme devant être rejetés à la fois, pour des raisons opposées et symétriques. L'attention portée par Bergson au «cérébral», c'est-à-dire au matériel du «mental», et les fonctions essentielles qu'il lui donne sont d'ailleurs révélatrices. Mais il faut même souligner qu'il porte une attention au «corps» que l'on n'a peut-être pas assez relevée. Disons autrement : le «mind-body problem» n'est pas seulement traité par Bergson comme «mind-brain problem»; il nous semble partiel et dommageable de le lire ainsi. Dans notre première partie, nous analyserons donc la place très importante et le rôle très positif que Bergson donne au corps et au cerveau.

Dans notre deuxième, partie nous analyserons les thèses bergsoniennes sur la relation du corps à l'esprit, à partir de la seule étiquette que Bergson ait lui-même revendiquée : celle de «dualisme». Le titre dual de *Matière et mémoire* le proclame, et l'Avant-propos donné à la septième édition le réaffirme d'emblée :

> «Ce livre affirme la réalité de l'esprit, la réalité de la matière, et essaie de déterminer le rapport de l'un à l'autre sur un exemple précis, celui de la mémoire. Il est donc nettement dualiste. Mais, d'autre part, il envisage corps et esprit de telle manière qu'il espère atténuer beaucoup, sinon supprimer, les difficultés théoriques que le dualisme a toujours soulevées...» (*MM*, p. 1).

Il s'agit donc de comprendre l'originalité du dualisme bergsonien. Pour le dire vite ici, il faut voir comment pour Bergson son «dualisme» s'oppose à tout «parallélisme»; et comment, au contraire, il prétend rendre compte de «solidarités», «contacts», «points d'intersection», «points d'attache», «points de jonction», «confluents», voire même de «passages graduels» et «transitions possibles» entre les deux réalités dont la radicale différence de nature est cependant affirmée.

Dans notre troisième partie, nous proposerons d'examiner les difficultés que présentent les positions bergsoniennes, en nous aidant d'ailleurs des analyses critiques qui en ont été faites, par les sympathisants comme par les adversaires.

1. ÉLOGE DU CORPS ET DU CERVEAU

Il y a quelque paradoxe, voire quelque provocation, à vouloir d'abord repérer dans les textes d'un philosophe passant d'ordinaire pour un castype de «spiritualiste» ce qui relève d'un intérêt porté au corps. Pourtant, les œuvres bergsoniennes l'expriment de manière constante et approfondie.

– Lorsque l'*Essai sur les données immédiates de la conscience* s'ouvre sur une interrogation sur les «états psychologiques» et les «états de conscience» dont il essaie de comprendre l'évaluation des «intensités», il faut voir comment les analyses du psychique sont étroitement mêlées à celles de leurs conditions physiques : ainsi dans les analyses des sentiments, comme le désir, la joie, la tristesse, la passion, l'émotion esthétique, les sentiments moraux, etc., qui occupent les premières pages du premier chapitre, Bergson ne manque jamais de souligner les «symptômes physiques» qui interviennent — effets de «sympathie physique», de «contagion physique», mouvements plus ou moins aisés, sortes de paralysie ou incitation aux manifestations imitatives, etc.[14] Dans l'analyse des sensations, pour lesquelles Bergson choisit le paradigme de l'effort musculaire, il montre combien le corps est intéressé et comme, de plus, il décrit «le sentiment de l'effort comme centripète et non centrifuge[15]», il le fait partir du corps et non d'une pensée intériorisée ; pour les états intermédiaires, il souligne aussi les phénomènes physiologiques et mouvements qui les accompagnent[16]. De même pour les «états complexes» — sensations affectives et représentatives — Bergson les montre liés à des «ébranlements organiques», mouvements, phénomènes physiques, bref, à des «expressions corporelles», et il précise qu'il faut bien tenir compte, par-delà l'idée d'«expression», d'un intéressement corporel déterminant[17]. Il n'est donc pas question pour Bergson de nier la part du corporel dans les phénomènes psychiques : au contraire même, puisqu'il attribue l'idée douteuse d'une intensité des états psychologiques aux confusions faites hâtivement entre l'analyse des «états psychiques» et celle des conditions physiques et organiques qui les accompagnent et peut-être même les engendrent. Quant à la critique de la psychophysique, n'est-elle pas fondée sur la revendication d'une prise en compte de l'expérience complexe du corps vécu, et la protestation contre son aplatissement réducteur aux calculs et données numériques ? On laissera là l'*Essai*, car les chapitres ultérieurs abordent des questions qui nous concernent moins ici. On signalera cependant que les concepts et expressions utilisés par Bergson dans le chapitre II sont déjà significatifs d'une implicite décision de renouveler la position traditionnelle de la question des rapports âme et corps : on ne retrouve guère en effet ces concepts sous la plume de Bergson, qui préfère ici parler d'«états de conscience» ou de niveaux du «moi»[18]. Par ailleurs, on soulignera qu'au chapitre III Bergson rencontre déjà et discute âprement l'hypothèse du «parallélisme des deux séries physique et psychologique» et des correspondances prétendues rigoureuses entre un état cérébral donné et un état psychologique déterminé[19]; mais c'est dans le cadre d'une interrogation générale sur le déterminisme et la liberté et non dans celui d'une interrogation sur les rapports âme et corps, sur quoi se focalisent les analyses de *Matière et mémoire*.

— Dans *Matière et mémoire* on peut dire aussi que le corps est amplement et favorablement considéré. Priorité lui est d'ailleurs donnée dans les titre et sous-titre de l'ouvrage[20]. Et le premier chapitre lui est consacré («Le rôle du corps»). Mon corps, dit Bergson, est cette image qui tranche sur toutes les autres, il est le type de ce par quoi du nouveau se produit dans l'univers[21]. Or Bergson s'était mis dans une situation quasi-cartésienne de doute et d'innocence radicaux[22] : ainsi le corps — rencontré comme «perceptions» et «affections» — semble tenir le rôle du «cogito» chez Descartes, celui de l'immédiate certitude à laquelle s'accrochera l'enchaînement des examens philosophiques de plus en plus larges et approfondis. Ainsi les premières pages de *Matière et mémoire* font de l'expérience du corps percevant, sentant, agissant une expérience fondatrice, la conscience étant même parfois présentée comme supplémentaire voire superflue[23]. Forçons à peine : l'homme bergsonien se définirait non comme un «je pense», mais d'abord comme un «je sens», «j'éprouve» et «j'agis»[24]. Et Bergson souligne volontiers les puissances originales du corps humain pour lequel il n'affiche aucun mépris[25]. La suite de l'ouvrage, on le sait et on le reverra, donne au corps et à la matière des limites, refuse d'en faire surgir la conscience, d'y voir le producteur de la pensée, s'élève contre les réductionnismes et réclame la reconnaissance d'une spécificité spirituelle. Mais Bergson le fait à partir d'une exploration très précise de la physiologie, de la neurologie et de la pathologie corporelle et cérébrale : examen des montages complexes du système nerveux, nerfs, système médullaire, système cérébral, reprises des expériences, etc. Pas question pour le philosophe d'en traiter théoriquement. De plus, lors même qu'il dénie au corps et au cerveau les puissances que d'autres leur accordent, Bergson leur en octroie d'importantes voire indispensables. Ainsi les fameuses métaphores — celle du cerveau «espèce de bureau téléphonique central» (*MM*, p. 26), celle du corps «conducteur» (*MM*. p. 81, 82)[26] ou encore celle du cerveau metteur en scène du spirituel, le «jouant», le «mimant»[27] — que l'on a coutume, et raison, de lire comme des illustrations du rôle restrictif donné au corps et au cerveau, sont aussi à lire comme des affirmations de ce rôle[28]. Bergson se garde bien de faire du corps un pur agencement de nerfs et de matériel excitable, un simple ensemble d'éléments anatomiques[29]; en analysant par contre ses facultés complexes et son «pouvoir sensori-moteur», il en dit l'importance dans la construction de la personnalité[30]. On soulignera enfin que, dans sa présentation du rôle du corps et du cerveau dans la perception, Bergson en fait aussi les instruments des développements et progressions des êtres qui disposent de circuits nerveux plus compliqués[31] : Vladimir Jankélévitch, en analyste judicieux, a particulièrement souligné comment les analyses bergsoniennes, montrant ce que le système cérébral des vertébrés supérieurs apporte de possibilités de détours et de diversification des voies, faisaient somme toute du cerveau un «instrument de sursis» et «par là même instrument de liberté[32]». Cette vision finalement positive du rôle du corps et du cerveau est par ailleurs à rapprocher de la manière dont, lors même que Bergson défend la réalité propre d'un esprit d'une nature toute différente de la matière, il reproche fermement au spiritualistes «l'étrange aveuglement» qui les fait dépouiller la matière de ses qualités sensibles (p. 75-76).

Croirait-on ce relatif éloge du corps réservé au premier chapitre de *Matière et mémoire*? Les autres ne le démentent pas. Du corps et de ses puissances il est partout question : il est l'acteur de la mémoire-habitude (p. 83-86)[33]; il est ce qui «produit la réaction appropriée, l'équilibre avec le milieu, l'adaptation en un mot, qui est la fin générale de la vie» (p. 89); il est aussi l'agent de ces automatismes qui nous permettent si souvent de gagner en efficacité (p. 101); lorsque Bergson dénonce les erreurs ordinairement faites dans l'interprétation de la reconnaissance et de l'attention, il les attribue à une «méconnaissance de la fonction véritable du corps» (p. 117); Bergson fait aussi du corps ce qui m'intègre au présent, l'organe de l'actuel et du réel (p. 153)[34], «le lieu de passage» et «le trait d'union» entre moi et le monde (p. 168-169)[35], enfin l'organe de cette «attention à la vie» dont il loue l'équilibre, admire la très fine structure et son efficacité (p. 193-194) :

> «Notre corps, avec les sensations qu'il reçoit d'un côté et les mouvements qu'il est capable d'exécuter de l'autre est donc bien ce qui fixe notre esprit, ce qui lui donne du lest et l'équilibre. L'activité de l'esprit déborde infiniment la masse des souvenirs accumulés, comme cette masse de souvenirs déborde infiniment elle-même les sensations et les mouvements de l'heure présente; mais ces sensations et ces mouvements conditionnent ce qu'on pourrait appeler *l'attention à la vie* et c'est pourquoi tout dépend de la cohésion dans le travail normal de l'esprit, comme dans une pyramide qui se tiendrait debout sur sa pointe.» (souligné par l'auteur).

Bien d'autres textes de Bergson formulent éloges du corps et du cerveau, et les lient aussi à certaines réticences explicites envers le spiritualisme ou pour le moins certaines de ses formes traditionnelles. Ainsi, répondant à Belot en 1901[36], Bergson précise longuement le «double tort» de l'ancien spiritualisme : «arbitraire» et «infécond»; d'où son propre abord des problèmes par l'examen des manifestations les plus complexes de la matière : par le fait physiologique cérébral (*Mélanges*, p. 475-477); et un éloge paradoxal du triomphe de la pensée chez l'homme «grâce à ce merveilleux instrument qu'est le cerveau humain» :

> «La supériorité de cet instrument me paraît tenir tout entière à la latitude, pour ainsi dire indéfinie, qui lui est laissée, de monter des mécanismes qui feront échec à d'autres mécanismes. Il compose, non pas une fois pour toutes, mais continuellement, des habitudes motrices dont il délègue ensuite l'exercice aux centres inférieurs. La faculté que possède l'animal de contracter des habitudes motrices est limitée. Mais le cerveau de l'homme lui confère le pouvoir d'apprendre un nombre indéfini de "sports". C'est avant

tout un organe de sport et, de ce point de vue, on pourrait définir l'homme comme un "animal sportif".» (*Mélanges*, p. 486).

Au cours de ce débat de 1901, Bergson fait d'ailleurs d'excellentes mises au point contre ceux qui prétendent voir en ses théories un spiritualisme dédaigneux des conditions physiques, cérébrales et matérielles du psychique ; ainsi le précise-t-il à Belot :

> «Je n'ai pas le plus léger doute sur ce point : je suis entièrement convaincu qu'entre le fait psychologique et l'activité cérébrale il y a une certaine relation, une correspondance d'un certain genre... mais qu'il n'y a parallélisme en aucune manière.» (*Mélanges*, p. 473)[37].

De ces précisions sur l'enjeu exact des combats de Bergson contre la psychophysiologie, certains psychophysiologistes contemporains auraient sans doute eu aussi intérêt à s'informer[38].

Dans les textes de 1904, quand Bergson reprend ses critiques contre le parallélisme psycho-psysiologique, on remarquera que, tout en menant le double combat et contre ceux qui le défendent du point de vue de l'idéalisme et contre les partisans du réalisme, il est particulièrement et prioritairement critique contre les «idéalistes» : Bergson trouve qu'ils accordent décidément trop peu au corps et au cerveau, ne savent pas même rendre compte de leur nécessité pour au moins susciter les souvenirs (voir *ES*, p. 196-198).

De l'*Evolution créatrice*, et bien que cet ouvrage ne soit pas le plus intéressant pour le problème qui nous occupe ici, on retiendra cependant les thèmes plusieurs fois développées d'une priorité du vivre sur le penser[39], la réaffirmation du corps comme un objet privilégié[40], l'affirmation des exigences de l'existence organique, corporelle et matérielle préalable à nos aspirations à connaître[41], et bien sûr la définition de l'homme comme *homo faber* avant et plutôt que comme *sapiens*[42]. Ce livre présente aussi des éloges du cerveau humain et la reprise des critiques des impertinents mépris spiritualistes du corps[43] :

> «Le cerveau humain est fait, comme tout cerveau, pour monter des mécanismes moteurs et pour nous laisser choisir parmi eux, à un instant quelconque, celui que nous mettrons en mouvement par un jeu de déclic. Mais il diffère des autres cerveaux en ce que le nombre de mécanismes qu'il peut monter, et par conséquent le nombre des déclics entre lesquels il donne le choix, est indéfini. Or, du limité à l'illimité il y a toute la distance du fermé à l'ouvert. Ce n'est pas une différence de degré, mais de nature.» (*EC*, p. 263-264). «La grande erreur des doctrines spiritualistes a été de croire qu'«en isolant la vie spirituelle de tout le reste, en la suspendant dans l'espace aussi haut que possible au-dessus de terre, elles la mettaient à l'abri de toute atteinte; comme si elles ne l'exposaient pas simplement ainsi à être prise pour un effet de mirage. Certes, elles ont raison d'écouter la conscience quand la conscience affirme la liberté humaine; — mais l'intelligence est là aussi qui dit que la cause détermine son effet, que le même

> conditionne le même, que tout se répète et que tout est donné. Elles ont raison de croire à la réalité absolue de la personne et à son indépendance vis-à-vis de la matière ; — mais la science est là qui montre la solidarité de la vie consciente et de l'activité cérébrale. Elles ont raison d'attribuer à l'homme une place privilégiée dans la nature, de tenir pour infinie la distance de l'animal à l'homme ; — mais l'histoire de la vie est là qui nous fait assister à la genèse des espèces par voie de transformation graduelle et qui semble ainsi réintégrer l'homme dans l'animalité. Quand un instinct puissant proclame la survivance probable de la personne, elles ont raison de ne pas fermer l'oreille à sa voix ; — mais s'il existe ainsi des "âmes" capables d'une vie indépendante, d'où viennent-elles ? quand, comment, pourquoi entrent-elles dans ce corps que nous voyons, sous nos yeux, sortir très naturellement d'une cellule mixte empruntée aux corps des deux parents ?» (*EC*, p. 268-271).

Dans tous les textes où Bergson revient sur les rapports du corps et de l'âme, et fussent-ils particulièrement axés sur l'âme, comme le sont par exemple les conférences d'Angleterre et de Madrid, il n'est jamais question pour lui de négliger l'importance de la relation au corps. Il l'illustre même par une abondance de métaphores[44], et il ne cache pas les multiples expériences de l'«évidence» d'une «solidarité»[45]. Et lors même qu'il reprend contre les parallélismes et les matérialistes ses thèses du cerveau «organe de pantomime», ce n'est pas sans redire l'importance vitale qu'il lui reconnaît[46]. Les grandes conférences reprises dans l'*Energie spirituelle* répètent elles aussi les liens de la conscience et du cerveau[47], insistent sur tout ce que, pour l'homme, celle-ci a gagné au développement de celui-là[48].

Enfin à ce florilège de références montrant combien le «spiritualiste» Bergson est attentif au corps, déplorant même que notre esprit s'en veuille trop souvent détaché et le dédaigne, nous en ajouterons quelques-unes empruntées à son dernier livre *Les Deux sources de la morale et de le religion* : là encore Bergson use volontiers de comparaisons empruntées au monde organique pour faire comprendre, au moins en première approche, des phénomènes que l'on fait souvent ressortir d'un monde spirituel tout autre - ainsi pour la comparaison entre les pressions d'une morale de l'obligation et celles des systèmes organiques (chap. I); ainsi de ses refus multiples d'une «conception purement intellectualiste de l'âme» (par ex. p. 27, 34-35, ...), de son application à faire reconnaître dans la sensibilité une part au moins «d'excitation physique» et d'«infra-intellectuel» (p. 40-41), et de l'«instinctif» et du «biologique» dans bien des phénomènes moraux et religieux (p. 49, 53-54, 93, 103, 127, 172, ...), de ses recommandations à baser les analyses du psychologique et du spirituel de l'homme sur celle des structures et fonctions de son corps[49]; ainsi Bergson stigmatise-t-il l'orgueil de notre intelligence «qui ne veut pas reconnaître son assujettissement originel à des nécessités biologiques» (p. 168-169)[50].

2. LE DUALISME BERGSONIEN : IRRÉDUCTIBILITÉS ET SOLIDARITÉS

Si, pour corriger les présentations parfois caricaturales du «spiritualisme» bergsonien, nous avons pris soin de souligner l'attention portée au corporel et à ses rôles, il ne s'agit cependant pas de présenter des outrances symétriques. La position de Bergson est, selon ses proclamations réitérées, celle d'un net et irréductible dualisme.

Bergson est dualiste, et ce dualisme s'exprime en doubles combats. On n'en finirait pas de recenser les textes qui le précisent. Lorsqu'il pose les problèmes et circonscrit ses champs d'analyse, Bergson le fait pour ainsi dire constamment en se situant par rapport à des opposés qu'il pense pouvoir renvoyer dos à dos : réalisme et idéalisme, matérialisme et spiritualisme, expériences de psychologues et spéculations de métaphysiciens, empirisme et dogmatisme, mécanisme et dynamisme, ...[51]

Pour la question du «mind-body problem», le dualisme bergsonien est essentiellement combat contre tout «épiphénoménisme» et contre tout «parallélisme» :

> «Que l'on considère, en effet, la pensée comme une simple fonction du cerveau, et l'état de conscience comme un épiphénomène de l'état cérébral, ou que l'on tienne les états de pensée et les états du cerveau pour deux traductions, en deux langues différentes, d'un même original, dans un cas comme dans l'autre on pose en principe que, si nous pouvions pénétrer à l'intérieur d'un cerveau qui travaille et assister au chassé-croisé des atomes dont l'écorce cérébrale est faite, et si, d'autre part, nous possédions la clef de la psychophysiologie, nous saurions tout le détail de ce qui se passe dans la conscience correspondante.» (*MM*, Avant-propos de 1911, p. 4).

Le combat bergsonien contre l'«épiphénoménisme» est clair : faire ainsi de la conscience une sorte de «phosphorescence» qui suit les mouvements moléculaires de la matière nerveuse revient à un monisme matérialiste. Ce combat était en grande partie celui de l'*Essai sur les données immédiates de la conscience*, de ses refus de «mesurer l'intensité d'une sensation par celle de l'amplitude, la complication ou l'étendue des mouvements moléculaires» (p. 5), de confondre les qualités et les grandeurs, de réduire les changements des états de conscience à ceux de leurs causes extérieures, bref, de traduire le psychique par du physique et de ramener ce qui est de l'ordre d'une conscience qui dure à de l'espace où tout est déterminé[52]. Bergson reprend ce combat dans *Matière et mémoire*[53]; mais il n'y est pas l'enjeu capital : il s'agit moins de combattre les réductions de la conscience au physique, de l'âme au corps, que, comme le sous-titre le dit, de méditer la «relation du corps à l'esprit».

Le débat central de *Matière et mémoire* porte ainsi sur le «parallélisme» et ses différentes interprétations[54]. Les objecteurs contemporains de Bergson ne s'y trompaient d'ailleurs pas[55]. Et Bergson prend aussi soin de repréciser les termes et enjeux des débats[56]. Rappelons aussi que le texte de 1904 sur «Le cerveau et la pensée» (*ES*, chap. VII) prend le problème sous l'angle exclusif du parallélisme et que, lorsqu'en 1912 Bergson reprend le problème de «L'âme et du corps», il distingue clairement les deux niveaux possibles de questions, pour choisir tout aussi clairement de traiter essentiellement celle du parallélisme[57].

Dans cette perspective, quelles sont donc les positions de Bergson ? Elles sont certes polémiques. En gros, il dénonce dans bien des thèses parallélistes des hypothèses qui, se parant bien vite d'une valeur scientifique, lui semblent plutôt relever de métaphysiques qui s'ignorent, et qui en cumulent parfois de contradictoires[58]. Les corrélations entre psychique et physiologique lui paraissent fréquemment affirmées avec une rigueur que dément l'expérience attentive. Pour sa part, Bergson s'applique à souligner différences de nature et écarts, là où les relations sont souvent présentées comme correspondances terme à terme. Dans *Matière et mémoire*, Bergson insiste ainsi sur la dualité de la perception — dont il rend compte par le corps, circuits nerveux, intervention cérébrale, solidaires de l'action pour laquelle elle est faite, et des mouvements qui la prolongent — et de la mémoire — pour laquelle il allègue multiples expériences normales et pathologiques à l'encontre de l'interprétation du souvenir comme perception affaiblie, ou celle de la perception comme souvenir renforcé. Et, par-delà les polémiques, Bergson s'efforce alors d'analyser l'originalité des faits : dans la perception, il souligne les aspects de préparation à agir dans le monde matériel où elle s'insère, et la manière dont elle limite ses visées en fonction de leur intérêt vital; dans la mémoire, pour la confection, la survivance et le rappel des souvenirs, il conteste fermement une causalité ou/et une localisation physiologiques[59]. Le thème directeur et constant de Bergson est le refus de faire des états psychiques et mentaux des dessins, équivalences, traductions, productions ou effets des états physiques et nerveux. Les métaphores dont Bergson fait de si fréquentes variations le disent et le répètent à l'envi : on ne saurait confondre le télégraphiste et le message, le cadre et le tableau, le bateau et son amarre, le vêtement et le clou auquel il est accroché, ... Cette dernière métaphore a été choisie par Bergson pour la présentation de ses thèses dans l'Avant-propos tardif de *Matière et mémoire* :

> «Il y a solidarité entre le vêtement et le clou auquel il est accroché, car si l'on arrache le clou, le vêtement tombe. Dira-t-on, pour cela, que la forme du clou dessine la forme du vêtement ou nous permette en aucune façon de la pressentir? Ainsi, de ce que le fait

psychologique est accroché à un état cérébral, on ne peut conclure au "parallélisme" des deux séries psychologique et physiologique.» (*MM.*, 1911, p. 4-5)[60].

Voici aussi une formulation plus conceptuelle de la «relation entre le fait psychologique et son substrat cérébral» telle que Bergson la résume en 1901 :

> «Ce n'est ni la détermination absolue de l'un de ces états par l'autre, ni l'indétermination complète de l'un par rapport à l'autre, ni la production de l'un par l'autre, ni la simple concomitance, ni le parallélisme rigoureux, ni, je le répète, aucune des relations qu'on peut obtenir *a priori* en maniant des concepts abstraits ou en les composant entre eux. C'est une relation *sui generis*, que je formulerai (d'ailleurs très incomplètement) de la manière suivante : étant donné un état psychologique, la partie *jouable* de cet état, celle qui se traduirait par une attitude du corps ou par des actions du corps, est représentée dans le cerveau; le reste en est indépendant et n'a pas d'équivalent cérébral. De sorte qu'à un même état cérébral donné peuvent correspondre bien des états psychologiques différents, mais non des états quelconques. Ce sont des états psychologiques qui ont tous en commun le même «schéma moteur». Dans un même cadre pourraient tenir beaucoup de tableaux, mais non pas tous les tableaux... Ainsi la pensée est relativement libre et indéterminée par rapport à l'activité cérébrale qui la conditionne, celle-ci n'exprimant que les articulations motrices de l'idée, et les articulations pouvant être les mêmes pour des idées absolument différentes. Et pourtant ce n'est pas la liberté complète, ni l'indétermination absolue, puisqu'une idée quelconque, prise au hasard ne présenterait pas les articulations voulues.» (*Mélanges*, 1901, p. 481-482; c'est l'auteur qui souligne).

Dans ces propositions plus ou moins imagées du dualisme bergsonien, l'important est, certes, l'affirmation des différences de nature entre ce qui relève de l'esprit, de l'âme et de la pensée, et ce qui relève du corps, du cérébral et de la matière, mais aussi l'enquête, la recherche active, la méditation sur leurs «rapports» et leurs «solidarités» qui posaient tant de problèmes dans le dualisme classique (voir *MM*, p. 1). D'où dans *Matière et mémoire* le choix des questions qui posent le problème des «points de contacts» et des «possibilités pour l'esprit et la matière d'agir l'un sur l'autre»; et les réponses par les analyses des effets de «tension», de «resserrement», de «contraction» sur l'action ou de «relâchement», de «dilatation», d'«expansion» qui fait jouer la vie mentale sur des «tons différents», de «hauteurs différentes», selon l'«extériorisation» ou l'«intériorisation» (voir *MM*, p. 7, 114-116, 159-164, 168-172, 180-181, 188-192)[61]; et d'où la conclusion de l'ouvrage se félicitant d'avoir substitué au «dualisme vulgaire», inapte à rendre compte des relations, un dualisme affiné et informé qui, maintenant la distinction, fait comprendre l'union possible (*MM*, p. 246 et suiv.) :

> «Nous avons essayé d'établir que... les difficultés s'atténuent dans un dualisme qui, partant de la perception pure où le sujet et l'objet coïncident, pousse le développement de ces deux termes dans leurs durées respectives, — la matière, à mesure qu'on continue plus loin l'analyse, tendant à n'être plus qu'une succession de moments infiniment rapides qui se déduisent les uns des autres et par là *s'équivalent*; l'esprit étant déjà

mémoire dans la perception, et s'affirmant de plus en plus comme un prolongement du passé dans le présent, un *progrès*, une évolution véritable»... «Ainsi, entre la matière brute et l'esprit le plus capable de réflexion, il y a toutes les intensités possibles de la mémoire ou, ce qui revient au même, tous les degrés de liberté. Dans la première hypothèse, celle qui exprime la distinction de l'esprit et du corps en termes d'espace, corps et esprit sont comme deux voies ferrées qui se couperaient à angle droit; dans la seconde, les rails se raccordent selon une courbe, de sorte qu'on passe insensiblement d'une voie à l'autre.»

Ainsi les modalités nouvelles que Bergson veut donner au dualisme n'impliquent rien moins qu'une compréhension renouvelée de la matière — pas question de la réduire à l'étendue cartésienne — et du corps — pas question d'en faire un pur mécanisme; mais aussi de l'esprit — auquel il ne faut pas dénier des possibilités de matérialisation — et de l'âme — qu'il ne faut pas voir comme activité purement spéculative détachée de toutes les nécessités de l'action. Bref, le dualisme bergsonien, refusant les réductions, les confusions, et dénonçant leurs formes subreptices, défend fermement qu'entre les deux réalités il y a des «solidarités» expérimentables, des «contacts», «points d'intersection», «points d'attache», «points de jonction», «confluents», où se repèrent «passages graduels» et «transitions possibles». Et quant à l'importance pour Bergson de ces questions de relations et solidarités, il s'en explique on ne peut plus clairement en 1901 :

«Ce qui est intéressant, instructif, fécond, c'est le *dans quelle mesure*? On ne gagne rien à constater que deux concepts tels que ceux d'esprit et de matière sont extérieurs l'un à l'autre. On pourra faire, au contraire, des découvertes importantes si l'on se place au point où deux concepts se touchent, à leur frontière commune, pour étudier la forme et la nature du contact. Il est vrai que la première opération a toujours séduit les philosophes, parce que c'est un travail dialectique qu'on fait tout de suite à de pures idées, au lieu que la seconde est une opération pénible qui ne peut s'accomplir que progressivement sur des faits, sur l'expérience — l'expérience étant précisément le lieu où les concepts se touchent et s'interpénètrent. C'est à ce travail très long et très difficile que j'ai convié les philosophes... J'ai d'abord envisagé les manifestations de la matière non pas dans ce qu'elles ont de plus simple, c'est-à-dire dans les faits physiques, mais dans leur forme la plus complexe, dans le fait physiologique. Et ce n'est pas le fait physiologique en général que j'ai retenu, mais le fait cérébral. Pas même le fait cérébral en général, mais tel fait bien déterminé et localisé, celui qui conditionne une certaine fonction de la parole. Je montais ainsi de complication en complication, jusqu'au point où l'activité de la matière frôle celle de l'esprit. Alors, de simplification en simplification, j'ai fait descendre l'esprit aussi près que j'ai pu de la matière. J'ai laissé de côté les idées pour n'envisager que les images; des images, je n'ai retenu que les souvenirs, des souvenirs en général que les souvenirs de mots, des souvenirs de mots que les souvenirs tout à fait spéciaux que nous conservons du son des mots : j'étais cette fois à la frontière, je touchais *presque* le phénomène cérébral en lequel se continue la vibration sonore. Et pourtant il y avait un écart. Ce n'était plus, il est vrai, cet écart abstrait qu'on peut affirmer *a priori* entre deux concepts tels que ceux de conscience et de mouvement : de l'exclusion réciproque de deux concepts, je le répète, on ne peut rien tirer. C'était une relation concrète et vivante.» (*Mélanges*, p. 477-478).

Il reste cependant que le dualisme bergsonien, par-delà l'affirmation des différences de nature qui devraient interdire les comparaisons, et quelles que soient les prises en considération attentives de ce qui relève du corps, du cérébral et de la matière, accorde, disons, quelque meilleure qualité ontologique à ce qui relève de l'esprit, de l'âme et de la pensée.

L'*Essai sur les données immédiates de la conscience* défend sur ce point une position assez radicale : refusant la possibilité de mesurer pour les états de conscience des «intensités» dont seule la matérialité physiologique serait susceptible, il établit la complicité de ceux-là et de la durée, véritable dimension de la réalité[62]. Le dualisme de *Matière et mémoire* et des textes ultérieurs semble aussi donner beaucoup plus au spirituel qu'à la matérialité du cerveau et du corps. Les multiples métaphores qu'affectionne Bergson insistent sur la manière dont la vie spirituelle «dépasse», «déborde» très largement la vie cérébrale cantonnée en d'étroites limites lors même qu'elles admettent certaine «correspondance» ou certain «synchronisme». Au cerveau «organe de pantomime, et de pantomime seulement», au cerveau central téléphonique, conducteur, aiguilleur de voies, régisseur de théâtre, ou autre (voir *MM*, p. 6, 7, 26, 111, 144, etc.), sont réservés des rôles instrumentaux, d'exécutants, qui n'ont point le panache des rôles créateurs reconnus à la pensée. Pire, non seulement ils n'ont en aucune façon une action efficiente, ni directe, ni transitive, sur la vie psychique, qu'ils ne savent qu'imiter, mimer, et où ils n'engendrent rien, mais leur rôle est en fait surtout négatif : limitatif, restrictif[63]. Les textes ultérieurs confirment le très clair parti pour une conception de l'esprit «débordant» la matière, particulièrement illustré par les métaphores théâtrales ou symphoniques souvent mobilisées :

«C'est ainsi que les changements de place des divers acteurs, à tous les moments d'une scène, sont consignés sur le livret du régisseur. Mais ces changements de place ne représentent qu'une très petite partie du jeu des acteurs. Et si le cerveau entretenait avec la pensée une relation de ce genre, il s'ensuit qu'il ne peut pas y avoir parallélisme ou équivalence entre l'activité cérébrale et la pensée (*Mélanges*, 1901, p. 484). — «Celui qui pourrait regarder à l'intérieur d'un cerveau en pleine activité, suivre le va-et-vient des atomes et interpréter tout ce qu'ils font, celui-là saurait sans doute quelque chose de ce qui se passe dans l'esprit, *mais il n'en saurait que peu de choses*. Il en connaîtrait tout juste ce qui est exprimable en gestes, attitudes et mouvements du corps, ce que l'état d'âme contient d'action en voie d'accomplissement, ou simplement naissante : le reste lui échapperait. Il serait vis-à-vis des pensées et des sentiments qui se déroulent à l'intérieur de la conscience dans la situation du spectateur qui voit distinctement tout ce que les acteurs font sur la scène, mais n'entend pas un mot de ce qu'ils disent. Sans doute le va-et-vient des acteurs, leurs gestes et leurs attitudes, ont leur raison d'être dans la pièce qu'ils jouent, et si nous connaissons le texte, nous pouvons prévoir à peu près le geste; mais *la réciproque n'est pas vraie et la connaissance des gestes ne nous*

> *renseigne que fort peu sur la pièce, parce qu'il y a beaucoup plus dans une fine comédie que les mouvements par lesquels on la scande*. Ainsi, je crois que si notre science du mécanisme cérébral était parfaite, et parfaite aussi notre psychologie, nous pourrions deviner ce qui se passe dans le cerveau pour un état d'âme déterminé; mais l'opération inverse serait impossible, parce que nous aurions le choix, pour un même état du cerveau, entre une foule d'états d'âme différents, également appropriés. Je ne dis pas, notez-le bien, qu'un état d'âme *quelconque* puisse correspondre à un état cérébral donné : posez le cadre, vous n'y placerez pas n'importe que tableau... Mais il y a une multitude de tableaux différents qui tiendraient aussi bien dans ce cadre; et par conséquent le cerveau ne détermine pas la pensée; et par conséquent la pensée, en grande partie du moins, est indépendante du cerveau.» (*ES*, p. 42-43). — «L'activité cérébrale est à l'activité mentale ce que les mouvements du bâton du chef d'orchestre sont à la symphonie. La symphonie *dépasse* de tous côtés les mouvement qui la scandent; la vie de l'esprit *déborde* de même la vie cérébrale.» (*ES*, p. 47; nous soulignons)[64].

Enfin, il reste à préciser une dernière signification importante de l'intérêt pris par Bergson aux problèmes de la relation du corps à l'esprit. Il n'y va rien moins que d'une conception de la science, de ses méthodes, de ses possibilités. Il s'agit de bien voir que les combats de Bergson contre les épiphénoménismes et les parallélismes ne sauraient être présentés comme des combats contre la science[65] : ils plaident plutôt pour son développement.

Nous avons plus haut souligné combien par exemple Bergson est loin de nier l'importance des recherches scientifiques sur les localisations cérébrales, jugeant même qu'on doit chercher à les affiner. Il y a aussi bien des textes donnant sans équivoque l'aval aux études de psycho-physiologie, et Bergson dit même qu'on ne saurait leur assigner de limites :

> «Il était de l'intérêt de la physiologie... de procéder comme si elle devait, quelque jour, nous donner la traduction physiologique intégrale de l'activité psychologique : à cette condition elle pouvait aller de l'avant, et pousser toujours plus loin l'analyse des conditions cérébrales de la pensée. C'était et ce peut être encore un excellent principe de recherche, qui signifiera qu'il ne faut pas trop se hâter d'assigner des limites à la physiologie, pas plus d'ailleurs qu'à aucune autre investigation scientifique.» (*ES*, 1904, p. 192).

En fait, on peut, on doit même dire que Bergson estime la science au point d'en faire non seulement une pourvoyeuse de matériaux pour la réflexion philosophique, mais d'une certaine manière un modèle. A condition de ne pas la concevoir trop étroitement, à condition de lui permettre de s'ouvrir à d'autres modes de recherches que ceux auxquels la restreint l'antique modèle mathématique. Ainsi les combats de Bergson contre la science sont ciblés : ils sont surtout dénonciations de certaines conceptions, de celles qui n'arrivent guère à se dégager des modèles mathématiques et mécaniques, alors que la complexité des problèmes psychologiques exigeraient des approches nouvelles empiriques et souples[66].

Nous évoquerons pour conclure quelques-uns des commentaires auxquels la conception bergsonienne des rapports du corps à l'esprit a donné lieu.

L'admiration enthousiaste de V. Jankélévitch est fermement déclarée sur la question qui nous occupe ici :

> «Pour la première fois le livre de *Matière et mémoire*, qui est peut-être le plus génial dans tout l'œuvre de Bergson, étudie la conscience comme engagée dans un organisme dont elle paraît dépendre et qui la manifeste au-dehors.» (*Henri Bergson*, p. 80 — ce sont les premières lignes du chapitre sur «L'âme et le corps»).

Jankélévitch repère bien cependant quelques «graves difficultés». Ainsi le «schème moteur» dont Bergson fait «le rendez-vous du spirituel et du physique», lui paraît être une «idée ingénieuse» mais plutôt une réponse par «métaphore» qu'une explication claire (*Op. cit.*, p. 116-117). Ainsi relève-t-il aussi quelque embarras touchant la cohérence même de la doctrine, lorsqu'il s'agit d'accorder *Matière et mémoire* aux conclusions de l'*Essai*. Il y aurait une tout autre présentation de la mémoire : l'*Essai* nous incitait à la «soustraire à la coalition des forces négatives, l'espace, le langage, les concepts» pour viser le «face à face avec l'esprit»; mais *Matière et mémoire* en ferait plutôt «la grande gêneuse», ce par quoi «l'esprit se gêne lui-même dans l'acte de connaissance» (*Op. cit.*, p. 118-119)[67]. La difficulté lui semble cependant surmontée car «l'extension reconquiert dans *Matière et mémoire* cette immédiateté que l'*Essai* réservait aux données d'une conscience attentive à son propre écoulement» (*Op. cit.*, p. 123). Pour Jankélévitch, Bergson est donc d'avis que «l'esprit généreux ne reste pas confiné dans une mémoire blasée», et veuille, «sortant de lui-même, rencontrer autre chose que sa propre image». (*Op. cit.*, p. 131). On rapprochera de ces propos la manière dont Jankélévitch approuve que Bergson décrive «une dynamique vivante qui nous met en contact avec le milieu extérieur» (p. 93), apprécie son insistance sur les richesses de la vie spirituelle, sur toutes ces «choses subtiles et délicates» (p. 94) et trouve dans sa philosophie un remarquable équilibre :

> «La pureté de l'objet et la pureté du sujet sont donc solidaires l'un de l'autre, et le bergsonisme serait déjà bienfaisant puisqu'il nous montre que l'idéalisme véritable ne va pas sans un réalisme scrupuleux. On mesure, à ce seul fait, l'ignorance des critiques qui reprochent à Bergson de dissoudre les problèmes au lieu de les résoudre et qui lui imputent un "dilettantisme" aussi funeste à l'action qu'à la théorie. C'est tout le contraire. Le bergsonisme place très haut le "sens du réel" et fournit vraiment la justification philosophique du réalisme.» (*Henri Bergson*, p. 99).

Une certaine ironie de l'histoire de la philosophie veut que le «réalisme» de Bergson, si prisé par Jankélévitch, soit justement ce que d'autres lui reprochent sévèrement.

Ainsi G. Politzer qui n'y voit qu'une parade philosophique fort inefficace :

> «Ce que Bergson fait, ce n'est pas la restitution de la réalité, mais le remplacement d'une mythologie par une autre mythologie[68].»

Et Politzer de stigmatiser Bergson pour en être resté aux abstractions de la psychologie classique, pour n'avoir pas su prendre en considération l'individu concret et singulier.

Sur un mode moins pamphlétaire, Merleau-Ponty présente aussi de sévères critiques :

> «Il y a cécité de Bergson à l'être propre de la conscience, à sa structure intentionnelle. Même difficulté pour expliquer ce qu'est le moi qui perçoit : Bergson se le représente comme un mélange de perception et de souvenir, la condensation d'une multiplicité de mouvements, une "contraction" de la matière... Il aurait fallu montrer que le corps est impensable sans la matière, car il y a une intentionnalité du corps, et que la conscience est impensable sans le corps, car le présent est corporel. Bergson a entrevu une philosophie du monde perçu, non réaliste dans son intention première, mais gâtée par le passage au réalisme qui considère le *percipi* comme un moindre *esse*... Ce dépassement simultané du réalisme et de l'idéalisme, un moment entrevu, avorte. Ayant choisi de prendre le monde comme un spectacle, Bergson a sombré dans le réalisme et réalisé le sujet *par soustraction*. Le sujet en meurt[69].»

Ainsi, pour Merleau-Ponty, la conscience de Bergson est trop peu au monde, elle manque d'insertion; parallèlement il lui reproche une conception du corps «plutôt comme un existant présent que comme une réalité temporelle» (*L'Union de l'âme et du corps...*, 12ᵉ leçon, p. 90). Enfin, Merleau-Ponty reproche à Bergson une insuffisante réflexion sur la complexité de l'existence :

> «Bergson ne parle jamais de *sa* conscience; il n'aperçoit pas la différence fondamentale de texture entre le *partes extra partes* et l'être qui se sait. Posant le problème de façon insuffisamment aiguë, il n'en donne qu'une solution insuffisante. Bergson nous conduit toujours au bord d'une intuition qu'il n'effectue pas. Au lieu de placer dans le monde des *germes* de conscience et de laisser dans la conscience des *traces* de matérialité, il eût fallu saisir la conscience comme histoire et foisonnement; il eût fallu, dans la perception extérieure, montrer que l'exigence de connexion et l'exigence de présentation sont liées, faire apparaître la connexion à travers *l'horizon* de la perception, qui n'exclut pas un certain "bougé".» (*L'Union de l'âme et du corps...*, 14 leçon, p. 100-101; l'auteur souligne).

On reconnaît là l'argumentation d'un philosophe qui s'est voulu toujours attentif aux modes d'existence ambigus d'une «conscience incarnée».

Ainsi les conceptions de Bergson sur le «mind-body problem» ont-elles été lues de façon contradictoire. Pour certains, il a su redonner à l'esprit et au corps un équilibre perdu; pour d'autres, il n'a pas suffisamment compris la conscience et son incarnation, et il en a effacé les dimensions concrètes et personnelles; pour d'autres encore, il a trop, et même tout donné à la conscience et n'a rien, ou presque rien, compris au cerveau... Ces jugements contradictoires prouvent au moins que les conceptions de Bergson sont stimulantes, et qu'était utile l'éclairage auquel nous avons espéré contribuer.

NOTES

[1] Présentés dans le volume de *Mélanges*, p. 463-504.
[2] Texte repris dans *L'Energie spirituelle*, chap. VII : Communication au Congrès de philosophie de Genève, publiée dans la *Revue de métaphysique et de morale* sous le titre «Le paralogisme psycho-physiologique». Voir aussi la reprise des discussions occasionnées par cette conférence dans le volume de *Mélanges*, p. 643-648.
[3] Texte repris dans *L'Energie spirituelle*, chap. II.
[4] Présentées dans le volume de *Mélanges*, p. 944- 959.
[5] Présentées dans le volume de *Mélanges*, p. 1200-1235.
[6] Les objections de Belot s'y réfèrent constamment (voir le débat de 1901, *Mélanges*, p. 462-472, 488-489 et 496-497.
[7] Voir dans *Henri Bergson*, Paris, P.U.F., 1959, le chap. III : «L'âme et le corps», p. 80-131. Ce texte date en fait de 1931, du *Bergson* paru dans la collection «Les grands philosophes» dont l'ouvrage de 1959 est une refonte complétée.
[8] *Op. cit.*, p. 92. Pour Jankélévitch, Bergson a «devancé la plupart des biologistes» tant dans ses thèses critiques (refus des systèmes parallélistes, critique des localisations cérébrales, et dénonciation du subjectivisme : voir par ex. p. 86, 87, 107) que dans l'interprétation positive des fonctions du système nerveux et du cerveau en particulier, celles des pathologies cérébrales, du phénomène de la perception, de la conception des plans et niveaux de la vie mentale... (voir par ex. p. 82, 90-91, 93, 95, 100-101, 103-105).
[9] Voir dans *La Structure du comportement* (1942) quelques références dans la première partie du dernier chapitre sur «Les relations de l'âme et du corps et le problème de la conscience perceptive»; mais voir surtout *L'Union de l'âme et du corps chez Malebranche, Biran et Bergson*, Notes prises au cours de Maurice Merleau-Ponty à l'Ecole Normale Supérieure recueillies et rédigées par Jean Deprun, Vrin, 1968 - les 11e à 16e leçons sont consacrées à Bergson.
[10] Dans *La Structure du comportement*, Merleau-Ponty, qui dénonce les explications réalistes de la perception, trouve que «Bergson use encore de ce langage» (p. 209); dans ses leçons de 1947-48, tout en analysant «le neuf et le positif» de *Matière et mémoire* et en y recensant de nombreuses «intuitions valables» et «vues intéressantes» (voir par ex. p. 81, 84-85, 96), il dénonce des «équivoques», des «artifices», des «ambiguïtés», un «manque d'articulation des deux plans décrits» et bien d'autres «faiblesses» (par ex., p. 81, 84, 86, 88, 94-96, 101). - Dans ces cours, Merleau-Ponty reste tout de même très

critique; mais d'autres textes expriment une sympathie accrue : voir par exemple, dans *Eloge de la philosophie et autres essais*, Gallimard, 1960, la Leçon inaugurale au Collège de France de 1953, (p. 15-40), et l'article «Bergson se faisant» de 1959, (p. 288-308 - l'article est repris aussi dans *Signes*, Gallimard, 1960, p. 229-241).
[11] Voir *L'Homme neuronal*, Paris, Fayard, 1983.
[12] *Op. cit.*, p. 161 - Nous avons analysé quelques aspects de la polémique de Changeux contre Bergson dans un article sur «La Philosophie bergsonienne : aide ou entrave pour la pensée biologique contemporaine?» *Uroboros*, Revista Internacional de filosofia de la biologia, Mexico, vol. I, n° 2, 1991, p. 177-199. On remarquera que, si pour Changeux, Bergson est le cas-type du «spiritualiste» nébuleux, il fut pourtant souvent jugé comme un «naturaliste» impénitent et accusé de «biologisme» - V. Jankélévitch le rappelle : voir *Henri Bergson*, p. 82, 103
[13] Cf. «*L'âme et le corps, une leçon de philosophie donnée par Bergson*», Théâtre national de la Colline, 24 janvier 1994, avec le débat entre Jean-Didier Vincent et Isabelle Stengers - diffusé sur France-Culture.
[14] Voir le bilan de ces analyses : «Il n'y a guère de passion ou de désir, de joie ou de tristesse, qui ne s'accompagne de symptômes physiques» (*EDIC*, p. 15).
[15] Voir *EDIC*, p. 15-19.
[16] Voir *EDIC*, p. 20-23 : «Eliminez toute trace d'ébranlement organique, toute velléité de contraction musculaire : il ne restera de la colère qu'une idée...».
[17] Voir *EDIC*, p. 24-37.
[18] Voir *EDIC*, chap. II, p. 93-104.
[19] Voir *EDIC*, p. 110-113. Voir aussi p. 115 où Bergson rencontre et critique l'interprétation de la conscience comme épiphénomène.
[20] Cet ordre est important comme le souligne l'aveu du dernier chapitre : «C'est pour définir le rôle du corps dans la vie de l'esprit que nous avions entrepris ce travail» (*MM*, p. 200).
[21] Voir les deux premières pages du chap. I - La notion d'«image» que Bergson emploie ici est source de nombreuses difficultés et discussions : certains ont voulu y voir la marque d'un idéalisme grevant toutes les analyses ultérieures. Or Bergson s'est lui-même clairement expliqué sur l'emploi de ce terme «au sens le plus vague que l'on puisse prendre» (*MM*, p. 11) choisi précisément pour ne pas entrer d'emblée dans les affrontements de l'idéalisme et du réalisme; il a reprécisé cet emploi dans l'Avant-propos de la septième édition («par image, nous entendons une certaine existence qui est plus que ce que l'idéaliste appelle une représentation, mais moins que ce que le réaliste appelle une chose...», *MM*, p. 1-2). Voir aussi les analyses de Paul Naulin, «La conscience et la notion d'«image» dans *Bergson : Naissance d'une philosophie*, P.U.F., 1990, p. 97-109.
[22] Rappelons les premiers mots du chapitre : «Nous allons feindre pour un instant que nous ne connaissons rien des théories de la matière et des théories de l'esprit, rien des discussions...» (*MM*, p. 11).
[23] Voir ainsi p. 12 : «J'interroge enfin ma conscience sur le rôle qu'elle s'attribue dans l'affection : elle répond qu'elle assiste en effet, sous forme de sentiment ou de sensation, à toutes les démarches dont je crois prendre l'initiative, qu'elle s'éclipse et disparaît au contraire dès que mon activité, devenant automatique, déclare ainsi n'avoir plus besoin d'elle».
[24] On rappellera aussi que, dans l'article sur «L'âme et le corps» de 1912, l'être de notre corps est pour Bergson le point de départ de «l'expérience immédiate et naïve du sens commun» (*ES*, p. 30).
[25] Voir par exemple sa présentation du corps comme «centre d'action» : «Mon corps est donc, dans l'ensemble du monde matériel, une image qui agit comme les autres images, recevant et rendant du mouvement, avec cette seule différence peut-être que mon corps

paraît choisir, dans une certaine mesure, la manière de rendre ce qu'il reçoit»; voir aussi la manière dont Bergson décrit son pouvoir d'organisation des perceptions, et comment il s'irrite de ce que les représentations de la perception comme une vue photographique des choses congédient en fait brusquement le corps et le cerveau (voir *MM*, p. 14-20 et 35-37, etc.). A voir aussi la manière dont Bergson invite à se placer d'emblée dans l'univers matériel (*ibid.*, p. 65) et comment l'un des sens qu'il donne à ses critiques symétriques de l'idéalisme et du réalisme est leur inaptitude à rendre compte de la matière (*ibid.*, p. 70-75).

[26] «Le corps, interposé entre les objets qui agissent sur lui et ceux qu'il influence, n'est qu'un conducteur, chargé de recueillir les mouvements et de les transmettre, quand il ne les arrête pas, à certains mécanismes moteurs, déterminés si l'action est réflexe, choisis si l'action est volontaire» (*MM*, p. 81).

[27] Jankélévitch a particulièrement insisté sur ces idées et commenté le fréquent recours de Bergson à la notion de jeu «dont on peut dire qu'il l'a entièrement renouvelée» (voir *Henri Bergson*, p. 84-86).

[28] Voir *MM*, p. 26-27 : «Son rôle est de "donner la communication" ou de la faire attendre. Il n'ajoute rien à ce qu'il reçoit; mais comme tous les organes perceptifs y envoient leurs derniers prolongements, et que tous les mécanismes moteurs de la moelle et du bulbe y ont leurs représentants attitrés, il constitue bien réellement un centre, où l'excitation périphérique se met en rapport avec tel ou tel mécanisme moteur, choisi et non plus imposé. D'autre part, comme une multitude énorme de voies motrices peuvent s'ouvrir dans cette substance, toutes ensemble, à un même ébranlement venu de la périphérie, cet ébranlement a la faculté de se diviser à l'infini, et par conséquent de se perdre en réactions motrices innombrables, simplement naissantes. Ainsi, le rôle du cerveau est tantôt de conduire le mouvement recueilli à un organe de réaction choisi, tantôt d'ouvrir à ce mouvement la totalité des voies motrices pour qu'il y dessine toutes les réactions possibles dont il est gros et pour qu'il s'analyse lui-même en se dispersant. En d'autres termes, le cerveau nous paraît être un instrument d'analyse par rapport au mouvement recueilli et un instrument de sélection par rapport au mouvement exécuté.» Voir aussi p. 43-44 : «Que la matière puisse être perçue sans le concours d'un système nerveux, sans organes des sens, cela n'est pas théoriquement inconcevable; mais c'est pratiquement impossible, parce qu'une telle perception ne servirait à rien. Elle conviendrait à un fantôme, non à un être vivant, agissant... On peut donc dire que le détail de la perception se moule exactement sur celui des nerfs dits sensitifs, mais que la perception a sa véritable raison d'être dans la tendance du corps à se mouvoir.» Voir encore p. 46-47 : «Il y a d'abord l'ensemble des images; il y a, dans cet ensemble, des "centres d'action" contre lesquels les images intéressantes semblent se réfléchir; c'est ainsi que les perceptions naissent et que les actions se préparent. Mon corps est ce qui se dessine au centre de mes perceptions; ma personne est l'être auquel il faut rapporter ces actions. Les choses s'éclaircissent si l'on va ainsi de la périphérie de la représentation au centre... Tout s'obscurcit au contraire, et les problèmes se multiplient, si l'on prétend aller, avec les théoriciens, du centre à la périphérie. D'où vient alors cette idée d'un monde extérieur construit artificiellement, pièce à pièce, avec des sensations inextensives dont on ne comprend ni comment elles arriveraient à former une surface étendue, ni comment elles se projetteraient ensuite en-dehors de mon corps? Pourquoi veut-on, contre toute apparence, que j'aille de mon moi conscient à mon corps, puis de mon corps aux autres corps, alors qu'en fait je me place d'emblée dans le monde matériel en général?»

[29] C'est par exemple le sens de l'analyse de la sensation affective, *MM*, chap. I, p. 52-57 ; voir la conclusion : «Nous avons considéré le corps vivant comme une espèce de centre d'où se réfléchit sur les objets environnants l'action que ces objets exercent sur lui : en cette réflexion consiste la perception extérieure. Mais ce centre n'est pas un point mathé-

matique : c'est un corps exposé, comme tous les corps de la nature, à l'action des causes extérieures qui menacent de le désagréger... Il ne se borne pas à réfléchir l'action du dehors; il lutte, et absorbe ainsi quelque chose de cette action. Là serait la source de l'affection. On pourrait donc dire, par métaphore, que si la perception mesure le pouvoir réflecteur du corps, l'affection en mesure le pouvoir absorbant.»

[30] Voir, par ex., p. 62-63 : «Ma perception... adopte mon corps pour centre. Et elle y est amenée justement par la double faculté que ce corps possède d'accomplir des actions et d'éprouver des affections, en un mot par l'expérience du pouvoir sensori-moteur d'une certaine image, privilégiée entre toutes les images... Il y a donc, dans l'ensemble des images, une image favorisée, perçue dans ses profondeurs et non plus simplement à sa surface, siège d'affection en même temps que source d'action : c'est cette image particulière que j'adopte pour centre de mon univers et pour base physique de ma personnalité.»

[31] Voir *MM*, p. 24-26.

[32] Voir *Henri Bergson*, p. 81-83.

[33] Celle qui «se dépose dans le corps, une série de mécanismes tout montés, avec des réactions de plus en plus nombreuses et variées aux excitations extérieures, avec des répliques toutes prêtes à un nombre sans cesse croissant d'interpellations possibles» (*MM*, p. 86).

[34] «Placé entre la matière qui influe sur lui et la matière sur laquelle il influe, mon corps est un centre d'action, le lieu où les impressions reçues choisissent intelligemment leur voie pour se transformer en mouvements accomplis; il représente donc bien l'état actuel de mon devenir, ce qui, dans ma durée, est en voie de formation.»

[35] Voir *MM*, p. 168-169 - Ce que Bergson illustre par le schéma fameux du cône de souvenirs qui en son sommet S, représentant mon présent, touche le plan mobile de ma représentation actuelle de l'univers. A rapprocher du texte annonciateur p. 82-83 : «Nous pouvons parler du corps comme d'une limite mouvante entre l'avenir et le passé, comme d'une pointe mobile que notre passé pousserait incessamment dans notre avenir».

[36] Celui-ci interprétait les thèses de Bergson comme une «hypothèse spiritualiste», et se demandait d'ailleurs leur réel intérêt par rapport au spiritualisme traditionnel (Voir *Mélanges*, p. 465, 471).

[37] On verra plus loin comment Bergson résume cette «relation entre le fait psychologique et son substrat cérébral».

[38] Ceci aurait par exemple peut-être pu éviter à J.-P. Changeux de présenter Bergson comme un «unitariste» (voir *L'Homme neuronal*, p. 31).

[39] Voir par exemple dans l'Introduction la présentation de «la faculté de comprendre comme une annexe de la faculté d'agir» (*EC*, p. IV).

[40] «Le corps qui exercera cette action, le corps qui, avant d'accomplir des actions réelles, projette déjà sur la matière le dessin de ses actions virtuelles, le corps qui n'a qu'à braquer ses organes sensoriels sur le flux du réel pour le faire cristalliser en formes définies et créer ainsi tous les autres corps, le *corps vivant* enfin est-il un corps comme les autres?» (*EC*, p. 12, souligné par l'auteur).

[41] Voir par exemple (*EC*, p. 215) : «Le corps vivant lui-même est déjà construit pour extraire des situations successives où il se trouve les similitudes qui l'intéressent, et pour répondre ainsi aux excitations par des réactions appropriées. Mais il y a loin d'une attente et d'une réaction machinale du corps à l'induction proprement dite qui est une opération intellectuelle.» En gros pour Bergson dans l'*Evolution créatrice*, nous sommes corps vivant, avant que d'être esprit intelligent ou/et pensée intuitive; voir aussi les analyses précises faites du «schéma animal» (chap. II, p. 121-127).

[42] Voir par exemple (*EC*, p. 138-140). Rappelons par ailleurs que du point de vue de l'ontologie générale et de la manière dont Bergson envisage la genèse du monde son «spiritualisme» n'est pas aussi évident qu'on l'a parfois dit : certes l'élan vital est le plus

souvent identifié avec un «large courant de conscience», mais qui aurait «pénétré dans la matière» — ce qui lui suppose au moins une coexistence voire une préexistence, et ne permet pas de la voir simplement comme une retombée, une condensation de l'élan spirituel créateur (voir *EC*, fin du chap. II, p. 182-186, à confronter au chap. III, p. 248-253. Mêmes remarques à propos de l'article «La conscience et la vie», *ES*, p. 12, 19-23; et de la «cosmogonie» rapidement réévoquée au début du chap. III de *DSMR*, p. 222-224.

[43] Par ex., *EC*, p. 263-264 et 268-271.

[44] Voir par exemple dans les conférences d'octobre 1911 : «Nevertheless, it was incontestable that the entire psychical life was allied in a certain manner to the activity of the brain»... «The cerebral organ of the memory was therefore very probably an organ in which was set up the mechanism of movement, the mechanism which allowed our body to place itself in the attitude proper to the situation of the moment... The *rôle* of the brain was simply to direct (*orienter*) the mind towards action. It was only that, but that was enormous because all our mental life depended upon it. The brain was the point of attachment between the soul and reality, and it was that point which was cut or very much damaged in the case of the greater number of the insane»... «They had now arrived at the conclusion that the body played a double part in relation to the mind. On one side, it limited the mind as one put blinkers on a horse to force it to look in front of it. The brain, limiting the field of vision of the mind by forcing to concentrate itself on the life, prevented it from wandering; it gave to the mind ballast and equilibrium. So that we compared the relations of the body to the mind to the relation that the point of a knife has to the knife itself. the relation that prow of a vessel has to the vessel itself. The prow is the part in which the vessel fines itself down to a point, the point which marks the direction of the vessel at each moment and which enables it to go forward through the waves. Similary the brain, or, to speak more generally, the body, is that by which the mind contracts itself in order to penetrate the billows of the reality.» (*Mélanges*, p. 953, 954, 955-956).

[45] Voir par exemple dans les Conférences de Madrid de 1916 : «La matière dont est fait notre cerveau se compose d'éléments, de molécules, d'atomes, etc., en mouvement continuel, et ce mouvement continuel est déterminé par les lois de la mécanique. La solidarité entre l'âme, dont nous parlons, et le cerveau, est évidente. Il suffit de respirer du chloroforme pour que la conscience se dissipe. Il suffit d'absorber de l'alcool pour que la conscience s'exalte. Une intoxication passagère modifie donc la conscience. Une intoxication durable, comme celle qui est probablement à la racine de la plupart des maladies mentales, produit dans l'esprit un désordre permanent.» (*Mélanges*, p. 1205) et Bergson de dire qu'il a choisi de méditer les phénomènes de la mémoire des mots et de leur pathologie car ce sont «les seuls cas où nous sommes certains que les troubles de l'esprit correspondent à des lésions déterminées du cerveau... L'activité du cerveau consiste à faire communiquer l'esprit avec la réalité, c'est un organe qui oblige l'esprit à tenir compte de la réalité.» (*Ibid.*, p. 1209).

[46] «Grâce au cerveau, la pensée adhère à la vie et prête attention à l'acte qu'elle va réaliser. Supposez que l'une ou l'autre partie du cerveau soit lésée. Qu'arrive-t-il? Qu'il se trouve dans la même situation qu'un bateau, amarré au port, dont les amarres seraient coupées ou dénouées. le bateau va et vient au gré des flots.» (*Mélanges*, p. 1211). A signaler aussi comment dans la conférence sur «La Personnalité» Bergson tient à prendre en compte la «personnalité physique» qui, dit-il, «ne laisse pas de traduire, dans une certaine mesure, la personnalité morale» (*Ibid.*, p. 1216).

[47] «La conscience est incontestablement liée au cerveau chez l'homme.» («La conscience et la vie», *ES*, p. 7); «Que nous dit l'expérience? Elle nous montre que la vie de l'âme, ou si vous aimez mieux la vie de la conscience, est liée à la vie du corps, qu'il y a solidarité entre elles.» («L'âme et le corps», *ES*, p. 36).

⁴⁸ «Chez l'être conscient que nous connaissons le mieux, c'est par l'intermédiaire d'un cerveau que la conscience travaille. Jetons un coup d'œil sur le cerveau humain, et voyons comment il fonctionne. Le cerveau fait partie d'un système nerveux qui comprend, outre le cerveau lui-même, une moelle, des nerfs, etc. Dans la moelle sont montés des mécanismes dont chacun contient, prête à se déclencher, telle ou telle action compliquée que le corps accomplira quand il le voudra; c'est ainsi que les rouleaux de papier perforé, dont on munit un piano mécanique, dessinent par avance les airs que jouera l'instrument... Mais il y a des cas où l'excitation, au lieu d'obtenir immédiatement une réaction plus ou moins compliquée du corps en s'adressant à la moelle, monte d'abord au cerveau, puis redescend, et ne fait jouer le mécanisme de la moelle qu'après avoir pris le cerveau pour intermédiaire. Pourquoi ce détour? A quoi bon l'intervention du cerveau? Nous le devinerons sans peine si nous considérons la structure générale du système nerveux. Le cerveau est en relation avec les mécanismes de la moelle en général, et non pas avec tel ou tel d'entre eux; il reçoit aussi des excitations de toute espèce, et non pas seulement tel ou tel genre d'excitation. C'est donc un carrefour, où l'ébranlement venu par n'importe quelle voie sensorielle peut s'engager sur n'importe quelle voie motrice. C'est un commutateur, qui permet de lancer le courant reçu d'un point de l'organisme dans la direction d'un appareil de mouvement désigné à volonté. Dès lors, ce que l'excitation va demander au cerveau quand elle fait son détour, c'est évidemment d'actionner un mécanisme moteur qui ait été choisi, et non plus subi. La moelle contenait un grand nombre de réponses toutes faites à la question que les circonstances pouvaient poser; l'intervention du cerveau fait jouer la plus appropriée d'entre elles. Le cerveau est un organe de *choix*.» («La conscience et la vie», 1911, *ES*, p. 8-9; l'auteur souligne). «S'agit-il de la faculté de vouloir? Le cerveau est le point d'où part le signal et même le déclenchement. La zone rolandique, où l'on a localisé le mouvement volontaire, est comparable en effet au poste d'aiguillage d'où l'employé lance sur telle ou telle voie le train qui arrive; ou encore c'est un commutateur, par lequel une excitation extérieure donnée peut être mise en communication avec un dispositif moteur pris à volonté»... «Le cerveau, justement parce qu'il extrait de la vie de l'esprit tout ce qu'elle a de jouable en mouvement et de matérialisable, justement parce qu'il constitue ainsi le point d'insertion de l'esprit dans la matière, assure à tout instant l'adaptation de l'esprit aux circonstances, maintient sans cesse l'esprit en contact avec des réalités.... le cerveau est l'organe d'*attention à la vie*.» («L'âme et le corps», 1912, *ES*, p. 44, 47 - c'est l'auteur qui souligne).

⁴⁹ «L'homme peut sans doute rêver ou philosopher, mais il doit vivre d'abord : nul doute que notre structure psychologique ne tienne à la nécessité de conserver et de développer la vie individuelle et sociale. Si la psychologie ne se règle pas sur cette considération, elle déformera nécessairement son objet. Que dirait-on du savant qui ferait l'anatomie d'organes et l'histologie des tissus sans se préoccuper de leur destination ?... Considérons alors... la découpure naturelle que nous avons appelée «fabulation»... Un besoin... peut-être individuel, en tout cas social, a dû exiger de l'esprit ce genre d'activité. Demandons-nous quel était le besoin...» (*DSMR*, p. 111-112).

⁵⁰ Voir aussi son analyse de la genèse de la religion et de la magie (*DSMR*, chap. II) : «La vérité est que la religion, étant coextensive à notre espèce, doit tenir à notre structure. Il suffit pour cela de replacer l'homme dans l'ensemble des vivants, et la psychologie dans la biologie.»; et Bergson de renvoyer à l'analyse de ce qui se passe pour un animal autre que l'homme (p. 185-186).

⁵¹ Pour ne donner que quelques exemples dans le texte qui est pour notre question le plus essentiel, voir dans *MM*, p. 20-24, 54, 70, 72, 74, 76, 150, 155, 158, 201, 204, 206, 229, 237, 238-251, et voir la manière dont Bergson tire lui-même le bilan dans son chapitre «Résumé et conclusion». Auxquels s'ajoute quelques polémiques sur des problèmes qui

ne se rapportent pas directement aux questions traitées ici, par ex. sur nominalisme et conceptualisme (*MM*, p. 174-176).

[52] Ceci aboutit ainsi à la critique du déterminisme physique dans le chap. III : «On se représente des mouvements moléculaires s'accomplissant dans le cerveau : la conscience s'en dégagerait parfois, sans qu'on sache comment, et en illuminerait la trace à la manière d'une phosphorescence. Ou bien on songera à ce musicien invisible qui joue derrière la scène pendant que l'acteur touche un clavier dont les notes ne résonnent point : la conscience viendrait d'une région inconnue se superposer aux vibrations moléculaires, comme la mélodie aux mouvements rythmés de l'acteur. Mais, à quelque image que l'on se reporte, on ne démontre pas, on ne démontrera jamais que le fait psychologique soit déterminé nécessairement par le mouvement moléculaire. Car dans un mouvement on trouvera la raison d'un autre mouvement, mais non pas celle d'un état de conscience... Le mécanisme le plus radical est celui qui fait de la conscience un *épiphénomène*, capable de venir s'ajouter, dans des circonstances données, à certains mouvements moléculaires. Mais si le mouvement moléculaire peut créer de la sensation avec un néant de conscience, pourquoi la conscience ne créerait-elle pas du mouvement à son tour, soit avec un néant d'énergie cinétique et potentielle, soit en utilisant cette énergie de la matière?» (*EDIC*, p. 111-115; souligné par l'auteur). L'utilisation critique de la métaphore du corps-clavier se retrouve dans *MM*, p. 144.

[53] Voir par exemple la critique d'une telle interprétation réductrice dans *MM*, p. 19, 23, 75, etc.

[54] Dès l'*Essai*, Bergson, qui reconnaissait cette position comme celle de grands philosophes, la posait déjà comme plus fine et plus pertinente que celle des tenants de l'épiphénoménisme : «A supposer en effet que la position, la direction et la vitesse de chaque atome de matière cérébrale fussent déterminées à tous les moments de la durée, il ne s'ensuivrait en aucune manière que notre vie psychologique fût soumise à la même fatalité. Car il faudrait d'abord prouver qu'à un état cérébral donné correspond un état psychologique déterminé rigoureusement, et cette démonstration est encore à faire. On ne songe pas à l'exiger, le plus souvent, parce que... le parallélisme des deux séries physiques et psychologiques a été constaté dans un nombre de cas assez considérable... Mais étendre ce parallélisme aux séries elles-mêmes dans leur totalité, c'est trancher a priori le problème de la liberté. Cela est permis assurément, et les plus grands penseurs n'ont point hésité à le faire; mais aussi, comme nous l'annoncions d'abord, ce n'est pas pour des raisons d'ordre physique qu'ils affirmaient la correspondance rigoureuse des états de conscience aux modes de l'étendue. Leibnitz l'attribuait à une harmonie préétablie, sans admettre qu'en aucun cas le mouvement pût engendrer la perception, ni à la manière d'une cause produisant son effet. Spinoza disait que les modes de la pensée et les modes de l'étendue se correspondent, mais sans jamais s'influencer : ils développeraient, dans deux langues différentes, la même éternelle vérité. Mais la pensée du déterminisme physique, telle qu'elle se produit dans notre temps, est loin d'offrir la même clarté, la même rigueur géométrique.» (*EDIC*, p. 110-111). On retrouve l'attribution de l'origine de la doctrine paralléliste aux philosophes du XVIIe siècle dans *ES*, p. 39-40. Rappelons aussi que c'est par la mise en question des thèses parallélistes, datées de Descartes et des cartésiens, que s'ouvrent les conférences de 1916 en Angleterre sur «L'âme» (voir *Mélanges*, p. 949, 956-957).

[55] Voir la manière dont Belot pose le débat en 1901 à la Société de philosophie : «Il convient de bien distinguer la doctrine du parallélisme de cette forme moderne du matérialisme qui s'appelle l'épiphénoménisme. On les confond quelquefois; il est cependant clair que l'une est la négation de l'autre, puisque l'épiphénoménisme exclut la constante corrélation entre le physique et le moral, et qu'en admettant l'apparition et la disparition arbitraire de la conscience, il lui enlève toute réalité. Dans la théorie du parallélisme, au

contraire, on peut sans doute dire que l'âme traduit le corps; mais on pourra tout aussi justement dire que le corps exprime l'âme.» (*Mélanges*, p. 471).

[56] «Je crois que si M. Belot veut bien faire l'historique de la question, il reconnaîtra que l'idée d'une *correspondance* entre le moral et le physique remonte bien en effet à la plus haute antiquité, mais non l'idée d'un *parallélisme*. Qu'il y ait une correspondance, c'est-à-dire en somme une relation entre le cerveau et la pensée, qui le conteste ? Aurais-je, en ce qui me concerne, consacré plusieurs années à interroger les faits sur la nature de cette relation, si j'avais un seul instant douté qu'elle existât ? Mais autre chose est de croire qu'une relation existe, autre chose d'affirmer que cette relation est celle d'un parallélisme rigoureux ou, en d'autres termes, qu'un interprète autorisé pourrait lire, dans les mouvements moléculaires ou autres de la substance cérébrale, tout ce qui se passe à l'intérieur de la pensée. Je suis bien convaincu que nous ne pensons jamais sans un substrat d'activité cérébrale; mais j'estime que cette activité cérébrale peut être identique pour des pensées tout à fait différentes (quoique non pas *quelconques*, je le répète) : toutes ces pensées ont quelque chose de commun, un même «schéma moteur» (*Mélanges*, 1901, p. 498; l'auteur souligne).

[57] *ES*, chap. II. Voici comment Bergson présente alors ce qu'il appelle ici «la thèse matérialiste» : «La conscience se surajoute comme une phosphorescence; elle est semblable à la trace lumineuse qui suit et dessine le mouvement de l'allumette qu'on frotte, dans l'obscurité, le long d'un mur. Cette phosphorescence, s'éclairant pour ainsi dire elle-même, crée de singulières illusions d'optique intérieure; c'est ainsi que la conscience s'imagine modifier, diriger, produire les mouvements dont elle n'est que le résultat; en cela consiste la croyance à une volonté libre. La vérité est que, si nous pouvions, à travers le crâne, voir ce qui se passe dans le cerveau qui travaille, si nous disposions, pour en observer l'intérieur, d'instruments capables de grossir des millions de millions de fois autant que ceux de nos microscopes qui grossissent le plus, si nous assistions ainsi à la danse des molécules, atomes et électrons dont l'écorce cérébrale est faite, et si, d'autre part, nous possédions la table de correspondance entre le cérébral et le mental, je veux dire le dictionnaire permettant de traduire chaque figure de la danse en langage de pensée et de sentiment, nous saurions aussi bien que la prétendue "âme" tout ce qu'elle pense, sent et veut, tout ce qu'elle croit faire librement alors qu'elle le fait mécaniquement. Nous le saurions même beaucoup mieux qu'elle car cette soi-disant âme consciente n'éclaire qu'une petite partie de la danse intra-cérébrale, elle n'est que l'ensemble des feux follets qui voltigent au-dessus de tels ou tels groupements privilégiés d'atomes, au lieu que nous assisterions à la danse intra-cérébrale tout entière. Votre "âme consciente" est tout au plus un effet qui aperçoit des effets; nous verrions, nous, les effets et les causes.» (*ES*, 1912, p. 33-34). Expliquant que «dans l'état actuel de la science, nous n'entrevoyons même pas la possibilité de vérifier» de tels propos, Bergson juge que ce sur quoi l'expérience peut apporter quelque éclaircissement est la «doctrine parallélistes» dont la discussion occupe tout le reste de l'article. p. 37 et suiv.).

[58] Le texte de 1904 sur «Le cerveau et la pensée : une illusion philosophique» mène la critique essentiellement de ce point de vue : il dénonce l'incohérence logique des «systèmes de notation» et le dérapage d'une métaphysique à l'autre (*ES*, p. 193 et suiv.; idée reprise dans *ES*, p. 49).

[59] Voir surtout *MM*, chap. II et III, et la synthèse de ces critiques et analyses dans *ES*, p. 51 : «Rien de plus simple que leur explication. Les souvenirs sont là, accumulés dans le cerveau sous forme de modifications imprimées à un groupe d'éléments anatomiques : s'ils disparaissent de la mémoire, c'est que les éléments anatomiques où ils reposent sont altérés ou détruits. Nous parlions tout à l'heure de clichés, de phonogrammes : telles sont les comparaisons qu'on trouve dans toutes les explications cérébrales de la mémoire : les impressions faites par les objets extérieurs subsisteraient dans le cerveau comme sur la

plaque sensibilisée ou sur le disque phonographique. A y regarder de près, on verrait combien ces comparaisons sont décevantes. Si vraiment mon souvenir visuel, d'un objet, par exemple, était une impression laissée par cet objet sur mon cerveau, je n'aurais jamais le souvenir d'un objet, j'en aurais des milliers, j'en aurais des millions; car l'objet le plus stable change de forme, de dimension, de nuance, selon le point d'où je l'aperçois.» (p. 51-52). Il faut donc bien voir le sens des critiques bergsoniennes des localisations, que l'on caricature si l'on n'en comprend pas l'enjeu précis : Bergson se refuse en effet à voir le cerveau comme un «dépositaire de souvenirs», mais l'interrogation sur les localisations lui semble bien être une question sérieuse et féconde. Voir par ex. les propos de 1901 : «Pour ce qui est de la localisation cérébrale, je n'ai pas songé un seul instant à la mettre en doute, puisque je ne l'ai envisagée, au contraire, que là où elle est prouvée rigoureusement, dans les fonctions de la parole. La question se posait pour moi sous une tout autre forme. Il s'agissait de déterminer la signification exacte des faits de localisation là où la localisation est certaine... J'ai été acheminé à cette conclusion que le cerveau emmagasine des "schèmes moteurs" des images et des idées...» (*Mélanges*, p. 483-484).

[60] Une variante plus détaillée est donnée dans la conférence sur «L'âme et le corps» : «Un vêtement est solidaire du clou auquel il est accroché; il tombe si l'on arrache le clou; il oscille si le clou remue; il se troue, il se déchire, si la tête du clou est trop pointue; il ne s'ensuit pas que chaque détail du clou corresponde à un détail du vêtement, ni que le clou soit l'équivalent du vêtement; encore moins s'ensuit-il que le clou et le vêtement soit la même chose. Ainsi la conscience est incontestablement accrochée à un cerveau mais il ne résulte pas de là que le cerveau dessine tout le détail de la conscience, ni que la conscience soit une fonction du cerveau.» (*ES*, 1912, p. 36-37).

[61] Jankélévitch apprécie beaucoup les analyses bergsoniennes de l'organisation verticale de l'esprit, la profondeur et l'épaisseur qu'elles lui donnent : voir *Henri Bergson*, p. 89-90, 103, 122. Il les juge particulièrement pertinentes pour la compréhension de l'activité d'intellection dans l'article sur «L'effort intellectuel», dans *ES*, chap. VI.

[62] La généalogie ontologique de *L'Evolution créatrice* développe aussi l'harmonie de l'esprit, la pensée avec la durée qui est l'essence même du monde selon Bergson.

[63] Voir aussi la reprise par Bergson du mot de Ravaisson - que «la matérialité mette en nous de l'oubli» (cité dans *MM*, p. 198). Voir aussi les analyses du corps «filtre», «écran», «empêchement de percevoir» dans *DSMR*, p. 335-336.

[64] Voir aussi *ES*, 1912, p. 57 : «C'est dire que l'esprit déborde le cerveau de toutes parts, que l'activité cérébrale ne répond qu'à une infime partie de l'activité mentale». Voir encore dans les conférences de 1916 la reprise des métaphores montrant que le cerveau n'exprime qu'une infime partie de le vie mentale (*Mélanges*, p. 1210-1211, 1216-1217).

[65] J.-P. Changeux nous semble sur ce point aussi avoir gravement méconpris et caricaturé Bergson.

[66] Voir par ex. *Mélanges*, 1901, p. 474, 480, 482, 485, 490, 494, 496; 1916, p. 1201-1202, 1208; *MM*, p. 8, 135-136, 138, 148-152, 205-209, *DSMR*, p. 333-336... Nous avons ailleurs développé quelques analyses des rapports ambivalents de Bergson à la science : voir «La diffusion des sciences comme socio philosophique : Henri Bergson», dans *Cahiers d'Histoire et de Philosophie des sciences*, n° 24, 1988, p. 15-32, et «Henri Bergson : la surface et la profondeur», dans *Bergson, Naissance d'une philosophie*, P.U.F., 1990, p. 71-83.

[67] Jankélévitch signale aussi de l'un à l'autre livre une tout autre interprétation du symbolisme (*op. cit.*, p. 117-119).

[68] Georges Politzer, *La Fin d'une parade philosophique : le Bergsonisme*, J.J. Pauvert, 1967, p. 57. Sur la question qui est en jeu ici voir surtout p. 57 à 61.

[69] (*L'Union de l'âme et du corps...*, 11 leçon, p. 81-83; l'auteur souligne).

Deuxième partie

APPROCHES FORMELLES

Chapitre 4
La constituance et l'émergence du sens
Les points de vue classique, connexionniste et morphodynamique

G. VAN DE VIJVER

RÉSUMÉ

Le problème de l'émergence du sens se manifeste de nos jours de façon aiguë dans les théories dominantes de la cognition. Dans le paradigme cognitiviste classique, on essaie de comprendre et d'expliquer la cognition de façon formaliste dans des termes purement symboliques, sans prendre en compte les niveaux inférieurs. Dans le paradigme connexionniste, au contraire, on conçoit les structures cognitives et symboliques comme des macro-structures qui émergent d'une dynamique sous-jacente. Ceci entraîne une interprétation fondamentalement différente de la relation entre syntaxe et sémantique. Nous analysons la relation entre syntaxe et sémantique dans les deux paradigmes à partir du débat sur la compositionnalité et sur la constituance. Les critiques des théories morphodynamiques, en particulier celle de Jean Petitot, serviront à clarifier le statut épistémologique de l'émergence dans le connexionnisme et aideront à expliciter la relation entre émergence, causalité et explication.

1. INTRODUCTION : DEUX PARADIGMES MAJEURS

Deux paradigmes majeurs qui décrivent et expliquent les phénomènes mentaux peuvent être distingués aujourd'hui : le paradigme cognitiviste classique, et le paradigme connexionniste[1]. Les interprétations respectives des phénomènes mentaux, c'est-à-dire des représentations et des processus mentaux, permettent de les distinguer de façon simplifiée[2].

Du point de vue classique («l'orthodoxie» cognitiviste), on part de l'hypothèse que les *représentations mentales* sont les éléments d'un système de symboles, et que les *processus mentaux* consistent dans le traitement, la manipulation de ces symboles. Le système cognitif possède un système formel interne qui manipule les représentations à partir de règles dans lesquelles seule compte la forme. Connaître, c'est donc manipuler des symboles de manière réglée, en accord avec des processus qui sont de nature formelle.

Par contre, dans la plupart des modèles connexionnistes, on accepte l'hypothèse selon laquelle les *représentations mentales* sont des vecteurs qui définissent l'état d'un système dynamique. Les vecteurs expriment les activités des unités dans un réseau connexionniste. Les *processus mentaux* sont alors spécifiés par les équations différentielles qui gouvernent l'évolution de ce système dynamique[3]. Les capacités cognitives d'un réseau sont ses caractéristiques dynamiques, exprimées dans la valeur des multiples connexions. Connaître, c'est donc en premier lieu arriver à trouver la valeur des connexions appropriée à la tâche à accomplir.

On a donc une approche logique discrète dans le cognitivisme orthodoxe d'une part, et une approche mathématique continue des phénomènes de la cognition dans le connexionnisme d'autre part.

Puisqu'on pose, dans les deux paradigmes, le problème de la cognition en termes de représentations et de processus, on est confronté dans les deux cas au problème de la construction de représentations complexes significatives[4]. Ce problème est double. Il y a d'abord la difficulté d'expliquer comment des touts significatifs s'organisent à partir de parties : quelle est la relation entre la signification d'une représentation complexe et celle des parties qui la constituent ? Deuxièmement, il y a le problème de ce qu'est en fait une représentation. Comment est-il possible de dire qu'une représentation traite de quelque chose, qu'elle réfère à quelque chose ? Comment les représentations reçoivent-elles un sens, un contenu sémantique ?

L'étude de ce problème se fait généralement en deux mouvements. Le premier ne met pas en doute que des états représentationnels existent : la combinaison de représentations simples pour former des représentations complexes suppose que des états internes, doués d'un contenu sémantique, sont donnés. Le deuxième a, au contraire, pour but d'analyser comment une représentation peut être appelée une représentation, comment elle peut acquérir un contenu sémantique.

Nous nous proposons de montrer, à partir des solutions classique, connexionniste et morphodynamique, comment les réponses à ces deux questions sont intimement liées. Nous partons pour cela des discussions actuelles sur la constituance et la compositionnalité[5]. Ces discussions nous confrontent en effet, de manière abstraite, avec la difficulté de comprendre comment un tout peut s'organiser à partir de ses parties, et quelle est, en outre, la relation qui existe entre la signification du tout et celle des parties.

Dans la section 2, nous analysons la théorie classique de la constituance et la compositionnalité. Nous partons des critiques issues de cette approche pour aborder les mêmes problèmes dans le connexionnisme (section 3). La quatrième section décrit les critiques morphodynamiques sur le connexionnisme, et montre comment une interprétation plus cohérente de l'émergence, de la causalité et de l'explication peut aider à formuler une solution pour certains problèmes qui se présentent aujourd'hui dans les sciences cognitives.

2. LA CONSTITUANCE ET LA COMPOSITIONNALITÉ DANS LE COGNITIVISME CLASSIQUE

La plupart des théories qui ont l'ambition de modéliser les phénomènes mentaux considèrent qu'il y a une certaine systématicité dans la pensée. Quand on est capable de produire la phrase « Jean aime la fille », on est généralement aussi capable de produire des phrases telles que « La fille aime Jean ». Ou encore, comprendre un mot dans une phrase en particulier implique nécessairement la capacité de le comprendre dans un grand nombre d'autres phrases jamais entendues auparavant.

Selon la théorie classique, il est nécessaire de supposer, afin d'expliquer cette systématicité, que les pensées, et en particulier celles exprimées à travers le langage, possèdent une structure composite[6]. Ceci implique deux choses :

(1a) Premièrement, on accepte qu'une pensée comme « Jean aime la fille » ne s'exprime pas comme une proposition atomique, mais est un état mental composite composé de « Jean », « aime », et « la fille ». Les représentations sont donc structurées en parties (constituants) reliées syntaxiquement et interprétables sémantiquement. En d'autres termes, une représentation donnée possède une *structure compositionnelle* lorsque les parties dont elle procède sont des représentations sémantiquement interprétables entre lesquelles existent des relations abstraites de constituance. Ces relations de constituance sont fixées par un certain nombre de règles abstraites qu'on identifie généralement par la syntaxe ou par la grammaire.

(1b) Deuxièmement, on part du principe que les processus mentaux sont sensibles à cette structure composite, qu'ils se déroulent donc selon certaines règles bien définies, lesquelles tiennent compte de la structure, et seulement de la structure. C'est parce que les représentations possèdent une structure compositionnelle que les processus mentaux peuvent s'y appliquer en tenant compte de la forme seulement. Par exemple, de P&Q on peut déduire P, indépendamment de ce que sont P et Q. Dans ce cas on parle de la *sensibilité à la structure constituante* des processus mentaux.

Il apparaît de (1a) et (1b) que deux notions, reliées, mais néanmoins significativement différentes, sont présentes dans l'acceptation d'une structure compositionnelle.

Il y a d'abord le fait qu'il est considéré comme nécessaire d'accepter que les représentations mentales sont reliées par des relations abstraites de *constituance* (la syntaxe ou la grammaire). Sur la base de règles abstraites, on postule un mécanisme génératif qui permet de construire des représentations complexes à partir de représentations simples[7].

Toutefois, dire que des représentations mentales possèdent une *structure compositionnelle* n'implique pas seulement l'existence des relations syntaxiques entre elles, mais implique également que des relations sémantiques les relient. Nous avons vu qu'une représentation donnée possède une structure compositionnelle lorsque les parties dont elle procède sont des représentations sémantiquement interprétables entre lesquelles existent des relations abstraites de constituance. C'est à partir de l'idée d'une structure *compositionnelle* que les *contenus* des pensées sont déterminés de façon systématique. La compositionnalité concerne l'organisation d'un tout *significatif* à partir des parties, ainsi que la relation entre la signification du tout et celle des parties. C'est principalement l'idée de compositionnalité qui permet d'expliquer la systématicité qui existe au niveau du contenu de la pensée. Il est en effet impossible d'expliquer, sur la base de la structure constituante seulement, la systématicité dans le contenu de la pensée et du langage.

Pour la théorie cognitiviste classique, la compositionnalité implique les choses suivantes.

Premièrement, l'interprétation sémantique d'une phrase complexe — qui est composée de plusieurs constituants avec des relations entre ces constituants — est à situer en *parallèle* avec les règles de construction syntaxique. Il s'agit d'interpréter les pensées qui s'expriment sous forme langagière (de donner un sens à ces phrases – niveau sémantique) de façon à ce que la structure, la syntaxe, les règles de construction de ces phrases soient respectées[8].

Deuxièmement, une interprétation sémantique nécessite la présence de constituants sémantiquement interprétables. Ceci implique, entre autres, que dans chaque expression complexe nous sommes capables de trouver les instances des constituants. Afin de comprendre une phrase complexe, afin de trouver sa signification, nous devons partir des conditions de vérité des constituants de cette phrase. Fodor et Pylyshyn croient en plus que ces constituants doivent posséder des propriétés sémantiques indépendantes du contexte, sinon il est impossible, selon eux, d'expliquer la systématicité de la pensée[9].

Finalement, à côté du parallélisme entre syntaxe et sémantique, les cognitivistes orthodoxes acceptent que les structures représentationnelles correspondent à des structures physiques dans le cerveau. La structure compositionnelle d'une représentation a son pendant dans les relations structurelles entre les propriétés physiques du cerveau. C'est la raison pour laquelle on appelle des systèmes computationnels des «physical symbol systems[10]». Par conséquent, les relations causales entre les structures physiques sont sensibles à la structure syntaxique constituante qui existe entre les symboles instantiés. On accepte donc que les propriétés des structures représentationnelles, par le parallélisme avec les structures physiques, *causent* le comportement du système[11]. Une histoire complète et précise au niveau algorithmique, qui soutient les états de la machine qui sont décrits au niveau symbolique, est donc requise.

Si nous mentionnons ici la relation entre les structures représentationnelles et les propriétés physiques du cerveau, c'est parce que, ici, l'*explication* est liée de façon inhérente à l'efficacité causale caractéristique du fonctionnement physique du système. Pour un cognitiviste classique, le but principal d'une véritable théorie de la cognition est de trouver et de construire les mécanismes qui réalisent les fonctions cognitives, et d'expliquer ces fonctions en accord avec ces mécanismes. Afin de réaliser ces buts, il est particulièrement utile de posséder, dans les représentations, une structure interne qui reflète les propriétés sémantiques, puisque, dans ce cas, le rôle causal d'une représentation est systématiquement approprié à la nature de la situation (la fonction cognitive) qui est représentée. Pour la même raison le style d'explication dans le cognitivisme classique nécessite la présence de constituants dans une représentation complexe[12].

3. LA COMPOSITIONNALITÉ ET LA CONSTITUANCE DANS LE CONNEXIONNISME

Nous avons vu que la compositionnalité concerne la relation entre syntaxe et sémantique. Résoudre le problème de la compositionnalité implique résoudre le problème de l'interprétation des pensées qui s'expriment sous forme langagière de façon à ce que la structure, la syntaxe, les règles de construction soient respectées. Il faut donc trouver un schéma de représentation qui tient compte de la complexité de la signification, c'est-à-dire qui exprime comment la signification du tout est liée à la signification des parties. Résoudre ce problème consiste à décider de la nature de la relation entre syntaxe et sémantique, de clarifier la relation entre la façon de construire des phrases formellement ou grammaticalement correctes et l'interprétation de ces phrases.

Est-ce que les modèles connexionnistes actuels sont capables de résoudre les problèmes qui se posent à ce propos ? Rappelons que, dans la plupart de ces modèles, les représentations mentales ne sont pas simplement des éléments d'un système de symboles, et que les processus mentaux ne sont pas que des opérations de manipulation sur ces symboles. Apparemment, il n'y a pas de parallélisme entre syntaxe et sémantique, ni de parallélisme entre les structures physiques et syntaxiques, comme c'était le cas dans la théorie classique. Par conséquent, les cognitivistes classiques ne croient pas que les modèles connexionnistes soient capables de donner des réponses satisfaisantes aux questions concernant la constituance. Leurs arguments principaux sont les suivants[13] :

(i) Dans le connexionnisme il n'y a pas de structure composite puisqu'on ne possède pas de représentations avec des constituants classiques : on n'a que des propositions atomiques. C'est la critique de l'associationnisme : les unités sémantiques sont des patterns d'activité globaux qui n'ont pas de structure interne (violation de (1a)).

(ii) La manipulation connexionniste tient seulement compte d'aspects statistiques, et non pas de la structure de la cognition. En d'autres termes, les relations entre unités sémantiques ne sont pas syntaxiques, mais causales. L'opération d'une machine connexionniste n'est pas affectée par des relations syntaxiques et sémantiques qui tiennent entre certaines expressions (violation de (1b)).

(iii) Puisque la constituance et la compositionnalité sont à situer dans un seul niveau (within-level issue), et n'ont rien à voir avec la relation entre les niveaux (between-level issue), l'analyse des micro-propriétés ne peut pas intervenir dans le débat. En d'autres termes, il est sans importance de considérer des représentations localistes ou distribuées ; cette différence est sans conséquence pour les questions qui se posent à propos de la constituance et la compositionnalité.

(iv) C'est une erreur de croire que les niveaux inférieurs, d'une nature non-cognitive — sub-symbolique, perceptive, neurale... —, peuvent avoir une importance pour les questions sur la constituance et la compositionnalité au niveau cognitif supérieur. C'est pourquoi il est impossible d'expliquer la systématicité et la sensibilité à la structure constituante de la pensée et du langage à partir des modèles connexionnistes. Les modèles connexionnistes ne peuvent être que de nouvelles implémentations pour les architectures cognitives classiques[14].

Traitons d'abord de la troisième critique, donc de la pertinence de la différence entre représentations localistes et distribuées et des conséquences de cette différence pour l'interprétation de la relation entre syntaxe et sémantique. La question de l'implémentation (iv) est assez facile à résoudre à partir des clarifications concernant les représentations distribuées. Ensuite, nous arriverons aux deux questions centrales dans le débat, c'est-à-dire : « Quelle peut être la nature d'une syntaxe dans la théorie connexionniste et quelle est la relation entre syntaxe et sémantique ? » (i), et « Comment explique-t-on la systématicité de la pensée ? » (ii).

3.1. La différence entre représentations distribuées et représentations localistes

Une définition claire d'une représentation distribuée montre dans quel sens le point de vue classique exprimé dans (iii) et (iv) est intenable.

Une représentation distribuée a essentiellement deux propriétés[15] :

(2a) L'interprétation peut y être assignée à des groupes d'activité de plusieurs unités, et non pas à des unités individuelles. Chaque entité significative est représentée par l'activité de plusieurs unités et chaque unité est employée dans la représentation de plusieurs entités. Nous pouvons appeler cette caractéristique la *superimposition* ou *superposition* de représentations distribuées, qui implique aussi une sorte de superposition de la responsabilité sémantique[16].

(2b) La dynamique qui gouverne l'interaction des unités individuelles est suffisamment complexe pour que l'algorithme définissant les interactions des unités individuelles ne puisse pas être traduit dans un algorithme spécifique qui gouvernerait les interactions de ces patterns globaux[17].

A partir de ces deux propriétés, on peut constater qu'il y a dans une représentation distribuée au moins deux niveaux d'analyse avec des caractéristiques nettement différentes. Selon Smolensky, la syntaxe est décrite au niveau inférieur (le niveau qui concerne les activités des nœuds individuels) par un algorithme complet, formel et précis, mais il n'y a pas de sémantique. En effet, les nœuds individuels d'une représentation distribuée «ne constituent une analyse dans aucun sens intuitif de la propriété décrite par le pattern comme un tout[18]». Au niveau supérieur, où l'état du système est décrit au moyen des patterns d'activité à l'échelle globale, il y a la possibilité d'une interprétation sémantique, mais il n'existe pas d'algorithme complet, formel et précis.

La définition nous montre aussi qu'il est impossible de conclure, comme le font Fodor et Pylyshyn (critique iii), qu'il n'y a pas de différence essentielle entre représentations distribuées et localistes, que les modèles connexionnistes ne peuvent donc être que des implémentations d'une architecture classique. En effet, on a affaire à une *implémentation* dans le cas suivant — et nous nous tenons ici à la signification courante du terme dans les sciences cognitives, et qu'elle a héritée des sciences de l'ordinateur. Quand il y a à la fois description d'un système computationnel à un certain niveau, et description à un niveau inférieur, on appelle cette dernière une implémentation à la condition absolue que la description au niveau supérieur soit une description complète, précise, algorithmique du comportement de ce système.

A partir de cette définition, il est clair que les représentations connexionnistes distribuées ne peuvent être caractérisées comme de simples implémentations. En effet, il ne suffit pas de disposer au niveau supérieur d'une sorte de résumé brut des interactions entre les unités au niveau inférieur. Il s'agirait alors d'un sens très affaibli du concept d'implémentation, qui ne cadre d'ailleurs pas avec les conclusions fortes de Fodor et Pylyshyn. Une de ces conclusions est qu'il n'y a rien à gagner à une étude et une description des niveaux inférieurs (généralement identifiés aux niveaux neuronaux, biologiques, perceptifs, ...), aussi longtemps que les phénomènes cognitifs peuvent être décrits de manière adéquate au niveau cognitif ou symbolique supérieur. C'est précisément pour cette raison qu'un modèle connexionniste ne peut avoir, selon eux, une signification véritablement cognitive.

Nous avons vu que l'argument de l'implémentation ne peut être retenu pour les représentations distribuées : il n'y a pas de description précise, algorithmique et complète au niveau supérieur. Donc, l'argument que les modèles connexionnistes ne peuvent posséder de signification cognitive ne peut pas davantage être retenu. Pourtant, ceci n'implique pas que les modèles connexionnistes possèdent une signification cognitive simplement parce qu'ils prennent en considération le fonctionnement de niveaux inférieurs. Si nous admettons que la constituance et la compositionnalité sont à situer dans un même niveau, et si nous sommes d'accord sur le fait que la différence entre les représentations distribuées et localistes concerne la relation entre les niveaux, alors il faudra montrer, afin d'établir que les modèles connexionnistes ont bien un statut cognitif, dans quel sens les niveaux inférieurs peuvent avoir des implications cognitives pour le fonctionnement des niveaux supérieurs.

Afin d'arriver à une réponse sur ces questions, les connexionnistes devront avancer des arguments de deux façons.

(i) D'abord ils devront montrer dans quel sens il peut y avoir compositionnalité et constituance dans le connexionnisme (critique (i) et (ii)). Il ne sera pas suffisant de montrer que l'état global est une agrégation d'états locaux, ou que les représentations sont composées de parties. Il faudra aussi démontrer qu'il y a structure constituante, c'est-à-dire qu'il y a la possibilité d'introduire une syntaxe. L'analyse componentielle (à partir de traits, de micro-propriétés), qui est courante dans le connexionnisme, n'est évidemment pas à confondre avec une syntaxe. Il y a bien une différence entre une addition linéaire des patterns d'activité qui sont considérés comme les constituants d'une phrase, et une syntaxe. De plus, afin de rendre compte de la systématicité de la pensée, les connexionnistes doivent démontrer comment la syntaxe est reliée à la sémantique, c'est-à-dire comment un tout significatif peut être construit et comment il est relié à la signification des parties.

(ii) Ils doivent ensuite démontrer dans quel sens la dernière conclusion de Fodor et Pylyshyn est trompeuse. En d'autres mots, ils doivent montrer qu'il n'est pas évident que, dans un système à plusieurs niveaux, ce qui appartient spécifiquement à un niveau supérieur soit sans relation significative avec ce qui se passe au niveau inférieur. On doit montrer comment dans une représentation distribuée il y a bien une influence contraignante sur le fonctionnement du niveau supérieur à partir des niveaux inférieurs. A ce point, il faudra démontrer que les cognitivistes ont une conception trop simpliste de l'émergence.

Nous traiterons maintenant de ces deux questions, i.e. de l'interprétation de la syntaxe et de la sémantique, et de l'émergence de macro-structures signifiantes à partir de la dynamique entre micro-structures.

3.2. La relation entre le tout et les parties dans le connexionnisme : une *compositionnalité fonctionnelle*

Le but de cette section est de montrer que les modèles connexionnistes qui partent de représentations distribuées sont capables d'exprimer, d'une certaine façon, le fait que les états mentaux possèdent une structure compositionnelle, et peuvent, en tenant compte de certaines restrictions, rendre compte de la systématicité de la pensée. Ceci ne veut pas dire que le point de vue connexionniste sur la nature de la syntaxe, ou sur la relation entre syntaxe et sémantique, ou même sur la fonction d'une théorie cognitive, soit en tous points comparable à celui du paradigme classique. Quand on analyse les modèles connexionnistes, il est bon de savoir que les termes du débat étaient surtout fixés par les protagonistes du paradigme classique. Ceci ne fait qu'obscurcir et compliquer la délimitation d'une conception connexionniste indépendante.

Nous considérons deux cas : celui de la compositionnalité faible — dans lequel on peut montrer que la compositionnalité est proche de celle, concaténative, du paradigme classique — et celui de la compositionnalité forte — dans lequel on traitera de multiples rôles structurels qui peuvent être remplis. Dans le dernier cas, on aboutira à une autre forme de compositionnalité, nommée fonctionnelle.

3.2.1. Le cas de la compositionnalité faible

Comme nous l'avons vu, Fodor et Pylyshyn considèrent que les relations de constituance sont la plupart du temps directement reflétées dans, ou instantiées par, des relations assez littérales entre le tout et les parties. Rencontrons-nous cette relation dans une représentation connexionniste distribuée ?

Prenons l'exemple de la représentation distribuée d'une « tasse de café », comme nous le connaissons de la fameuse histoire de café de Smolensky. Smolensky dit que nous pouvons partir d'une représentation distribuée de « tasse de café » — exprimée comme le vecteur d'activité qui représente un pattern d'activité sur un groupe d'unités qui représentent des micro-propriétés de « tasse de café » (odeur brûlée, contenant en porcelaine, ayant une anse, liquide chaud et brun étant en contact avec la porcelaine, ...) — et en retirer une représentation distribuée d'une «tasse sans café» (contenant en porcelaine, ayant une anse, ...). Il en résulte alors, en tant que «constituant», une représentation connexionniste de «café» (liquide brun et chaud étant en contact avec la porcelaine, odeur brûlée, ...), qui est un vecteur composant du vecteur d'activité «tasse de café[19]».

Nous constatons que la représentation de «café» est bien une représentation de café, mais celle-ci reste toujours tributaire du contenant, de la tasse. On n'obtient jamais ainsi une représentation du café indépendamment du contexte. Nous assemblons la représentation de «tasse avec café» à partir de la représentation de «tasse», et la représentation de «café». Mais il y a aussi la représentation de l'interaction entre la tasse et le café. Il est, en d'autres termes, impossible de retrouver des constituants indépendants du contexte. Cette représentation n'est certainement pas équivalente à celle établie à partir d'une représentation de café et de tasse indépendamment du contexte et dont les composantes sont mises ensemble dans une structure symbolique.

D'un autre côté, il faut avouer que, dans ce cas de compositionnalité faible, la relation de constituance est bien une relation dans un seul même niveau, comme l'exigent Fodor et Pylyshyn : le vecteur composé de «tasse de café» est composé d'un vecteur qui peut être identifié comme une représentation distribuée de «tasse sans café» et d'un vecteur qui représente d'une façon particulière et distribuée le «café». La relation entre deux niveaux, celle entre le vecteur et ses éléments numériques individuels, n'est pas une relation de constituance, et n'est pas identifiée en tant que telle par Smolensky.

Les cognitivistes orthodoxes prétendent maintenant qu'il y a dans le connexionnisme une confusion entre le fait de posséder des micro-propriétés et le fait d'avoir des constituants : «Avoir une anse» n'est pas un constituant de «tasse» comme l'est «Marie» dans «Jean aime Marie[20]». Mais quelle est exactement la confusion à laquelle Fodor et Pylyshyn font allusion ?

Il est certainement vrai que des micro-propriétés ne sont pas des constituants littéraux de l'expression «tasse» au niveau conceptuel. Mais les connexionnistes ne le prétendent pas non plus. Leur réponse implique, toutefois, une autre interprétation de la relation entre les expressions au niveau conceptuel et les parties dont celles-ci sont composées. Il s'ensuit une autre conception de ce que sont des constituants, ainsi qu'un autre point de vue sur leur statut et leur fonction dans une théorie cognitive.

Nous savons que les cognitivistes orthodoxes soutiennent qu'il y a «une structure cérébrale qui s'accorde de façon stricte et récurrente avec l'expression TASSE au niveau conceptuel[21]». Les connexionnistes ne partagent pas ce point de vue. Les représentations internes connexionnistes (du moins celles dans l'histoire de café) «possèdent bien des parties sémantiquement interprétables qui jouent un rôle dans la structure actuelle causale de la manipulation — mais ces parties ne s'accordent pas avec les concepts et les relations visibles au niveau conceptuel. Les machines connexionnistes (...) possèdent une *micro-sémantique* compositionnelle[22]».

En ce qui concerne le statut d'explication des constituants dans une théorie cognitive, les connexionnistes croient que la seule notion de constituance dont ils aient besoin est «celle de classes d'unités codant des micro-propriétés, qui peuvent se recouvrir et qui sont capable de fonder un comportement systématique, c'est-à-dire qui permettent de reconnaître une tasse aussi bien dans le contexte de tasse et sous-tasse, que dans le contexte de tasse et assiette[23]».

De tout ceci, il devient clair, premièrement, que l'identification entre la structure de la pensée et la structure combinatoire caractéristique de systèmes conceptuels n'est pas évidente du tout. Selon plusieurs connexionnistes, Fodor et Pylyshyn conçoivent mal la nature de l'attribution de la pensée, et, par conséquent, interprètent erronément la signification de la systématicité. De plus, ils déduisent à tort un manque de structure compositionnelle et générative d'un manque de structure compositionnelle conceptuelle[24]. Le point de vue connexionniste va à l'encontre de cette approche : «bien que le réseau aboutisse à l'interprétation d'une expression complexe, l'état interne qui représente cette interprétation ne doit pas nécessairement permettre une décomposition claire en parties qui correspondraient d'une façon directe aux significations des parties de l'expression d'entrée. Par conséquent, (...) des réseaux de ce genre ne manifestent pas de structure constituante syntaxique comme celle des architectures classiques[25]». Ou encore, «des systèmes hautement distribués à base de micro-propriétés manifesteront certainement des tas de compétences comportementales systématiques, sans que cette compétence nécessite une explication en termes de compositionnalité au niveau conceptuel[26]». Les modèles connexionnistes mettent ainsi en doute la relation classique entre des états mentaux et le niveau conceptuel. Même si on est d'accord sur le fait que toute signification est mentale, ceci n'implique pas qu'une science de l'esprit classique soit un préalable pour la constitution d'une sémantique[27].

Deuxièmement, il apparaît clairement que la sensibilité au contexte de la structure conceptuelle n'est pas facile à réconcilier avec la constituance dans le sens de Fodor et Pylyshyn. A cet égard, il est bien vrai que la théorie connexionniste ne nous apporte pas, pour le moment, de véritable théorie des relations entre la signification d'expressions complexes et la signification des «constituants». Fodor a certainement raison de souligner que, dans l'approche de Smolensky, les vecteurs constituants qui sont sensibles au contexte impliquent apparemment que «les constituants n'apportent rien de leur contenu aux symboles auxquels ils appartiennent[28]». Il critique aussi à juste titre que Smolensky «ne nous donne *aucune indication* sur le genre de relations qui pourraient tenir entre les propriétés sémantiques des symboles complexes et les propriétés sémantiques des constituants que sa théorie reconnaît[29]». Le point de vue de Smolensky sur ce point est en effet assez faible. Il admet que la décomposition des états composés en constituants n'est pas définie de façon précise ou univoque. La relation de constituance, qui est classiquement une relation syntaxique entre le tout et les parties, n'est jamais qu'approximative. Elle est approximative parce que l'interprétation de l'état global, de même que celle de ses constituants, reste liée de façon inhérente à la manière de comprendre le réseau. La relation de constituance est importante pour analyser les modèles connexionnistes, sans faire partie du mécanisme de traitement. En d'autres mots, pour manipuler le vecteur qui représente «tasse de café», il n'est pas nécessaire de le décomposer en constituants. Les ambiguïtés émergent seulement pour ceux qui analysent le modèle et qui veulent le comprendre.

Les modèles connexionnistes n'apporteraient ainsi qu'une illustration du fait que la relation entre la signification d'entités linguistiques simples et l'interprétation d'expressions complexes pourrait être beaucoup plus complexe que les cognitivistes classiques ne l'ont cru jusqu'à maintenant. Les tentatives de rendre compte de façon plus précise de la relation entre les constituants connexionnistes et la systématicité du langage et de la pensée demeurent clairement insatisfaisantes. La question reste ouverte de savoir si les cognitivistes orthodoxes ont raison de dire que la dépendance du contexte de représentations internes implique l'impossibilité d'expliquer la systématicité et la productivité de la pensée et du langage.

3.3.2. *Le cas de la compositionnalité forte*

Smolensky n'a donc pas donné de réponse satisfaisante pour le cas de la compositionnalité faible. Mais il poursuit avec le cas de la compositionnalité forte, et transfère le débat dans ce nouveau contexte.

Déjà dans le cas précédent de la tasse de café, on pouvait observer que la façon dont le vecteur, codant la représentation distribuée de «tasse de café», a des vecteurs constituants représentant «tasse» et «café», est trop faible pour supporter toutes les façons de faire usage de la structure constituante. En particulier, on pourrait dire que l'on ne peut pas supporter l'inférence formelle parce que le vecteur qui représente «tasse» ne peut pas remplir différents rôles structurels, comme l'exige la syntaxe : «un vrai constituant peut remplir n'importe quel nombre de différents rôles dans différentes structures[30]».

Smolensky avait vu ce problème et il croit avoir trouvé la réponse dans les représentations du produit tensoriel. Celles-ci expriment la différence entre les rôles et ce qui vient les remplir. Ici, nous avons affaire au cas de la compositionnalité forte.

Une représentation basée sur le produit tensoriel est construite de la façon suivante :

(i) On spécifie d'abord un processus décompositionnel dans lequel les structures discrètes sont explicitement décomposées en un groupe de constituants, chacun d'eux remplissant un rôle dans la structure prise comme un tout. Cette étape n'est pas nécessairement connexionniste. Il s'agit seulement de spécifier la nature de la structure constituante qu'on veut représenter.

(ii) On spécifie alors deux représentations connexionnistes : une pour les rôles structurels (les actants) et une autre pour les constituants qui viennent les remplir (les "fillers"). Pour chaque occupant on assigne un vecteur dans l'espace de configuration d'un réseau pour représenter les fillers; similairement, on assigne à chaque rôle un vecteur dans l'espace de configuration d'un réseau représentant les rôles[31].

Alors, deux opérations très simples de la théorie des espaces de vecteurs sont employées pour générer la représentation d'une structure discrète particulière : l'addition et le produit. Le produit tensoriel indique que deux vecteurs, celui qui représente les occupants individuels (fillers) pour les rôles et celui qui représente les rôles, sont multipliés pour faire un nouveau vecteur. Une représentation d'un constituant est ainsi une représentation du rôle qu'il joue dans le tout. La représentation du tout est établie à partir de la représentation de ses constituants par l'opération de "superposition", ce qui revient à l'addition de vecteurs : le vecteur représentant le tout est simplement la somme des vecteurs représentant les parties, qui sont en fait des représentations sensibles aux rôles.

Comme illustration, nous pouvons mentionner la représentation de mots composés de quatre lettres en anglais[32]. Les mots peuvent être décomposés en rôles (i.e. les positions que les lettres peuvent occuper) et en choses qui viennent remplir ces rôles (les lettres). Dans une représentation du produit tensoriel, la machine connexionniste contiendra des vecteurs d'activité qui représentent les occupants (filler units), et des vecteurs d'activité qui représentent les rôles (role units). Elle contiendra aussi des vecteurs qui expriment l'activité d'unités qui dépendent de rôles (binding units, par exemple des lettres dans des positions particulières). L'idée clé est alors que les vecteurs d'activité sur les « binding units » sont le résultat du produit tensoriel de vecteurs d'activité sur les unités des rôles et les unités des occupants. La représentation d'un mot serait alors obtenue en faisant un vecteur à partir de la superposition sur les "binding units", c'est-à-dire en superposant les vecteurs du produit tensoriel.

Cette nouvelle façon de représenter la compositionnalité a des avantages certains en comparaison avec ce que nous avons constaté dans l'histoire du café. La relation entre le tout et les parties y était reflétée dans une relation entre un vecteur et des vecteurs qui en étaient les composants. La même chose est vraie pour la représentation du produit tensoriel, avec cette différence que nous pouvons identifier la représentation de chaque constituant comme dépendant d'un rôle, construite de façon systématique (à partir du « tensor product variable binding »), à partir d'une représentation de l'occupant indépendant du rôle et de la représentation du rôle indépendant de son occupant.

Nous pouvons donc conclure qu'une *compositionnalité fonctionnelle* est présente ici, et non pas seulement une compositionnalité concaténative[33]. Ce terme renvoie premièrement à l'existence de représentations qui sont des vecteurs dans un certain espace, des vecteurs qui décrivent le niveau d'activité d'un groupe d'unités. Deuxièmement, il existe dans ce cas des réseaux pour construire de façon systématique le vecteur approprié qui représente le tout quand on a les vecteurs qui correspondent aux constituants, et des réseaux pour le décomposer au moment voulu. La différence avec la compositionnalité concaténative, c'est principalement qu'on ne retombe pas sur des constituants pour dire qu'il existe des relations de constituance entre des représentations. La constituance est essentiellement due à la présence de processus généraux de composition et de décomposition. Ceci est en opposition avec les relations de constituance qui sont reflétées dans des relations plus littérales entre le tout et les parties.

Le problème essentiel avec ce genre de représentations est cependant de nouveau que nous n'avons aucune indication sur les relations qui pourraient exister entre les propriétés sémantiques des symboles complexes et les propriétés sémantiques des constituants que la théorie connexionniste prend en considération. La relation de constituance est de nouveau approximative parce que l'interprétation de l'état global, aussi bien que l'interprétation des constituants, est liée de façon inhérente à la façon dont le réseau est interprété. La constituance joue un rôle heuristique et interprétatif seulement, et ne fait pas partie du mécanisme de traitement de l'information. Smolensky avoue que les composants d'un vecteur complexe ne doivent pas correspondre à des patterns d'activité définis à partir d'unités fonctionnant dans la machine[34].

Ce point de vue a des conséquences majeures pour le statut de la causalité et de l'explication. En effet, si nous admettons que la théorie connexionniste est capable de modéliser les relations de constituance à base de processus de composition et de décomposition de vecteurs, la question concernant la causalité reste ouverte. Est-il possible de donner aux relations de constituance une efficacité causale afin de rendre compte de la systématicité de la pensée ?

C'était cette difficulté qui motivait d'abord Fodor et Pylyshyn pour critiquer les modèles connexionnistes. Dans le cas compositionnel fort de Smolensky, il n'y a pas d'algorithme en termes d'éléments sémantiquement interprétables qui puisse donner une description formelle et précise du comportement du système. Les vecteurs des constituants ne sont pas pertinents au niveau causal, parce que le vrai mécanisme qui gouverne le comportement du système est à situer ailleurs (dans les valeurs numériques, les valeurs d'activité des unités). Dans une représentation à compositionnalité fonctionnelle, il est impossible de construire le rôle causal d'une représentation composite comme une fonction directe des rôles de causalité des constituants.

Quelles solutions sont maintenant proposées pour ce genre de difficultés ?

On avance premièrement qu'une théorie de la cognition ne devrait pas avoir comme but de fournir les mécanismes appropriés pour les fonctions cognitives. Par conséquent, le rôle causal d'une représentation complexe ne doit pas être construit comme une fonction directe des rôles de causalité des constituants. En d'autres mots, «une structure cérébrale qui s'accorde de façon stricte et récurrente avec le niveau conceptuel» n'est pas requise[35]. Un des buts d'une théorie connexionniste est alors, comme nous l'avons déjà souligné, de chercher les classes appropriées d'unités encodant des micro-propriétés capables de fonder le comportement systématique. La critique de Fodor et d'autres, selon laquelle le produit tensoriel peut seulement *représenter* la structure constituante, sans que les produits tensoriels *possèdent* nécessairement cette structure constituante, perd ainsi sa pertinence[36].

Il s'agit alors de savoir non pas si une théorie connexionniste pourrait et devrait remplacer la théorie orthodoxe, mais s'il est possible d'élaborer au niveau dynamique les conditions nécessaires et suffisantes d'une théorie cognitive, i.e. s'il est possible de développer de cette façon une théorie cognitive pouvant rendre compte de la systématicité de la pensée et du langage, *comme manifestée dans le comportement du réseau.*

Dans ce contexte, on dit fréquemment qu'une théorie connexionniste de la cognition, en opposition avec une théorie classique, peut reconnaître «... par sa relation intime avec le connexionnisme et le cerveau, (...) l'importance d'études détaillées sur la machinerie qui soutient la performance humaine cognitive[37]». Les modèles connexionnistes veulent illustrer, entre autres, que «le fonctionnement cognitif n'est pas indépendant, et ne peut pas être compris, indépendamment des détails de la façon particulière dont la cognition est instantiée[38]». En accord avec ces idées, on accepte que les modèles connexionnistes sont cognitivement pertinents.

Pourtant, il faut bien avouer que, jusqu'à présent, les cognitivistes classiques semblent avoir raison en disant que cet «engagement général envers une authenticité neurologique[39]» a des implications assez minimales, et surtout philosophiques. La position philosophique correspondante est caractérisée par Smolensky comme *limitiviste*, et contient les idées suivantes : les modèles connexionnistes sont importants pour réduire et expliquer les descriptions symboliques, pour les rapprocher d'un niveau plus fin (formant ainsi une micro-théorie de la cognition), pour réduire le degré d'approximation nécessitée, pour enrichir les notions symboliques avec des notions du domaine continu[40].

Bien que cette caractérisation philosophique de la pertinence cognitive du connexionnisme soit en un sens éclairante, elle ne fait qu'apporter une justification pragmatique de ces modèles. Il paraît assez facile de critiquer l'approche logique de la syntaxe dans le cognitivisme orthodoxe, mais c'est tout à fait autre chose que de donner sa forme, dans une approche connexionniste, à une syntaxe qui serait de nature profonde, élémentaire, nécessaire, neurale, perceptive, ... (et non pas de nature objective et consciente), de laquelle la sémantique émergerait.

Un bref aperçu de quelques éléments d'une théorie émergentielle, et des exigences épistémologiques auxquelles elle doit satisfaire, peut aider à clarifier les difficultés qui semblent exister dans le connexionnisme d'aujourd'hui.

4. CONCLUSION : LA SOLUTION MORPHODYNAMIQUE ET SA STRATÉGIE EXPLICATIVE

Une solution possible pour quelques-uns des problèmes soulignés ici est présentée par Jean Petitot dans son approche morphodynamique. Nous ne pouvons en indiquer que très brièvement les points forts[41].

L'idée la plus innovatrice de Petitot est que la syntaxe est à identifier avec la manifestation morphologique externe du réseau, et qu'une syntaxe topologique doit être développée d'une façon véritablement émergentielle[42]. Ce point de vue émergentiel implique un important changement du statut de la syntaxe. Selon Smolensky, la syntaxe correspond à l'algorithme de manipulation, et réside strictement au niveau inférieur, tandis que la sémantique est à situer au niveau supérieur. Selon Petitot, tout ce qui est syntaxique est décrit au niveau supérieur comme structures stables, formelles, discrètes, sérielles. Développer une conception émergentielle en syntaxe revient donc pour lui à comprendre l'émergence de structures ou formes syntaxiques à partir des mécanismes dynamiques sous-jacents.

Alors, sa solution implique que nous devons étudier *la sémantique qui génère la syntaxe, et la syntaxe qui exprime la sémantique*. En termes connexionnistes : c'est la dynamique interne du réseau (la sémantique) qui génère causalement les manifestations externes (syntaxe), et ce sont les manifestations externes qui expriment les dynamiques internes. Par conséquent, le problème de la constituance se rapporte à la relation entre le fonctionnement d'une boîte noire sur laquelle on formule idéalement certaines hypothèses (on ne peut pas en ce moment établir des principes ni de lois pour la dynamique interne), et la façon dont cette boîte noire s'externalise.

En comprend mieux à présent pourquoi Smolensky n'arrivait pas à résoudre le problème de la constituance : il analysait surtout le côté sémantique du problème (l'analyse componentielle) et supposait que la systématicité de la pensée et du langage serait obtenue de cette façon. Comme nous l'avons montré, les questions sur la nature de la syntaxe, sur le niveau auquel il faut la situer, et sur la relation qu'elle entretient avec les structures sémantiques et perceptives, demeuraient en suspens.

La solution que Petitot propose pour ce dernier problème, c'est-à-dire l'émergence de formes sémantiques et leur relation avec les structures perceptives, a le mérite d'être généralement cohérente avec son approche morphodynamique. Il avance que les mécanismes dynamiques décrits au niveau inférieur sont en rapport avec le monde extérieur et avec les structures perceptives. Les structures de perception imposent certaines contraintes universelles aux structures grammaticales décrites au niveau supérieur. De plus, il accepte qu'une information existe qui est morphologiquement et qualitativement présente dans le monde externe, qui est d'une nature phénoménologique et qui, de plus, est *intrinsèquement significative*[43]. C'est cela précisément qui est impliqué par sa thèse d'une «naturalisation du sens», ou d'une «physique du sens». De cette façon, les niveaux «quasi-perceptifs» peuvent être pris en compte dans une théorie cognitive.

Son point de vue a donc l'avantage de nous offrir une théorie du second aspect de la représentation que nous avons mentionné au début, i.e. celui de l'émergence du contenu sémantique. Petitot montre que les réponses concernant la constituance et la compositionnalité sont intimement liées aux réponses concernant le contenu sémantique. Ceci n'implique évidemment pas que sa solution serait la seule valable pour résoudre les problèmes que les connexionnistes ou les cognitivistes classiques rencontrent aujourd'hui. Elle implique indubitablement une forme de clôture : il est accepté que les mathématiques de la théorie des catastrophes nous permettent d'établir un lien entre l'apparaître au niveau phénoménal et la réalité objective. L'émergence du langage (de la structure) est une émergence à partir d'un état de choses objectif[44]. Cette position philosophique réaliste n'est certainement pas la seule possible.

On a montré que les significations au niveau cognitif sont largement sous-déterminées par ce qui est de l'ordre de «l'intrinsèquement significatif[45]». Les contraintes qui interviennent dans le développement du langage et de la cognition n'ont pas nécessairement un caractère suffisant ou objectif. Elles sont d'une nature extrêmement sophistiquée — beaucoup plus sophistiquée que ce que des structures de perception peuvent nous apprendre. Le composant sémantique est constitué fondamentalement par une série d'actions et d'événements *sous une certaine description*. La causalité au niveau sémantique est une *causalité de dicto*, et non seulement une *causalité de re*[46]. A l'évidence qui est présentée dans ce contexte, il est impossible d'appeler définitive la solution réaliste de Petitot, autant dans un sens platonicien que dans un sens perceptif.

Par conséquent, on peut soupçonner que le pouvoir explicatif de la théorie morphodynamique sera insuffisant et trop général pour avoir un impact au niveau sémantique. Il y a donc lieu d'analyser la stratégie explicative qui peut être liée à cette approche morphodynamique et au connexionnisme qui pourrait s'ensuivre.

Pour Petitot, les conditions générales auxquelles devrait répondre une théorie émergentielle sont les suivantes : (i) nous devons partir d'hypothèses concernant la structure interne de la boîte noire (le cerveau), dont nous ne connaissons pas pour le moment le fonctionnement détaillé. C'est pourquoi nous devons poser que les bases neurophysiologiques du langage et de la cognition existent comme processus dynamiques de performance; (ii) il faut alors déduire de ces hypothèses des principes explicatifs pour les descriptions des structures formelles qui émergent au niveau supérieur à partir de la dynamique de performance; (iii) partant de ces descriptions, nous devons formuler les contraintes qui influencent les mécanismes génératifs producteurs (principe du relèvement phénoménologique)[47].

Soulignons deux choses :

1. *L'émergence n'est pas incompatible avec une réductibilité causale.* L'émergence se rapporte aux processus d'organisation qui produisent des structures macroscopiques qui, tout en étant causalement réductibles au niveau sous-jacent, manifestent des propriétés structurelles, invariantes et autonomes, qui sont essentiellement indépendantes de la structure fine sous-jacente[48].

2. Toutefois, la compatibilité entre émergence et réductibilité causale n'implique pas qu'on puisse conclure à la possibilité de *prédire* ce qui se passera au niveau supérieur à partir de la dynamique au niveau inférieur. C'est l'absence de prédictibilité qui a toujours été soutenue dans les conceptions traditionnelles sur l'émergence[49] : il est impossible de déduire ou de prédire une description des marques d'un niveau supérieur d'organisation sur la base d'une description à un niveau inférieur, même si on en a une connaissance complète. L'impossibilité de déduire est une conséquence de la structure logique des modèles physiques de l'explication, définis en termes de lois qui permettent de déduire l'explanandum à partir des conditions initiales.

Définie de cette façon, l'émergence est opposée à la micro-détermination, pour laquelle les parties déterminent le tout. Mais il est évident que la signification du concept d'émergence dépend de ce qui est considéré comme connaissance complète, et de la façon dont les niveaux inférieurs et supérieurs sont définis. De plus, la prédictibilité dépend de l'existence d'une "bridge-law" qui relie les états au micro-niveau aux états au macro-niveau[50].

Posons donc cette question pour les théories morphodynamiques. Quelles sont les implications épistémologiques de la "bridge-law" morphodynamique ? Dans la mesure où la théorie morphodynamique se réfère à la théorie des catastrophes, il est plausible de distinguer clairement prédiction et explication. La théorie des catastrophes sert à autre chose qu'à l'action ou à la prédiction, dans la mesure où celles-ci sont liées aux modèles quantitatifs. Elle sert l'intelligibilité et la compréhension, beaucoup plus que l'explication prédictive[51]. Même si l'on considère la théorie morphodynamique comme une théorie classificatoire qui vise à développer une forme affaiblie de réductionnisme, elle reste toujours descriptive. S'il y a réductionnisme, il s'agira toujours d'un réductionnisme ex-post : on peut éventuellement «déduire» les propriétés du système en partant de ses éléments, mais on peut seulement le faire après avoir obtenu assez de connaissance sur le système dans son ensemble[52].

En partant de ces quelques clarifications épistémologiques, on comprend mieux que les questions sur la constituance et la systématicité et celles sur l'émergence du contenu sémantique ne sont pas aussi dissociées qu'on a souvent tendance à le croire. Nous avons montré, à partir des critiques morphodynamiques, que dans une interprétation formaliste symbolique des phénomènes mentaux il n'y a pas moyen de relier les structures symboliques aux propriétés physiques, perceptives ou neuronales. Il n'y a donc pas moyen d'expliquer véritablement la systématicité de la pensée et du langage. Toutefois, même si l'importance épistémologique de l'émergence du contenu sémantique est reconnue, comme c'est le cas dans les modèles actuels connexionnistes, il est encore nécessaire de développer une théorie sur les phénomènes émergents, sur la nature de l'entrée perceptive et sa relation avec des constituants dont la nature dépend du contexte. De plus, il est nécessaire d'expliciter la nature de la causalité et de l'explication qui correspond à ce point de vue émergentiel.

L'analyse du rôle de l'explication dans une théorie émergentielle suggère, d'abord, qu'on devrait aspirer à redéfinir les problèmes qui se posent au niveau de la causalité *de re* en termes de causalité *de dicto*. Deuxièmement, nous devons constater ici l'affaiblissement du pouvoir de fonder, c'est-à-dire du pouvoir de développer des explications en termes de raisons suffisantes[53]. Les difficultés qu'on rencontre par rapport à l'explication et la causalité nous suggèrent que, au lieu de se placer du côté de la recherche des fondements, on pourrait sans doute gagner à considérer le monde comme quelque chose qui ne contient pas nécessairement le mode sur lequel il doit être pris en compte. Au contraire, il nous oblige à chaque fois de redéfinir les termes de la relation entre problème et solution.

NOTES

[1] Cf. Andler, 1986; Fodor & Pylyshyn, 1988; Rumelhart, McClelland & The PDP Research Group, 1986, 1986a.

[2] Cf. Smolensky, 1991, p. 202.

[3] Pour les caractéristiques fonctionnelles et dynamiques des réseaux connexionnistes, voir Smolensky, 1988, 1991; Andler, 1986a; Beale & Jackson, 1990.

[4] On ne met plus en doute aujourd'hui que la plupart des connexionnistes, et certainement ceux du Parallel Distributed Processing (PDP), acceptent une forme de représentationnalisme : même si les états internes d'un système connexionniste sont d'une nature plus fine, ils traitent bien de quelque chose. Cf. Fodor & Pylyshyn, 1988, p. 7 et suiv. Voir aussi Cummins, 1991; Goschke & Koppelberg, 1991. Pour le PDP, voir Rumelhart, McClelland & The PDP Research Group, 1986, 1986a.

[5] Cf. Fodor & Pylyshyn, 1988; Fodor & McLaughlin, 1990; Smolensky, 1987, 1988, 1991.

[6] Cf. Fodor & Pylyshyn, 1988, p. 12 et suiv.; Smolensky, 1991, p. 205 et suiv.; Petitot, 1991; Goschke & Koppelberg, 1991, p. 136 et suiv.

[7] Cf. Goschke & Koppelberg, 1991, p. 137; Smolensky, 1991, p. 205.

[8] Selon Fodor et Pylyshyn, la "vraie constituance" est celle où les relations de constituance sont reflétées dans des relations très littérales entre le tout et les parties : le symbole «Marie» est littéralement une partie du symbole «Jean aime Marie», tout comme l'expression logique ((P&Q)&R) contient, d'une façon très concrète, un "token" du type (P&Q). Dans ce cas, on peut dire que *la compositionnalité est concaténative*. Cf. Van Gelder, 1991, p. 363 et suiv.; Fodor & Pylyshyn, 1988, p. 205. Voir aussi Fodor & McLaughlin, 1991.

[9] Cf. Fodor & Pylyshyn, 1988, p. 42.

[10] Newell, 1980.

[11] Fodor & Pylyshyn, 1988, p. 14. Voir aussi Goschke & Koppelberg, 1991, p. 137 et suiv.

[12] Cf. Van Gelder, 1991, p. 366 et suiv.; Fodor & Pylyshyn, 1988, p. 12 et suiv.

[13] Fodor & Pylyshyn, 1988.

[14] Une architecture renvoie à la description des fonctions du système qu'on souhaite représenter dans un programme. Fodor et Pylyshyn diront qu'une architecture cognitive consiste dans «la classe d'opérations fondamentales, ressources, fonctions, principes, etc., dont le domaine et la portée sont les états représentationnels de l'organisme». *Ibidem*, 1988, p. 10, notre traduction. Une implémentation renvoie à une description structurelle qui permet de réaliser ces fonctions. Vandamme, Hellinck & Mortier, 1988.

[15] Smolensky, 1991. Voir aussi Van Gelder, 1991a.

[16] Van Gelder, 1991, p. 373, 1991a, p. 41. Ceci est fondamentalement différent dans des représentations localistes, qui sont discrètes, séparées, et qui ne peuvent se recouvrir. En effet, dans une représentation localiste, l'interprétation est assignée à des unités individuelles. Chaque entité significative est représentée par l'activité d'une seule unité.
[17] Le critère de complexité est assez minimal : les interactions doivent être plus complexe que purement linéaires. Smolensky, 1991, p. 96.
[18] Cummins, 1991, p. 96, notre traduction.
[19] Pour une description détaillée de l'histoire de café : Smolensky, 1991, p. 206-212.
[20] Fodor & Pylyshyn, 1988, p. 21.
[21] Clark, 1991, p. 206, notre traduction.
[22] *Idibem*, p. 206, en italiques dans le texte, notre traduction. Une micro-sémantique concerne le niveau des morphèmes, i.e. les signes minimaux auxquels une signification peut être attribuée. Dans les modèles connexionnistes, les constituants d'une nature fine auxquels s'applique la micro-sémantique, sont appelés des sub-symboles, et correspondent, comme nous l'avons vu, aux activités des unités individuelles. Cf. Rastier, 1991, p. 110-113.
[23] Clark, 1991, p. 207, notre traduction.
[24] *Ibidem*, p. 201 et suiv.
[25] Goschke & Koppelberg, 1991, p. 150, notre traduction.
[26] Clark, 1991, p. 205, notre traduction.
[27] Cf. les critiques de Rastier, 1991, p. 113 et suiv.
[28] Fodor & McLaughlin, 1991, p. 338, notre traduction.
[29] *Ibidem*, p. 338, en italiques dans le texte, notre traduction.
[30] Smolensky, 1991, p. 212, notre traduction.
[31] Smolensky, 1991, p. 212.
[32] Fodor & McLaughlin, 1991, p. 343.
[33] Van Gelder, 1991, p. 212.
[34] Smolensky, 1991, p. 220-222 et p. 227.
[35] Clark, 1991, p. 206, notre traduction.
[36] Fodor & McLaughlin, 1991, p. 347.
[37] Van Gelder, 1991a, p. 57, notre traduction.
[38] *Ibidem*, p. 56, notre traduction.
[39] *Ibidem*, p. 56, notre traduction.
[40] Smolensky, 1991, p. 219 et suiv.
[41] Cf. Petitot, 1985, 1985a, 1985b, 1990, 1991. Pour une analyse plus détaillée, cf. Van de Vijver, 1993.
[42] Le morphologique peut être interprété de deux façons : il peut être décrit par un substrat matériel ou par un substrat sémantique. Dans le premier cas, on traite de l'émergence de l'organisation ; dans le second, on étudie l'émergence de la signification et du sens, et plus en particulier, la *morpho*génèse du sens. La relation entre les substrats symbolique et sémantique est à comparer avec la relation entre organisation et matière. Petitot croit qu'il existe une solidarité fondamentale entre les phénomènes critiques qui sont décrits par la physique et la thermodynamique, les phénomènes biologiques de morphogénèse, organisation et régulation, et les phénomènes linguistico-sémantiques (le niveau symbolique) comme caractérisés dans le structuralisme en termes de position, relation, qualité, singularité... Cette solidarité permet selon lui de définir et de décrire mathématiquement un niveau autonome, celui du morphologique, caractérisé par les contraintes qui sont largement indépendantes du substrat. Elle permet aussi de faire le lien entre l'apparaître qualitatif (perceptif), le langage naturel et la reconstruction mathématique.
[43] Petitot, 1990, p. 145.
[44] Cf. Bernard-Weil, 1985, p. 6-7 ; Van de Vijver, 1986.

[45] Cf. Piatelli-Palmarini, 1989, 1990.
[46] *Ibidem*, p. 71-72.
[47] Cf. J. Petitot, 1985, 1990, 1991a.
[48] J. Petitot, 1990, 1993; J. Searle, 1990.
[49] Cf. Nagel, 1979, p. 366-380; Klee, 1984.
[50] Nagel a introduit ces lois comme prémisses supplémentaires dans la réduction du macro-niveau au micro-niveau. Ces prémisses servent à relier les vocabulaires des théories par rapport auxquelles on veut opérer une réduction, vocabulaires qui sont différents puisqu'il y a changement d'objet pertinent. Nagel, 1979, p. 372.
[51] Thom, 1991, p. 30 et suiv.
[52] Cf. Roth & Schwegler, 1990.
[53] Cf. nos discussions avec Isabelle Stengers.

Chapitre 5
De l'intelligence formelle
à l'intelligence artificielle
D. LAMBERT

1. CLARIFICATIONS PRÉLIMINAIRES

Le but de notre réflexion est de montrer qu'il existe une différence importante et souvent oubliée entre intelligence artificielle et intelligence formelle. La première renvoie en toute généralité aux systèmes produits par l'homme et visant à reproduire ou à imiter l'intelligence humaine. La seconde spécifie des systèmes qui, voulant imiter l'intelligence humaine, s'identifient strictement à un langage formel.

Les questions relatives à l'intelligence artificielle ou formelle doivent être replacées dans un réseau de problématiques complexes qui ne peuvent être purement et simplement confondues. Ce réseau se construit autour des concepts suivants : la pensée, le cerveau, la machine, l'homme et l'animal. Ainsi, on pourra aborder les questions relatives à l'intelligence artificielle en faisant apparaître des liens entre la pensée et le cerveau, entre le cerveau et une machine, entre la pensée et les productions d'une machine, entre la pensée humaine et la « pensée » animale (en spécifiant ce que l'on entend par ces termes), etc. Tous ces liens nécessitent des approches spécifiques et induisent des approches très différentes de l'intelligence. Pour illustrer ce fait considérons les différentes manières de comparer le cerveau et les « machines formelles ». Nous pouvons partir du cerveau biologique et essayer de construire une machine dont la structure rappelle celle du cerveau ou de l'un de ses constituants. La constitution de neurones formels et plus généralement de réseaux de neurones est à situer dans cette perspective[1]. Une autre manière d'envisager les rapports entre les «machines formelles» et le cerveau est d'abandonner la stratégie de la ressemblance formelle. Devant la complexité du cerveau, il ne s'agit plus de construire son «analogue mécanique». Il s'agit au contraire de partir d'une machine dont on maîtrise les caractéristiques technologiques et de voir dans quelle mesure ses productions reproduisent certaines caractéristiques des productions cérébrales. L'idée implicite à cette manière de voir les choses est que l'intelligence est d'une certaine manière indépendante du substrat biologique celui-ci pouvant être remplacé par des structures électroniques ou autres. Les travaux sur les réseaux d'automates booléens participent de ce présupposé[2]. Les deux exemples que nous venons d'examiner illustrent quelque peu la complexité de l'approche des liens qui se tissent entre le cerveau humain et les machines. Il en irait de même pour toute étude des rapports entre les différents pôles qui structurent le réseau que nous évoquions ci-dessus. Nous ne pouvons donc pas espérer clarifier ici toutes ces facettes de l'intelligence et de ses artefacts. Nous nous bornerons à préciser quelques différences irréductibles qui semblent s'insinuer entre la pensée humaine et les langages formels.

2. UNE FORMALISATION COMPLÈTE DE LA PENSÉE EST-ELLE POSSIBLE ?

Par définition, la pensée est formalisable si toutes ses productions peuvent être identifiées à des ensembles d'expressions bien formées d'un système ou langage formel. Pour saisir le sens de cette définition il importe de préciser ce que l'on entend par langage formel[3].

Un langage ou système formel est caractérisé par les données suivantes :

(1) un ensemble de symboles. Ceux-ci constituent les «briques élémentaires» à partir desquelles on peut construire le langage formel. L'arithmétique élémentaire considérée en tant que langage formel utilise les symboles suivants : 0, 1, ..., +, -, x, : , (,), ...

(2) un ensemble d'expressions bien formées (EBF). Parmi toutes les suites possibles de symboles on précise celles qui ont un sens pour le langage. Ces suites sont appelées les EBF du langage formel. Ceci peut se faire au moyen de règles précises que l'on appelle règles de syntaxe. Ainsi, 1+5=- n'est pas une EBF de l'arithmétique élémentaire alors que 1+0=23 en est une.

(3) un ensemble d'axiomes. Ceux-ci sont des EBF particulières que l'on prend comme point de départ. La commutativité de l'addition : («x+y=y+x») est un des axiomes de l'arithmétique élémentaire (c'est-à-dire celle qui s'intéresse aux nombres entiers naturels).

(4) un ensemble de règles de déductions. Celles-ci précisent la manière dont on peut engendrer des EBF à partir des axiomes. Cet engendrement est appelé déduction ou inférence. Les règles de la logique des propositions en sont un exemple.

(5) un ensemble de règles d'effectivité. Ces dernières assurent que des opérations essentielles du langage (reconnaissance des EBF qui sont des axiomes, engendrement des EBF à partir des axiomes, ...) sont réalisables pas à pas en un temps fini.

Un **théorème** d'un langage formel est par définition la dernière EBF d'une déduction réalisée à partir des axiomes. Un axiome est donc un théorème trivial de son langage formel.

L'idée d'une formalisation complète de la pensée est fondée sur l'intuition que celle-ci fonctionne comme une machine. Une machine est au fond un système qui traite de l'information grâce à un ensemble discret et fini d'opérations. Si cette formalisation est possible il s'ensuit donc que tout exercice de la pensée humaine est isomorphe à la mise en évidence d'opérations dans un langage formel donné. Cette mise en évidence implique donc la recherche d'axiomes appropriées et la déduction effective de théorèmes. Nous allons voir que cette formalisation n'est pas entièrement réalisable car, par principe, certaines opérations cognitives échappent au champ de la formalisation.

Depuis Gödel, nous savons que dans tout langage formel qui contient au moins l'arithmétique élémentaire il existe au moins une EBF indécidable[4]. L'indécidabilité signifie que cette EBF n'est pas un théorème et que sa négation logique n'est pas non plus un théorème. De manière intuitive, on pourrait dire que le langage formel ne parvient pas à donner une réponse à toutes les questions qu'il suscite. En fait cela revient à dire que la «base» axiomatique est toujours trop limitée pour parvenir à saisir toute la richesse noétique visée dans la constitution d'un système formel suffisamment évolué que pour contenir l'arithmétique élémentaire. De telles EBF ou leur négation logique peuvent à leur tour être prises comme axiomes d'un langage formel plus large dans lequel, d'ailleurs, réapparaîtront de nouvelles EBF indécidables. Le langage formel initial ne peut être d'aucun secours pour nous dire si l'EBF (ou sa négation) doit être prise comme axiome. Cela ne peut découler que d'un choix non dicté par le seul formalisme. Il en va de même pour le choix des axiomes qui, conditions nécessaires pour l'existence d'un système formel, ne peuvent être spécifiés par des arguments strictement formels. Il y a dans la pensée une dimension de liberté que ces choix traduisent et à laquelle la définition et les caractéristiques mêmes du langage formel s'opposent inéluctablement. En effet, celles-ci sont construites de telle manière qu'elles thématisent l'idée d'une nécessité (logique) et il semble dès lors antithétique de décrire une liberté dans un système dont la caractéristique essentielle est la nécessité.

La constitution d'un langage formel ne va pas sans l'idée d'une exigence de consistance. Cette idée signifie que dans le langage certaines EBF ne sont pas des théorèmes ou en d'autres termes que toutes les EBF ne sont pas le produit de déductions à partir des axiomes[5]. Ceci revient à dire qu'une EBF et sa négation logique ne peuvent pas être des théorèmes du langage formel (exigence de non-contradiction). Cette exigence fondamentale de la pensée ne peut être établie en tant que théorème. En effet, il découle du théorème de Gödel évoqué ci-dessus que tout langage formel qui contient au moins l'arithmétique élémentaire ne peut démontrer sa propre consistance. L'idée de consistance de la pensée échappe donc en partie à la formalisation.

Une pensée authentique ne peut se départir de l'idée de vérité. Or, les langages formels ne peuvent définir de manière adéquate ce que renferme l'intuition de vérité d'une proposition. La traduction de cette intuition dans un langage formel peut être effectuée grâce à la théorie des modèles[6]. Un modèle d'un langage formel est une sorte d'interprétation de ce dernier dans un domaine d'objets particuliers. Dans un tel modèle tous les axiomes du langage s'interprètent comme des énoncés vrais. La vérité est ici envisagée comme la satisfaction des axiomes et de tous les théorèmes dans une situation particulière. Il s'agit en fait d'un essai de formalisation de la «vérité-correspondance» où le rôle du «réel» est joué par le modèle et celui de «l'intellect» par le système formel. Cependant, cet essai est inadéquat car le théorème de Gödel peut se retraduire dans le cadre de la théorie des modèles en disant qu'il existe des EBF qui s'interprètent comme vraies dans un modèle d'un langage formel mais qui ne sont pas pour autant déductibles de ses axiomes. La richesse du concept intuitif de vérité, indispensable à toute pensée, ne peut donc être épuisée par celui de démontrabilité. De plus, des résultats dus à Löwenheim et Skolem[7] montrent qu'un langage formel peut avoir un grand nombre, voire une infinité, de modèles inéquivalents. Un système formel n'est donc pas en mesure de fixer univoquement un modèle qui jouerait le rôle du «réel», mesure de la vérité de son axiomatique.

Le logicien polonais Tarski[8] a montré, quant à lui, que le concept de vérité-correspondance ne pouvait être décrit dans le cadre de l'arithmétique. La vérité n'est donc pas une propriété formelle découlant de l'axiomatique des nombres naturels.

Il existe certains langages formels pour lesquels tous les modèles sont équivalents en un certain sens[9]. Ces langages sont dits complets. A toute EBF qui s'interprète comme vraie dans un modèle correspondent des «vérités» dans les autres modèles. Or, et cela est tout-à-fait étonnant, il peut se faire qu'on ne puisse pas *énoncer* ces vérités dans certains des modèles. Il existe donc des situations où un contenu de vérité existe sans être énonçable dans un modèle donné. Tout se passe comme si un «contenu de vérité» était, par principe, transférable d'une interprétation à l'autre du langage formel sans qu'il y soit pour autant exprimable. Pour illustrer ce genre de situation, disons simplement que certaines théories axiomatiques trouvent une interprétation naturelle en termes de nombres naturels. Par la complétude de ces théories (qui est une propriété logique) on sait que ces théories peuvent avoir aussi une interprétation équivalente du point de vue géométrique. Cependant, il n'est pas évident de pouvoir traduire directement une propriété arithmétique en termes d'entités géométriques. Ces considérations nous amènent donc à reconnaître qu'il existe des contenus authentiques de vérité qui ne sont pas nécessairement susceptibles d'expressions formelles directes.

La pensée n'est donc pas totalement formalisable et cela pour plusieurs raisons.

(1) Le choix des axiomes d'un système formel n'est pas formalisable dans ce système sous peine de pétition de principe.

(2) L'intuition conceptuelle visée dans la constitution d'un langage formel n'est pas épuisable par une «base finie» d'axiomes. Certaines questions sont donc indécidables par rapport aux données contenues dans l'axiomatique définissant le langage formel.

(3) Certaines nécessités fondamentales de la pensée comme le principe de non-contradiction ou la prétention à la vérité ne peuvent recevoir une place adéquate au sein d'un langage formel.

Ces raisons peuvent se comprendre si l'on fait remarquer que l'identification «pensée-système formel» conduit à faire de tout acte de pensée une procédure mécanique c'est-à-dire un processus discret réalisé en un temps fini. Or rien ne vient nous assurer que toute intuition, par exemple, peut être adéquatement décrite par un nombre fini d'étapes. Il suffit de songer à l'intuition d'infini en mathématique pour être convaincu du contraire. La pensée intuitionne le continu, l'infini, sans recourir à des discrétisations. La pensée ne suit donc pas toujours une démarche algorithmique comme l'a très bien illustré Penrose[10]. Pour comprendre la pensée et l'intelligence il ne faut donc pas seulement recourir à des démarches analytiques, discrètes, finies et donc mécaniques ou algorithmiques. Il faut tout autant faire appel à des approches synthétiques, continues et impliquant l'infini.

La formalisation complète de la pensée n'est pas satisfaisante, elle ne nous offre qu'un aspect intéressant mais limité de l'acte de pensée. Aucune machine algorithmique ne peut donc, par principe, épuiser le phénomène de la pensée.

3. DE LA PENSÉE FORMELLE À LA PENSÉE ARTIFICIELLE

Une pensée totalement formalisée n'est pas adéquate puisqu'elle ne parvient pas à épuiser ce que nous connaissons de la pensée humaine. On peut toutefois se demander s'il n'existerait pas quand même un artefact dont les productions seraient isomorphes à celles de la pensée. Il est clair que ce genre d'artefact ne pourrait être une machine au sens usuel du terme. Mais alors, comment pouvons-nous le caractériser ?

Revenons un moment à notre pensée. Un système formel ne peut justifier le principe de non-contradiction. Cependant, nous savons depuis Aristote[11] qu'il est possible de le faire par un argument de réfutation. Si nous objectons contre ce principe, nous nous mettons en auto-contradiction car nous ne supposons pas que le principe de non-contradiction est en même temps vrai et faux, sinon nous n'aurions pas besoin d'objecter. Si nous pouvons formellement (au niveau du langage) nous opposer au principe de non-contradiction il n'en va pas de même au niveau pragmatique. Les caractéristiques propres à l'acte même de l'objection montrent qu'on ne peut échapper à un tel principe. Remarquons bien qu'il ne s'agit pas ici d'une dérivation formelle du principe de non-contradiction. Celle-ci induirait **ipso facto** une pétition de principe. Il s'agit en fait d'une méthode qui permet de *légitimer* le principe de non-contradiction; en tant que nécessité de notre pensée, en se référant aux *conditions d'énonciations pragmatiques* de cette pensée. Ce point est crucial pour notre propos car la justification d'une nécessité de la pensée est ici réalisée par l'analyse des conditions de possibilité d'un acte. Or l'analyse de l'acte nécessite le rapport à une dimension extra-langagière que nous pourrions appeler la «corporéité» de la pensée. C'est en effet dans l'épaisseur biologique d'un corps que l'acte devient ce qu'il est. Et c'est par cet acte que se manifeste la légitimation des nécessités propres à la pensée.

La pensée n'est pas purement formelle, disions-nous. Cependant, cela n'est pas encore une objection radicale contre toute pensée artificielle car on peut envisager un artefact non strictement isomorphe à un système formel. Il apparaît maintenant que cet artefact devrait être articulé à «un corps» car la pensée humaine ne se comprend vraiment dans toutes ses nécessités que par l'articulation à la corporéité. C'est, pourrait-on dire, l'inscription d'une pensée dans un corps, dans **son** corps qui rend possible l'auto-justification de ses nécessités.

Si la pensée était totalement indépendante de son substrat corporel il ne serait plus possible d'effectuer l'auto-réfutation dont nous venons de parler. En effet, plusieurs inscriptions inéquivalentes de l'acte de pensée seraient alors possibles et ce qui est pragmatiquement auto-contradictoire dans un cas pourrait très bien ne pas l'être dans l'autre. Ainsi, c'est le lien privilégié d'une pensée à **son** corps qui permet de cerner au mieux les dimensions de la pensée humaine.

Il est important de scruter les caractéristiques de ce lien privilégié. Ce lien peut être décrit comme résultant d'une émergence. La pensée émerge en effet en tant que corrélat d'un cerveau hautement complexe. De plus, cette émergence ne se fait pas instantanément. Elle est le fruit d'une histoire évolutive longue et tâtonnante. Le lien de la pensée au corps, lien qui exclut la formalisation totale de l'activité noétique, ne peut donc se comprendre qu'en se référant à toute l'histoire d'une émergence. Or, cette histoire est unique et non-reproductible En effet, l'évolution est constituée d'une série de bifurcations étalées sur une échelle de temps qui échappe à notre expérimentation. La pensée est une histoire unique, originale, elle est la sédimentation et la convergence d'un ensemble d'éléments qui sont aujourd'hui hors de notre portée. Vouloir construire un robot dont la pensée est identique à celle de l'homme est aussi difficile que de vouloir reproduire fidèlement **notre** univers dans une expérience de laboratoire.

La pensée humaine ne peut être singée par les opérations et les productions d'une «machine formelle». Elle ne peut pas être reproduite par un artefact car la pensée se définit par un lien unique et historique à un corps. Si l'on tente de faire sourde la pensée d'une expérience similaire à celle de Miller pour les acides aminés, on n'engendrera qu'une **autre** «noo-microsphère». La pensée n'a pas seulement une histoire, elle *est* une histoire dont la compréhension fait référence à tous les choix et hésitations singuliers et contingents d'une dynamique évolutive. L'intelligence artificielle ne peut être identifie à la pensée comme telle car elle n'est aucunement marquée par la temporalité. Ceci nous amène donc à la problématique qui nous occupe. Si la pensée ne peut se saisir sans la resituer comme l'histoire, on pourrait se demander s'il existe une véritable science de la pensé humaine.

La seule science capable de prendre en considération ce qu'est la pensée est celle qui en scrute les racines et refuse d'en figer la dynamique dans un éternel présent cristallisé sous les formes d'un mécanisme. Mais cela signifie que la seule science capable d'appréhender la pensée est une philosophie de la nature.

Notre réflexion nous amène donc aux conclusions suivantes :

(1) L'intelligence artificielle reste nécessairement à distance de l'intelligence humaine dans la mesure où elle se coupe d'une corporéité. La transcendance de la pensée humaine n'est pas liée à une indépendance par rapport à un substrat biologique. Au contraire c'est la dépendance d'avec la biosphère et d'avec un corps qui est la condition nécessaire de la transcendance de la pensée. Sans cette biosphère et ce corps la pensée ne serait qu'une idée, un formalisme.

(2) La pensée humaine est une histoire singulière et à ce titre elle reste non-reproductible par un quelconque artefact. La pensée est l'histoire d'une liberté qui s'affirme sur fond de nécessité. Elle ne peut donc révéler toute ses virtualités qu'au travers d'une cosmologie philosophique.

Les recherches sur l'intelligence artificielle ont trop insisté sur le caractère formel et logiquement déterminé de la pensée. Il serait temps qu'elles redonnent place à la contingence et à la liberté. Si des automates veulent singer la pensée humaine dans certaines de ses caractéristiques, il faudra qu'ils intègrent un indéterminisme fondamental et une dimension historique. Notre contribution aura atteint son but si elle parvient à motiver la recherche d'une intelligence artificielle intégrant la dimension historique et l'indéterminisme.

NOTES

[1] Cf. E. Davalo, P. Naim, *Des réseaux de neurones*, Paris, Eyrolles, 1989.
[2] Cf. S.A. Kauffman, *The Origin of Order. Self-organization and selection in evolution*, Oxford University Press, 1993.

³ Cf. J. Ladrière, « Les limites de la formalisation » in *Logique et connaissance scientifique* (sous la dir. de J. Piaget), La Pléiade, Paris, Gallimard, 1967, p. 312-333.
⁴ Cf. R. Smullyan, *Les théorèmes d'incomplétude de Gödel* (trad. M. Margenstern), Paris, Masson, 1993.
⁵ Cf. G. Hottois, *Penser la logique. Une introduction technique, théorique et philosophique à la logique formelle*, Bruxelles, De Boeck, 1989, p. 17 et 81-82.
⁶ Cf. J.N. Crossley, C.J. Ash, C.J. Brickhill, J.C. Stillwell, N.H. Williams, *What is Mathematical Logic?*, New York, Dover, 1990, p. 20-30.
⁷ J.N. Crossley, ..., *op. cit.*, p. 6, 20, 29 et 73.
⁸ Cf. E. Mendelson, *Introduction to Mathematical Logic*, New York, D. Van Nostrand, 1979, p. 166.
⁹ Une étude approfondie mais non-technique de cette équivalence peut être trouvée dans l'ouvrage suivant : H. Sinaceur, *corps et Modèles*, Paris, Vrin, 1991.
¹⁰ R. Penrose, *The Emperor's New Mind. Concerning computers, minds and the laws of Physics*, Oxford University Press, 1989, p. 416-418.
¹¹ Aristote, Métaphysique 4. Cf. à ce propos : B. Cassin, M. Narcy, *La décision du sens*, Paris, Vrin, 1989 et G. Isaye, *L'affirmation de l'être et les sciences positives*, Paris-Namur, Lethielleux-P.U.N., 1987.

# Troisième partie

NEUROSCIENCES

Chapitre 6
Neurones, architectures cognitives et intentionnalité

M. CROMMELINCK

1. OUVERTURE - LES SCIENCES COGNITIVES : UNE ÉPISTÉMOLOGIE EXPÉRIMENTALE

Le champ des sciences cognitives apparaît aujourd'hui comme une matrice très féconde au sein de laquelle se développe, d'une manière efficace et parfois teintée de triomphalisme, une approche empirico-formelle de l'esprit. Le terme «empirico-formel» qualifie le type de démarche à la faveur de laquelle l'objet de savoir se construit. La détermination de la démarche méthodologique est essentielle dans la définition d'une science. Comme le notait Heidegger dans *Qu'est-ce qu'une chose?*, «*la démarche, c'est-à-dire la manière dont nous suivons les choses de près* (μεθοδοσ), *décide par avance de ce que nous découvrons dans les choses en fait de vérité. La méthode n'est pas une pièce d'équipement de la science parmi d'autres, c'est sa teneur fondamentale, à partir de laquelle se détermine avant toutes choses ce qui peut devenir objet et comment cela le devient*[1].» Les sciences cognitives, se démarquant de l'approche spéculative et des positions a priori caractérisant le plus souvent les philosophies traditionnelles de l'esprit, sont constituées aujourd'hui par un large faisceau de disciplines qui, pour la plupart, mettent en œuvre tout à la fois un langage empirique et un langage théorique. De manière générale, on peut penser que, depuis le milieu du XVIIe siècle avec la naissance de la physique, les sciences naturelles ont promu un mode particulier d'intelligibilité du réel grâce à une constante dialectique entre ces deux discours[2]. *Le langage empirique* est constitué de termes qui se réfèrent à des entités (des objets et leurs propriétés) observables soit directement, soit — et le plus souvent — par la médiation de dispositifs logiques et techniques permettant d'interroger systématiquement le réel; ce langage est ainsi lié préférentiellement à la technique expérimentale. *Le langage théorique* quant à lui, non réductible à ce qui est donné dans l'observation ou dans l'expérience, tente d'articuler, de manière formelle, un ensemble d'hypothèses concernant les relations d'ordre général qui peuvent exister entre les entités et propriétés naturelles. La théorie, comme ensemble formalisé d'hypothèses, apparaît comme une précompréhension du domaine exploré, comme une anticipation de l'intelligibilité opératoire, ou formelle, sur le fait expérimental[3]. Ce caractère anticipatif de l'hypothèse théorique sur le fait brut et opaque prend sa source dans l'intuition poïétique du sujet connaissant, poïétique étant ici à entendre au sens platonicien du terme. Dans le *Banquet*, Platon détermine en effet le sens de poïèsis par l'idée d'un acte de création, d'une production : «*Tu sais que l'idée de création (poïèsis) est quelque chose de très vaste : quand en effet il y a, pour quoi que ce soit, acheminement du non-être à l'être, toujours la cause de cet acheminement est un acte de création (poïèsis)*[4].» La création poïétique en science n'est certes pas à confondre avec l'intuition et l'imagination du poète ou du romancier. La connaissance théorique, toujours en quête à la fois d'une mise en forme et d'une mise à l'épreuve adéquates, se voit en effet continuellement soumise au verdict de la réalité. Néanmoins, nombre de philosophes des sciences contemporains, comme I. Lakatos par exemple, reconnaissent l'importance des positions philosophiques au cœur des théories scientifiques. A la différence de K. Popper, Lakatos n'hésite pas à intégrer au programme de recherche scientifique, et plus spécifiquement à ce qu'il appelle son noyau dur, des conceptions générales du monde[5]. Celles-ci, loin d'être des parasites ou des appendices, participent de manière importante à la production des connaissances théoriques, à l'action créatrice, poïétique du savant. C'est aussi ce que défend le mathématicien R. Thom, il écrit par exemple : «*Car il faut le dire, ce qui compte dans un modèle, ce n'est pas son accord avec l'expérience comme le croit un positivisme naïf, mais au contraire sa portée ontologique, ce que le modèle affirme sur les mécanismes sous-jacents au processus étudié. Quelle que soit la phénoménologie, il est toujours possible de trouver un modèle quantitatif qui en rende compte au prix d'introduire quelques constantes arbitraires. C'est seulement l'économie de description qui est le vrai critère de l'efficacité du formalisme, et cette économie -à moins d'un hasard heureux jamais réalisé- provient toujours d'une hypothèse, c'est-à-dire d'une représentation mentale partielle des phénomènes étudiés*[6].» En ce qui concerne les sciences cognitives, il nous semblerait intéressant de tenter de dégager ces positions d'ordre très général qui constituent autant d'horizons à partir desquels les hypothèses et les modèles prennent sens. Le projet est ambitieux et le travail considérable : dans cette contribution, nous n'en esquisserons que quelques éléments.

Mais revenons rapidement à la présentation générale des sciences cognitives. La démarche qualifiée d'empirico-formelle a pour objet l'esprit, à entendre ici dans l'acception donnée au terme «*mind*» des auteurs anglophones. Malgré les dérives possibles et les ambiguïtés liées aux connotations «spiritualistes» du mot français «esprit[7]», nous croyons intéressant de garder ce terme pour spécifier l'objet des sciences cognitives, plutôt que des concepts comme intelligence ou cognition. Le terme «esprit» couvre en effet un champ plus vaste de phénomènes, se référant non seulement à la structure et aux performances fonctionnelles des activités de connaissance, mais aussi à des traits de la vie mentale que nous désignons par des termes comme motivations et désirs, émotions, sentiments, intentions, conscience, vécu subjectif, ...

Comme nous le mentionnions plus haut, les sciences cognitives sont actuellement constituées par un large faisceau de disciplines : une caractéristique majeure de ce nouveau paradigme scientifique est certainement la multidisciplinarité. Avec D. Andler et bien d'autres auteurs[8], on peut penser que trois groupes de disciplines cohabitent dans «la pension de famille cognitive[9]». Il faut tout d'abord citer un *premier ensemble* regroupant principalement la psychologie cognitive, la linguistique (et la psycholinguistique), l'anthropologie... : il s'agira, pour ces disciplines, d'étudier les performances et les modalités globales de fonctionnement des principaux systèmes constituant l'architecture cognitive humaine. Langage, raisonnement, stratégies de résolution des problèmes, mais aussi perception, attention, mémoire, planification et coordination motrice, apprentissage, sont autant de secteurs d'une recherche à la fois empirique et théorique. Le *second ensemble* est constitué par ce que l'on appelle actuellement les neurosciences (neuroanatomie, neurophysiologie, neurochimie, neuroembryologie, biophysique, apports de la biologie moléculaire et de la génétique, ...) : en bref, il s'agit de mettre en lumière la mise en place, la structure et les propriétés de fonctionnement des réseaux nerveux qui constituent les conditions matérielles de possibilité des fonctions décrites par le premier groupe de disciplines. L'esprit, sous toutes ses facettes, est bel et bien incarné dans les modalités concrètes de la structure et du fonctionnement de ces réseaux nerveux. On le sait, les neurosciences connaissent actuellement un développement sans précédent, que d'aucuns[10] n'ont pas hésité à comparer aux révolutions qu'ont connues la physique au début de ce siècle ou la biologie moléculaire dans les années 50. Ce développement est incontestablement dû à la fois aux extraordinaires progrès technologiques de ces dernières décennies (imagerie médicale, enregistrements cellulaires sur préparations chroniques couplés à des techniques d'identification anatomique, techniques de neurobiologie moléculaire, contrôle et analyse informatisés, ...) ainsi qu'aux développements d'outils théoriques et de modèles issus des autres disciplines cognitives. Le *troisième groupe* rassemble toutes les recherches que l'on a coutume de désigner du nom d'intelligence artificielle. Cette discipline (comme d'autres d'ailleurs dans les deux groupes déjà mentionnés) présente un double versant : le versant recherche fondamentale vise à dégager les principes de l'intelligence, à les modéliser et à les simuler par des systèmes artificiels souvent capables d'apprentissage, de raisonnement. Le but est donc ici de formaliser les hypothèses concernant les processus en jeu dans la cognition, d'aboutir à une théorie mathématique de l'intelligence. Ce genre d'approche pourrait à la limite s'en tenir à une théorie abstraite des processus intelligents sans égard aux propriétés de l'intelligence telle qu'elle s'est concrétisée dans la nature. Néanmoins, comme le fait remarquer D. Andler[11], dans la mesure où c'est l'esprit humain qui fournit le modèle de ce dont il faut rendre compte, la frontière entre cet aspect de la recherche en intelligence artificielle et la psychologie cognitive est difficile à tracer. Si ce n'est à considérer, et c'est un facteur qui pèse encore lourdement dans la dynamique des sciences, que les milieux traditionnels d'appartenance institutionnelle des deux disciplines sont toujours actuellement bien séparés : sciences de l'ingénieur, informatique ou physique d'un côté, sciences humaines d'un autre. Le versant appliqué, quant à lui, tente de concevoir et de rendre plus performants des systèmes informatiques susceptibles de contrôler des tâches qui, chez l'homme, requièrent l'intelligence. Comme toute recherche technologique, l'essentiel ici est de s'en tenir à ce qui est réalisable et rentable.

Comme on peut s'en douter, la cohérence est loin d'être assurée au sein de cette «nébuleuse cognitive». Si, dans certaines unités de recherche privilégiées, la convergence et l'interdisciplinarité sont bien effectives, il faut bien admettre que chacune des disciplines concernées, issue de traditions épistémiques et institutionnelles différentes, garde une large indépendance par rapport à la galaxie cognitive. Néanmoins, avec de nombreux historiens et philosophes des sciences, on peut penser que, depuis environ un demi siècle, une nouvelle science naturelle est en voie de se constituer. «*En fait*, écrit D. Dennett, *il y a quelque chose comme un nouveau consensus entre les praticiens des sciences cognitives (...) sur le point suivant : il peut — il doit, en quelque sorte — y avoir une science responsable, matérialiste, non seulement du cerveau, mais aussi de l'esprit. Il n'y a cependant pas encore de consensus sur la manière dont il faudrait mener une enquête scientifique responsable sur l'esprit*[12].» Cette science naturelle de l'esprit, cette *épistémologie expérimentale*, pour reprendre l'expression de W. McCulloch, plonge ses racines lointaines dans bien des domaines de la pensée et de l'activité humaine : tout d'abord dans de nombreuses théories développées plus ou moins formellement tout au long de l'histoire de la philosophie et de l'histoire des mathématiques et de la logique; ensuite dans la lente évolution, depuis le XVIIe siècle avec l'invention des premières machines à calculer, des technologies susceptibles d'assurer un contrôle efficace de processus (calcul, raisonnement, production industrielle, ...). Ses fondements plus rapprochés sont à situer dans la naissance, au cours des années 40, du mouvement cybernétique, considéré à la fois comme une théorie mathématique et comme une technologie du contrôle et du traitement de l'information dans les réseaux de communication. La théorie des systèmes, dégageant les principes généraux gouvernant tout système complexe, aura très rapidement un impact important dans de nombreux domaines de la science : elle apparaîtra, de par la rigueur formelle de sa construction et la généralité des concepts utilisés, comme une voie possible d'unification. On trouvera dans le livre de F. Varela[13] ainsi que dans les articles de D. Andler[14] des introductions particulièrement claires et instructives concernant les sources et les développements des sciences cognitives.

Actuellement, deux paradigmes principaux se disputent l'avant-scène théorique des sciences cognitives. Il s'agit tout d'abord du *cognitivisme*, parfois appelé *paradigme symbolique* et actuellement considéré comme le paradigme dominant. D'autre part, depuis les années 80, sont apparus les *modèles connexionnistes*, parfois regroupés sous l'appellation de *paradigme sub-symbolique*. Il est intéressant de noter[15] que les modèles connexionnistes contemporains sont directement apparentés aux travaux de McCulloch et Pitts. Dans un article publié en 1943[16] et considéré comme une des approches fondatrices de la cybernétique, McCulloch et Pitts argumentent en effet deux points importants. Prolongeant en quelque sorte les réflexions de Hobbes («*raisonner n'est rien d'autre que calculer*»), ils défendent l'idée que la logique, telle qu'elle fut développée par Frege, Whitehead et Russel à la suite des travaux de Boole et de Peano, est la discipline adéquate à la compréhension de la vie mentale et du fonctionnement cérébral. Par ailleurs, ils démontrent comment des unités computationnelles élémentaires, analogues à des neurones interconnectés suivant une architecture de câblage relativement simple, sont capables d'effectuer des opérations logiques comme le *ET*, le *NON*, le *OU*. En fait ces neurones «formels» constituent des automates à seuil, dont l'état, actif ou inactif, désigne une valeur logique. Le cerveau peut ainsi être considéré, dans sa structure et son fonctionnement, comme une machine produisant des opérations déductives. Comme nous le verrons plus loin, ces deux premiers paradigmes sont élaborés sur des principes très différents : ils modélisent, sur des plans épistémiques éloignés, des phénomènes de même substance (macroniveau de la fonction d'une part, microniveau de la structure et du fonctionnement d'autre part). Enfin, une troisième approche se fait jour actuellement : même s'il ne s'agit pas d'un véritable programme de recherche (au sens technique donné à ce terme dans l'épistémologie de Lakatos), elle est intéressante à analyser car elle se développe sur un horizon assez original par rapport aux deux autres paradigmes. C'est F. Varela qui, suite notamment aux travaux du neurophysiologiste H. Maturana, a élaboré le plus avant cette approche, qualifiée de *théorie de l'énaction*[17].

Nous allons, dans un premier temps — et ce sera notre premier objectif —, tenter de résumer les positions centrales de chacune des trois approches théoriques en essayant de faire ressortir et de discuter quelques-uns des présupposés d'ordre philosophique ainsi que certaines conceptions générales a priori qui les sous-tendent. Ensuite, comme second objectif, nous présenterons quelques données issues des neurosciences contemporaines avec l'intention de discuter leur pertinence dans le cadre de ces différentes théories. Un accent tout particulier sera porté sur la théorie de l'énaction. Malgré le fait que cette dernière apparaisse encore à l'heure actuelle comme un *out-sider* théorique en quête de concepts opératoires et d'hypothèses vérifiables, elle nous semble prodigieusement intéressante dans la mesure où elle préserve davantage certains traits caractéristiques du vivant, à savoir : émergence, auto-organisation, plasticité, intentionnalité, création d'un sens, présence d'un monde vécu intérieur, ..., sans pour autant tomber dans un vitalisme simpliste.

DÉVELOPPEMENT 1
LE COGNITIVISME, KANT ET L'HIPPOCAMPE

Dans le paradigme *cognitiviste ou symbolique*[18], les systèmes intelligents et leurs fonctions cognitives sont essentiellement expliqués en termes de *représentations* et de *computations*. Pour qu'il y ait un comportement intelligent, il faut que le système se forge des représentations du monde, c'est-à-dire se construise un modèle interne de l'environnement dans lequel il évolue, en extrayant les traits pertinents des situations (*i.e.* les traits nécessaires et suffisants pour définir une situation, dans un contexte donné), ou des états caractéristiques du monde apparaissant comme des invariances. Ces représentations doivent être configurées sous la forme de symboles, éléments physiquement implémentés dans le système (le cerveau ou la machine) et dont la raison d'être est de dénoter autre chose qu'eux-mêmes : ils se réfèrent de manière univoque à des entités du monde. Le code symbolique peut donc recevoir une interprétation sémantique, nous y reviendrons. Ces symboles, formant des entités stables, peuvent être rangés en mémoire et récupérés en temps voulu. D'autre part, ces symboles peuvent être combinés ou subir des manipulations et des transformations en vertu d'opérations (arithmétiques ou logiques comme l'implication, la conjonction, la disjonction, la négation, etc.) spécifiées par des règles, ces opérations étant elles-mêmes représentées par des symboles. Elles font partie d'un répertoire de procédures pertinentes pour le système : typiquement, ces manipulations symboliques spécifiées par des règles sont écrites dans une structure ordonnée d'instructions (un programme) suivant la tâche ou la fonction à accomplir. Les procédures de *computation* sont donc ici pensées selon un mode algorithmique. Comme on le voit, le fonctionnement de l'ordinateur classique, construit suivant l'architecture séquentielle de von Neumann, représente, dans le contexte du paradigme symbolique, un modèle heuristique satisfaisant des opérations cognitives naturelles. Il s'agit en quelque sorte de comprendre quelles sont les étapes grâce auxquelles des informations ou des représentations, codées dans un langage intérieur (sous la forme de «mentalais» ou encore d'images mentales), sont transformées en vue d'assurer certaines fonctions spécifiques (que ce soit résoudre un problème, reconnaître une figure ou se souvenir d'une donnée).

Un des problèmes centraux de l'approche symbolique est de spécifier la manière dont le *sens vient aux symboles*. Dans un système *artificiel* comme un ordinateur, le sens des symboles (qu'il s'agisse d'un objet ou d'un état de la réalité ou qu'il s'agisse d'une relation ou d'une opération) ne peut venir que du projet d'un programmeur, c'est lui seul qui, grâce à sa capacité de produire un langage sensé strictement formalisable et susceptible d'être implémenté physiquement, est finalement à même de pouvoir créer un programme et de pouvoir interpréter le mode de fonctionnement de la machine. Du point de vue de la machine elle-même, tant dans ses procédures de computation que dans son répertoire de symboles, seule la forme des énoncés et des règles — c'est-à-dire la syntaxe — intervient et non leur sens — c'est-à-dire la sémantique. Néanmoins, les opérations de l'ordinateur sont sémantiquement contraintes : chaque distinction pertinente sur le plan sémantique a été encodée par le programmeur dans la syntaxe de son langage symbolique. La syntaxe reflète en quelque sorte la sémantique, ou lui est strictement parallèle[19]. En ce qui concerne les systèmes *naturels*, on peut penser que le sens s'élabore progressivement dans les rapports que la structure cérébrale (dont l'organisation d'ensemble est génétiquement déterminée, avec néanmoins un degré non négligeable de plasticité) entretient avec la structure du monde grâce aux propriétés (bande passante, pouvoir de résolution) des transducteurs. L'état du monde extérieur serait ainsi fidèlement reflété dans des modèles internes stables, porteurs de sens et qui, grâce à tout un travail d'élaboration et d'inférence, seraient organisés en schèmes ou en catégories. C'est notamment ce que développe J. Fodor dans son célèbre essai «*La modularité de l'esprit*[20]». Dans sa classification fonctionnelle des processus psychologiques, il distingue trois volets qui sont autant d'étapes dans la circulation de l'information : les transducteurs, les systèmes périphériques modulaires, et les systèmes centraux non modulaires. Les transducteurs sont les capteurs d'information, ils transforment l'énergie physico-chimique du milieu extérieur en un code de base (modulation en fréquence des potentiels d'action). En termes fonctionnels, ils produisent des objets proximaux (d'une certaine façon, à la surface du corps). Les systèmes périphériques, comprenant les systèmes perceptuels et le langage, «*relient la sortie des transducteurs aux mécanismes cognitifs centraux en élaborant des représentations mentales pouvant être comprises par ces derniers.*» En termes fonctionnels, les systèmes périphériques produisent «*des représentations qui spécifient la disposition des choses dans le monde*». Il s'agit en quelque sorte de créer des objets distaux, présentant notamment des propriétés d'invariance. Les systèmes périphériques sont donc «*des systèmes qui effectuent des inférences (...), ces inférences ont pour «prémisses» les représentations d'objets proximaux fournies par les transducteurs, et pour «conclusions» des représentations des objets distaux (ou plutôt de leur type) et de leur distribution*». Quant aux systèmes centraux, ils sont pour Fodor non modulaires et constituent les processus intelligents de connaissance, de pensée, de résolution de problèmes, ... Très clairement pour lui, la tâche de la perception — et du langage — est de représenter le monde de manière qu'il soit accessible à la pensée.

Comme on peut le pressentir au terme de cette courte présentation, le paradigme cognitiviste promeut une théorie explicative complète de la connaissance en terme de manipulation (de type opératoire, *i.e.* computationnelle) de représentations, la machine cérébrale possédant des dispositifs appropriés de calcul sur les «objets mentaux[21]». Cette théorie explicative met implicitement en œuvre des présupposés ou conceptions générales a priori. Celles-ci peuvent être référées non seulement à des positions épistémiques et ontologiques repérables dans l'histoire de la philosophie, mais encore à un fonds de pensée qui participe tout à la fois du bon sens et du mode commun de rationalité de la science classique depuis Descartes. Le premier présupposé à la base de la théorie cognitiviste pourrait être qualifié de réalisme ontologique : il pose l'existence d'un monde réel, composé d'objets et d'entités définissables par des propriétés intrinsèques. Ces propriétés constituent les faits objectifs qui sont indépendants de l'interprétation ou même de la présence d'un sujet connaissant. Ainsi, le bon sens ne nous conduit-il pas à penser qu'avant l'apparition de la vie sur la planète — et de ce qui se passait à cette époque lointaine, on peut s'en fabriquer des images naïves tout autant que des modèles scientifiques —, le temps devait s'écouler et l'espace s'étendre comme autant de dimensions inhérentes au réel, mais aveugles, opaques, en attente de révélation par un regard ou une pensée réflexive qui se les représenterait ? Le second présupposé est d'ordre épistémique : la connaissance consiste à se donner une image adéquate de cette réalité, la définition traditionnelle de la vérité étant d'ailleurs pensée en termes d'adéquation de la connaissance — image ou mot — à la chose. De manière générale, ce présupposé épistémique se situe dans le prolongement de l'empirisme anglo-saxon des XVIIe et XVIIIe siècles. Ainsi, s'opposant au rationalisme cartésien qui devait finalement faire appel aux idées innées (c'est-à-dire, en fin du compte, à Dieu) pour rendre compte de la connaissance de la réalité, les empiristes affirment que toutes les idées viennent de l'expérience. Toutes nos connaissances sont acquises soit par la perception du monde extérieur soit par la perception de l'activité de notre esprit. Rappelons-nous la position de J. Locke «*La première chose qui se présente à examiner, c'est : Comment l'homme vient à avoir toutes ses idées ? (...) A cela je réponds en un mot, de l'expérience : c'est là le fondement de toutes nos connaissances, et c'est de là qu'elles tirent leur première origine. Les observations que nous faisons sur les objets extérieurs et sensibles, ou sur les opérations intérieures de notre âme, que nous apercevons et sur lesquelles nous réfléchissons nous-mêmes, fournissent à notre esprit les matériaux de toutes ses pensées. Ce sont là les deux sources d'où découlent toutes les idées que nous avons, ou que nous pouvons avoir naturellement*[22]». On sait aussi que Hume ramenait toutes les perceptions, terme par lequel il désignait le matériel intellectuel, à deux genres distincts qu'il appelait *impressions* et *idées*. «*Leur différence*, écrit Hume, *réside dans les degrés de force et de vivacité avec lesquels elles frappent l'intelligence et font leur chemin dans notre pensée et notre conscience*[23].» Le terme «impression» se réfère aux perceptions qui pénètrent avec le plus de force, comprenant notamment les sensations telles qu'elles «*font leur première apparition dans l'*âme» (ce sont en somme des originaux, à rapprocher peut-être des objets proximaux selon J. Fodor...); tandis que les idées apparaissent comme «*des images affaiblies*» de ces impressions, des copies de ces originaux dans nos pensées et nos raisonnements. Ce qui intéresse Hume dans sa critique de la connaissance, ce n'est pas tant l'étude des impressions, qui d'après lui ressortit de l'anatomie et de la physiologie, mais plutôt l'étude des idées dont les relations entre elles et avec les impressions forment la matière même de l'esprit. Celui-ci apparaît alors comme une mosaïque d'éléments séparés, distincts (une sorte d'atomisme dont on trouve un prolongement dans la logique des relations développée entre autres par B. Russell) mais susceptibles de s'associer et de s'organiser pour engendrer des idées complexes suivant des principes comme la contiguïté (proximité spatio-temporelle), la ressemblance ou la similarité, la causalité. A de nombreuses reprises[24], Hume défend l'argumentation selon laquelle le principe de causalité par exemple est lui-même tiré de l'expérience que nous avons de la conjonction constante entre certains objets. La connaissance de la cause et de l'effet ne résulte donc pas de raisonnements a priori mais est entièrement construit à partir d'une répétition de l'expérience, ou de l'habitude (ce qu'il appelle «*une transition coutumière*»). Il est intéressant de voir comment Hume est sensible à un principe très général d'explication. Ainsi, ces lois d'organisation sont un peu, pour l'esprit, ce que la loi newtonienne d'attraction est au corps. Comme la loi d'attraction maintient l'ordre de l'univers, les lois d'association donnent forme à l'esprit en créant toutes les idées complexes.

Ce modèle «représentationniste» de la connaissance, développé par les empiristes anglais (mais aussi par Condillac en France) constitue, encore aujourd'hui, un cadre épistémologique très fécond pour le modèle cognitiviste. Fodor va même jusqu'à défendre l'idée que la seule avancée majeure de la théorie contemporaine, par rapport aux modèles représentationnistes anciens, réside dans la référence à l'ordinateur comme modèle de la cognition[25]. Le neurobiologiste J-P. Changeux, dans le chapitre de l'*Homme neuronal* consacré aux objets mentaux, fait également explicitement référence aux empiristes, et il cite Hume à plusieurs reprises. De plus, il propose un cadre conceptuel et théorique qui devrait permettre une réduction complète du mental au biologique (et *in fine*, au physico-chimique). Ainsi l'objet mental est identifié[26] à l'état physique créé par l'activation localisable, transitoire et hautement organisée, d'une assemblée de neurones. Ces cartes dynamiques d'ensembles cellulaires peuvent être décrites mathématiquement par un graphe. Les objets mentaux sont répartis en plusieurs genres, dans une conception hiérarchique et organisationnelle apparentée à celle de Hume. Il y a tout d'abord le *percept primaire*, objet mental dont le graphe est strictement déterminé par l'interaction avec le monde extérieur. Ensuite, et c'est un second niveau dans l'échelle d'abstraction, il y a l'*image* : il s'agit d'un objet mental de mémoire, autonome car ne requérant pas d'interaction directe avec l'environnement. C'est la stabilisation, la consolidation de ce graphe (correspondant aux processus de mise en mémoire) qui lui assure cette autonomie. L'image est «affaiblie» par rapport au percept primaire, la stabilisation s'accompagnant d'une simplification. Enfin le *concept* est un objet mental ayant subi un élagage sensoriel plus important encore (ne dit-on pas du concept qu'il est abstrait, au sens étymologique : tiré à part, séparé, dégagé des conditions spatio-temporelles). Mais, en contrepartie, le concept s'enrichit d'une valeur d'universalité : il devient un prototype rassemblant les traits caractéristiques d'une classe d'objets. Le concept est d'autre part soumis aux propriétés combinatoires de l'activité cérébrale. Les objets mentaux peuvent en effet s'associer, se lier, s'enchaîner... un peu comme dans une réaction chimique.

Cette conception représentationniste de la connaissance a suscité nombre de réflexions et de critiques, parmi lesquelles la première et peut-être la plus importante sur le plan philosophique est celle de Kant. Il opère une véritable révolution copernicienne : c'est l'activité du sujet connaissant qui informe le donné, le réel n'étant pas, de soi, connaissable. On sait que c'est la lecture de Hume qui interrompit ce qu'il appelait lui-même «le sommeil dogmatique de la raison» et donna à ses recherches philosophiques une tout autre direction. En un certain sens, il est vrai qu'il n'y a pas de connaissance antérieure à l'expérience, car c'est l'expérience qui constitue le premier exercice de notre faculté de connaître. En ce sens, toute la tradition aristotélicienne reconnaît l'origine empirique de tous nos concepts. C'est ce qu'énonce le principe scolastique issu de cette même tradition, *nihil est in intellectu quod non prius fuerit in sensu.* : la conscience s'éveille au contact de l'expérience sensible et tous nos concepts, sans exception, sont «dégagés» de l'expérience sensible. Néanmoins, pour Kant, l'expérience seule ne saurait fonder ce qu'il y a d'universel et de nécessaire dans toute connaissance véritable. L'universel et le nécessaire sont donc les indices, les révélateurs de formes a priori de la connaissance. Ainsi, dans la *Critique de la raison pure*, il écrit «... *chronologiquement, aucune connaissance ne précède en nous l'expérience et c'est avec elle que toutes commencent. Mais si toute notre connaissance débute avec l'expérience, cela ne prouve pas qu'elle débute toute de l'expérience, car il se pourrait bien que même notre connaissance par expérience fût un composé de ce que nous recevons des impressions sensibles et de ce que notre propre pouvoir de connaître (simplement excité par des impressions sensibles) produit de lui même, addition que nous ne distinguons pas de la matière première jusqu'à ce que notre attention y ait été portée par un long exercice qui nous ait appris à l'en séparer*[27].»

Prenons par exemple une notion essentielle à la connaissance du réel, celle de *l'espace*, et voyons comment elle peut être appréhendée de manière radicalement différente dans une tradition de pensée de type empiriste ou de type critique. Nous verrons ensuite comment certains neurophysiologistes contemporains, dans des références implicites ou explicites, semblent adopter des présupposés théoriques en accord avec la position kantienne.

Dans la conception empiriste esquissée plus haut, l'espace est une propriété essentielle, intrinsèque au réel, propriété pour les choses d'être étendues et localisables dans un contenant à trois dimensions. Cette propriété du réel (l'espace en soi) se réfléchirait sur un système interne de référence, sorte d'écran intérieur, dont les coordonnées seraient produites par celles du monde objectif, et dès lors accordées à celles-ci de manière à éviter les déformations et, de ce fait, les illusions. Il faudrait alors imaginer la présence, dans notre petit dispositif cognitif, d'un œil intérieur, celui de la connaissance, capable de balayer et d'analyser cette carte interne pour en révéler les caractéristiques : les cartes neuronales, dont parle Changeux, constitueraient ainsi le support matériel d'un modèle interne, d'une représentation plus ou moins fidèle de l'espace extérieur. L'idée d'espace est donc acquise grâce à la perception juste, non illusoire, des propriétés du monde extérieur; elle serait incarnée dans un support en quelque sorte isomorphe aux dimensions du réel.

Par ailleurs, on peut penser l'espace dans une perspective philosophique toute différente, celle inaugurée par Kant dans sa critique de l'empirisme. Dans les célèbres développements de la *Critique de la Raison pure*, Kant considère l'espace, non comme une propriété des choses elles-mêmes ni un réservoir qui les contiendrait, mais comme la forme à priori de notre sensibilité qui détermine, antérieurement à toute expérience des objets, les principes de leurs rapports. Citons quelques passages bien connus de la *Critique de la raison pure* qui développent explicitement ce point. «*L'espace n'est pas un concept empirique qui ait été tiré d'expériences externes. (...) L'espace est une représentation nécessaire a priori qui sert de fondement à toutes les intuitions extérieures. (...) Il est considéré comme la condition de possibilité des phénomènes, et non pas comme une détermination qui en dépende... (...) L'espace ne représente ni une propriété des choses en soi, ni ces choses dans leur rapport entre elles, c'est-à-dire aucune détermination des choses qui soit inhérente aux objets mêmes et qui subsiste si on fait abstraction de toutes les conditions subjectives de l'intuition. (...) L'espace n'est rien autre chose que la forme de tous les phénomènes des sens extérieurs, c'est-à-dire la condition subjective de la sensibilité sous laquelle seule nous est possible une intuition extérieure. Or, comme la réceptivité en vertu de laquelle le sujet peut être affecté par des objets précède, d'une manière nécessaire, toutes les intuitions de ces objets, on comprend facilement comment la forme de tous les phénomènes peut être donnée dans l'esprit, antérieurement à toute perception réelle, par conséquent a priori, et comment, avant toute expérience, elle peut, comme une intuition pure, dans laquelle tous les objets doivent être déterminés, contenir les principes de leurs relations. (...) Nous ne pouvons donc parler d'espace, d'êtres étendus, etc., qu'au point de vue de l'homme. Que si nous sortons de la condition subjective sans laquelle nous ne saurions recevoir d'intuitions extérieures, c'est-à-dire être affectés par les objets, la représentation de l'espace ne signifie plus rien*[28].» L'idée essentielle ici est que l'espace, forme pure de l'intuition ne renfermant au départ aucune sensation, est une construction de l'esprit, une sorte de filtre a priori qui organise les données sensorielles; l'espace en soi (identifié à l'espace euclidien par exemple) n'«existe» pas nécessairement dans le monde extérieur.

Une question tentante (mais est-elle pertinente?) pour le neurophysiologiste est de savoir si cette forme pure de l'intuition, telle qu'elle est décrite par Kant, trouve ses conditions matérielles de possibilité dans une sorte d'organisation a priori de la structure et du fonctionnement de notre appareil cognitif. Il nous semble assez remarquable que certaines interrogations ou réflexions théoriques de neurophysiologistes contemporains se rapprochent de cette perspective. Ainsi, dans son important article «Les déterminants moteurs de l'espace», J. Paillard s'interroge-t-il à propos de l'ontogenèse de l'organisation de l'espace : «*Sommes-nous en présence d'une simple découverte de l'ordre spatial du monde physique par une machine préadaptée à cette rencontre et qui exprime (...) dans son organisation structurale et fonctionnelle un ordre préétabli qui la conduirait inéluctablement à cette découverte? Ou devons-nous considérer que cette machine adaptative auto-organisante et auto-structurante deviendrait le propre générateur de l'ordre spatial auquel elle doit accéder pour assurer sa pérennité ?*[29]» Plus récemment, A. Berthoz, dans la leçon inaugurale prononcée lors de son titulariat à la Chaire de Physiologie du Collège de France, écrit : «*Les canaux semi-circulaires, placés dans trois plans perpendiculaires, constituent un référentiel euclidien fondamental qui est peut-être à la base de toute l'organisation de notre perception de l'espace et même de l'invention de la géométrie euclidienne, comme l'avait compris Poincaré qui notait peut-être comme une boutade : "les souris japonaises n'ont que deux paires de canaux; elles croient, paraît-il, que l'espace n'a que deux dimensions"*[30].» C'est l'organisation structurelle et fonctionnelle des équipements sensoriels, caractéristique d'une espèce, qui détermine les propriétés du monde phénoménal de cette espèce, ce que von Uexküll avait appelé, au début du siècle, l'Umwelt. D'autre part, certaines données neurophysiologiques actuelles concernant la perception et le codage de l'espace ne contredisent pas la perspective inaugurée par la critique kantienne. Nous développerons ici brièvement deux exemples précis.

Mettons tout d'abord en place la notion de référentiels. Dans le domaine de la neurophysiologie du codage spatial et du contrôle moteur, il est classique de distinguer les systèmes de référence *égocentriques* et *allocentriques*[31]. Dans un référentiel *égocentrique*, la localisation spatiale des objets est «référencée» par rapport à la surface d'un récepteur (la rétine par exemple) ou par rapport à un segment articulé du corps (la tête par exemple). Ainsi, dans bien des aires corticales (comme par exemple le cortex visuel primaire) ou sous-corticales (comme le corps genouillé latéral ou encore le Colliculus Supérieur), les cartes visuelles sont représentées dans un système de référence rétinien : on parle d'un référentiel rétinocentrique. Les cibles auditives par contre sont spatialement codées dans un système de référence centré sur la tête : on parle de référentiel craniocentrique. Il est intéressant de mentionner l'existence, notamment dans le cortex pariétal, de cartes visuelles organisées dans un référentiel non plus rétinocentrique mais craniocentrique, des opérations complexes de transformation de coordonnées devant être réalisées. Dans un système de référence *allocentrique*, la localisation spatiale est codée par rapport à l'environnement lui-même et non par rapport au corps, les positions définissant des lieux étant considérées indépendamment de la position d'un sujet particulier. Si, dans un référentiel égocentrique, c'est bien le sujet qui constitue la référence, dans un référentiel allocentrique, c'est l'environnement extérieur. Un exemple intéressant de passage d'un référentiel à l'autre peut être illustré par le phénomène de *vection*, décrit par Berthoz et collaborateurs en 1975 et Dichgans et Brandt en 1978[32]. Après avoir décrit rapidement ce phénomène, nous reviendrons à notre question de départ. Supposons un sujet placé sur un siège parfaitement immobile au centre d'un cylindre dont la surface intérieure est couverte de taches réparties aléatoirement. A un instant donné, le tambour est animé d'une rotation à vitesse constante autour d'un axe vertical. On demande au sujet d'estimer (et on mesure ces estimations à l'aide de dispositifs psychophysiques) la vitesse de rotation du stimulus visuel et la vitesse de rotation de son propre corps. Au cours des premières secondes, l'impression ressentie par le sujet est nettement celle d'une rotation du stimulus par rapport à lui. Le vecteur vitesse du stimulus est correctement codé dans un système égocentrique : c'est le sujet qui constitue le référentiel stable par rapport auquel le monde est perçu. Mais, assez rapidement, une nouvelle perception s'installe : entre la 5ᵉ et la 30ᵉ seconde, le stimulus visuel paraît s'immobiliser et une illusion de rotation de son propre corps s'impose absolument au sujet. Il lui est impossible, même à partir de rationalisations, de contrecarrer cette illusion de vection. Lorsque l'individu fait cette expérience subjective de vection, c'est l'environnement qui devient le référentiel stable (il est posé comme immobile) et l'on passe dans un mode de codage allocentrique. En quoi ces données expérimentales concernent-elles notre interrogation ? Rappelons-nous l'hypothèse de Kant : il se pourrait fort bien que notre connaissance soit un composé de ce que nous recevons des impressions sensibles et de ce que notre propre pouvoir de connaître (simplement excité par des impressions sensibles) produit de lui-même. Dans l'exemple qui nous occupe ici et qui apparaît comme un paradigme tout à fait élémentaire (et presque caricatural par sa simplicité) de la connaissance perceptive, un glissement de la totalité de l'image rétinienne du monde est interprété (illusoirement dans ce cas) comme un auto-mouvement. En quelque sorte, l'illusion perceptive de vection pourrait être l'indice d'une forme ou d'une catégorie a priori d'interprétation des données sensorielles, comme une sorte d'axiome ou tout au moins d'hypothèse très forte sur les relations organisme-monde que le cerveau produit, suite à sa longue histoire évolutive, et qui fait interpréter le monde phénoménal d'une certaine manière.

Un second secteur intéressant de la recherche actuelle concerne la neurophysiologie d'une structure limbique du système nerveux central des mammifères, l'*hippocampe*. Nous ferons surtout référence aux travaux réalisés par J. O'Keefe et son équipe[33]. Cette structure nerveuse semble tout à fait déterminante dans le codage spatial : sa lésion provoque des déficits sévères et permanents dans l'orientation spatiale. La structure a ceci de particulier : elle est organisée dans un référentiel de type allocentrique. Ainsi par exemple, certaines cellules pyramidales hippocampiques (les «*place cells*») émettent des potentiels d'action lorsque l'animal traverse un lieu précis de l'environnement, quelle que soit sa provenance ou sa direction. C'est comme si la population des «place cells» représentait une carte de l'espace absolu et non pas relatif. D'autres catégories de neurones ont été décrites, notamment des neurones codant l'orientation de l'animal dans l'environnement quelle que soit sa localisation et des neurones codant sa vitesse de déplacement. Le système contient donc trois types d'information requis pour construire une carte cognitive spatiale : les lieux, les directions et les vitesses de déplacement. Ce n'est pas le lieu de développer dans le détail toutes les propriétés des cellules hippocampiques. Ce qui nous importe davantage ici, c'est de mentionner qu'à partir de données neurophysiologiques et d'un cadre fait d'hypothèses théoriques, O'Keefe développe toute une argumentation tendant à montrer que l'espace n'est pas une caractéristique du monde physique mais plutôt une propriété émergente du système nerveux des vertébrés. C'est lui qui organise, d'une certaine manière, les informations sensorielles d'entrée et projette donc sur le monde une certaine forme spatiale. Si ces structures ont évolué et se sont maintenues, c'est qu'elles apportent aux organismes des avantages quant aux chances de survie, c'est aussi qu'elles révèlent *quelque chose* du réel (on ne peut donc tenir une position strictement idéaliste). En outre, l'auteur tente de montrer comment les propriétés de continuité, d'homogénéité, le caractère tri-dimensionnel et la métrique euclidienne elle-même peuvent être dérivées des propriétés du système neural. «*A corollary of this conclusion*, écrit O'Keefe dans un article récent, *is that the self-evident axioms of Euclidean geometry are the expression of the fundamental properties of this system. This approach, following Kant's transcendental philosophical method, sees the examination of the axioms of geometry as a search for the ontological presuppositions embedded in a spatial framework or, according to the present argument, the neural system underpinning that spatial framework*[34].»

Le problème fondamental, évoqué ici dans le contexte de la théorie cognitiviste mais qui en fait a traversé toute l'histoire de la philosophie ainsi que maints débats contemporains de la psychologie (comme celui de Piaget avec Chomsky[35]), est de savoir dans quelle mesure c'est le monde qui impose structure et sens à la connaissance (position du réalisme) et dans quelle mesure ce sont les propriétés de cette capacité a priori de «signifiance» propre à notre système cognitif qui projette structure et sens sur le réel (position idéaliste). Nous verrons comment la théorie de l'énaction réactualise cette question, mais à partir de conceptions générales très différentes.

DÉVELOPPEMENT 2
NEURONES ET AUTOMATES

Dans ce second développement, nous allons très brièvement faire référence aux modèles connexionnistes, parfois regroupés sous le nom de *paradigme sub-symbolique*. Si, dans le paradigme symbolique (ou cognitiviste), le modèle d'architecture cognitive est l'ordinateur classique (système séquentiel dans lequel les éléments responsables du traitement sont localisables), dans le paradigme sub-symbolique, le modèle est le réseau de neurones formels (dont les modalités de traitement sont parallèles et distribuées). Comme nous l'indiquions plus haut, les premiers modèles de ce type ont été développés tout au début de la première cybernétique, avec les travaux de McCulloch et Pitts. Après des péripéties historiques assez mouvementées, un renouveau extraordinaire de ces modèles a vu le jour depuis les années 80, (on parle parfois de néo-connexionnisme). Un grand nombre de publications ont été consacrées à ce paradigme : elles couvrent aussi bien les aspects fondamentaux[36] (mathématiques et physiques), les aspects d'application en intelligence artificielle et en robotique, que des aspects beaucoup plus spéculatifs dans le contexte de ce qui est parfois appelé «la neurophilosophie[37]». Ce renouveau a pris d'autant plus d'ampleur que le modèle cognitiviste basé sur les représentations symboliques et les règles ne semblait guère adéquat à modéliser des processus complexes comme les phénomènes d'apprentissage, les opérations de reconnaissance de formes ou la résolution de problèmes complexes d'optimisation combinatoire (problème du voyageur de commerce par exemple). Les architectures connexionnistes allaient se révéler bien plus efficaces dans la modélisation de ces processus cognitifs.

Tout d'abord, comment se présentent ces réseaux neuronaux dont la structure, le mode de fonctionnement et les fonctions représenteraient, dans le paradigme connexionniste, un modèle explicatif puissant des dispositifs cognitifs ? Pour faire simple une histoire qui peut être très complexe, nous pourrions dire ceci. Un réseau neuronal est composé d'un nombre plus ou moins grand d'unités simples de calcul, qui sont des neurones artificiels. Chaque neurone est un automate à seuil pouvant être soit activé (+1) soit inhibé (-1). L'architecture de câblage du réseau détermine les modalités de la propagation des activations et des inhibitions. Plusieurs types d'organisation ont été développés. Les réseaux les plus simples possèdent deux couches : les neurones d'entrée recevant l'information à traiter sont connectés à des neurones de sortie qui fournissent la réponse du réseau. Actuellement, la plupart des réseaux étudiés présentent une architecture beaucoup plus élaborée. Ainsi par exemple, entre la couche d'entrée et la couche de sortie, on dispose une couche intermédiaire de neurones cachés, c'est-à-dire des neurones qui ne sont pas en contact direct avec l'extérieur. Il existe également des architectures beaucoup plus complexes dans lesquelles les neurones ne sont pas répartis en couches mais sont totalement interconnectés. Pareils réseaux ont notamment été développés par le physicien J. Hopfield, un des principaux promoteurs du néo-connexionnisme. En règle générale, quelle que soit l'architecture développée, chaque neurone possède une (ou des) entrée(s) et une (ou des) sortie(s). Un principe important des réseaux est que les connexions entre neurones peuvent être plus ou moins efficaces : l'efficacité de la connexion est déterminée par un poids (appelé, par analogie avec les connexions nerveuses, poids synaptique), c'est-à-dire un coefficient positif si la connexion est excitatrice et négatif si elle est inhibitrice. Ce coefficient variable pondère donc la transmission du signal entre deux neurones. La valeur des coefficients synaptiques est déterminée par un principe ou une règle d'apprentissage. Une des règles classiques susceptibles de modifier les poids synaptiques est appelée « règle D ». Cette règle énonce notamment que, lorsque des unités sont excitées simultanément, la force de leur connexion augmente proportionnellement au produit des activations de chaque unité. Cette règle n'est pas arbitraire, elle est analogue à un mécanisme neurophysiologique montrant que l'efficacité d'un contact synaptique entre deux neurones est fonction de la coïncidence entre l'état de ces neurones (voir par exemple les travaux concernant la potentiation synaptique à long terme, notamment au niveau de l'hippocampe). Il est intéressant de mentionner que, dès 1949, Hebb avait énoncé cette hypothèse sous la forme d'un principe : l'efficacité d'une synapse se renforce lorsque les neurones qu'elle relie ont tendance à être actifs ou inactifs en même temps ; dans le cas contraire, elle s'atténue[38]. Périodiquement donc, chaque neurone actualise son état : il calcule la somme de ses entrées (qui sont les sorties des neurones auquel il est relié), la valeur de chaque entrée étant modulée par la valeur du poids synaptique caractérisant, à cet instant, la connexion. Le neurone prend alors une décision (valeur de sortie) en comparant la somme pondérée des entrées avec une valeur seuil qui lui est propre (notons que plusieurs types de fonction seuil ont été développés).

Pour que le réseau fonctionne, il doit être mis au contact avec l'environnement : la couche des cellules d'entrée reçoit des signaux activateurs ou inhibiteurs. A chaque étape de l'histoire des relations réseau-environnement, chaque unité met à jour son état en fonction des influx que les autres unités lui transmettent et du poids synaptique caractérisant chacune de ses connexions. Les règles de variation des connexions sont concrètement définies par l'algorithme d'apprentissage choisi.

Un des algorithmes d'apprentissage introduit au début des années 80 est connu sous le nom de «rétro-propagation du gradient». Dans cette modalité de fonctionnement, le réseau est supervisé par un «professeur» qui évalue l'adéquation de la réponse réelle du réseau (état des neurones de sortie) avec les réponses désirées (notons qu'il existe aussi des modèles d'apprentissage non supervisés). Une technique de calcul relativement simple (méthode du gradient) permet alors de redéfinir les coefficients ou poids synaptiques de manière à minimiser l'erreur, et cela, de la couche de sortie vers la couche d'entrée. L'apprentissage se fait ici non par une série d'instructions prédéfinies dans un programme, mais par l'expérience d'exemples. En règle générale, un grand nombre d'itérations est nécessaire pour que la matrice des poids synaptiques se stabilise : la dynamique du réseau converge ainsi, par auto-apprentissage, vers une solution satisfaisante. Suite à l'apprentissage, l'information est emmagasinée de manière distribuée dans les connexions du réseau. La connaissance n'est donc pas représentée sous la forme de symboles stockés localement dans la mémoire, elle est répartie dans toutes[39] les connexions du réseau et se modifie par la dynamique d'un calcul parallèle.

Un des exemples les plus étonnants de l'efficacité des ces réseaux est une application à l'apprentissage de la lecture. Conçu en 1985 par T. Sejnowski, NETtalk est un programme de simulation de réseau capable de convertir du texte anglais en parole, c'est-à-dire des graphèmes en phonèmes[40]. La difficulté de cette tâche est importante, notamment étant donné la complexité des règles de prononciation, la présence de nombreuses exceptions et l'importance du contexte dans la décision à prendre. Après environ 12 heures d'apprentissage, le réseau, composé de quelques 300 neurones répartis en trois couches et relié à un synthétiseur de voix, est capable de prononcer à peu près correctement 95 % des graphèmes du texte modèle. Une des caractéristiques les plus intéressantes du réseau est certainement ses capacités de *généralisation*. Ainsi, lorsque le réseau a appris un exemple (une page de texte), il est capable, dans une certaine mesure, de trouver la prononciation de mots qui ne figurent pas dans la page ayant servi à l'apprentissage initial. De la même manière, des réseaux ayant appris à reconnaître des images voient leur performance peu affectée par la présentation d'une partie seulement d'une image connue : ainsi par exemple un réseau de Hopfield peut reconnaître et restituer l'image complète d'un visage à partir d'une portion de celui-ci[41]. D'autres propriétés sont intéressantes à relever. Citons tout d'abord les processus d'*auto-organisation*. Ainsi dans l'exemple du programme NETtalk qui vient d'être évoqué, Sejnowski et ses collaborateurs ont montré que les unités cachées pouvaient distinguer les voyelles et les consonnes et produisaient des groupements graphèmes-phonèmes pertinents. Ces unités sont ainsi devenues «sensibles» à des traits du langage théoriquement pertinents. Il y a là émergence, par apprentissage, d'une propriété globale due à l'architecture et au fonctionnement du réseau : la sensibilité des unités cachées n'est pas prédéterminée par le constructeur du réseau, elle constitue l'interprétation par le réseau des régularités intervenant dans la prononciation. Les propriétés émergentes, en termes de nouvelles performances fonctionnelles apparaissant au macroniveau, relèvent en quelque sorte de phénomènes liés à la microstructure du niveau inférieur : leur cause «efficiente» est bien identifiée à la «physique» et à la «mathématique» du réseau. Pourtant la description des propriétés du macroniveau (doit-on parler ici de la mise en évidence de causes «formelles» ou «finales»?) ne peut faire l'économie des concepts et de la logique tout à fait spécifiques à ce macroniveau : les compétences phonétiques apprises par le réseau ne peuvent pas être déchiffrées à partir d'une simple inspection de la matrice des poids synaptiques. En d'autres termes encore, l'activité émergente globale n'est pas descriptible avec les mêmes termes que ceux utilisés par le physicien (qui a mis en place l'architecture du réseau) ou le mathématicien (qui en a spécifié l'algorithme) : la linguistique n'est pas devenue une annexe ou une filiale de la physique mathématique. Ceci rejoint, nous semble-t-il, ce que F. Meyer défendait dans le contexte d'une réflexion épistémologique beaucoup plus large sur la biologie. Si l'on a souvent eu tendance à considérer la conduite (macroniveau) comme un épiphénomène du fait neurophysiologique (microniveau), «... *ce n'est certes pas dans la structure ou la physiologie du système nerveux qu'on peut lire les modalités concrètes des comportements : celles-ci ne sont observables qu'au niveau des comportements eux-mêmes, révélant alors les grandeurs d'état qui les définissent comme structures d'organisation du champ*[42].» Le sens ne peut être lu qu'au macroniveau, c'est la fonction et non simplement le mécanisme qui permet de déchiffrer la finalité. Le néo-connexionnisme accueille avec une sympathie certaine, dans ce qu'on pourrait appeler les conceptions épistémiques générales de son «noyau dur», les concepts d'auto-organisation, d'émergence, d'histoire, de hiérachie de niveaux descriptifs[43], ...

Une autre propriété intéressante des réseaux est leur *plasticité*. Si, dans un modèle symbolique, la perte d'un ou d'une partie des symboles entraîne un dysfonctionnement irréversible, il n'en va pas de même dans un modèle connexionniste pour la perte d'un (ou d'un groupe de) neurone(s). Suite à des perturbations ou à des « lésions » introduites entre l'entrée et la sortie, le réseau est capable de se recalibrer (ceci étant bien entendu fonction de l'étendue de la « lésion »). Cette propriété mime les caractéristiques d'adaptabilité et de vicariance des réseaux nerveux naturels. Prenons un exemple parmi beaucoup d'autres. On a très récemment comparé le comportement plastique d'un réseau naturel (en l'occurrence, il s'agit du réflexe vestibulo-oculaire) avec un modèle artificiel de ce réflexe constitué d'un réseau de neurones. En bref, le réflexe vestibulo-oculaire a pour fonction de ramener, à des valeurs compatibles avec le bon fonctionnement du système visuel, le glissement de l'image rétinienne dû à la rotation de la tête (plate-forme mobile sur laquelle les capteurs visuels sont disposés). Ce réflexe, pourtant très ancien sur la plan phylogénétique et travaillant en boucle ouverte (étant donné notamment d'importantes contraintes dans la vitesse de traitement de l'information), présente des propriétés de plasticité à long terme remarquables : ainsi il peut recalibrer ses paramètres de fonctionnement — adaptation de gain ou même inversion complète de phase — suite au port de lunettes grossissantes ou même de prismes inversant de 180 le champ visuel, de manière telle que la finalité fonctionnelle soit assurée[44]. Mis dans les mêmes « conditions », le modèle artificiel en réseau apprend également à s'adapter. Ce qui paraît tout à fait fascinant dans la comparaison entre le modèle connexionniste et la réalité, c'est que des contraintes biologiques de type anatomique implémentées dans le réseau artificiel (présence notamment d'un double circuit, l'un en boucle ouverte et l'autre en boucle fermée) font émerger non pas une solution adaptative, mais l'unique solution correcte[45].

Reprenant les conclusions aussi bien de F. Varela que de D. Andler dans les références déjà citées, on peut résumer ainsi quelques uns des points qui paraissent les plus importants à propos du paradigme connexionniste. La première chose importante est qu'il n'y a ici, à proprement parler, ni symboles assignés à des représentations de la réalité ni séquences d'instructions agissant sur ces symboles. Le dispositif cognitif n'a pas besoin d'une unité centrale de traitement. La connaissance est dite distribuée, encodée dans une matrice de coefficients numériques qui caractérisent l'efficacité des connexions entre les processeurs. Cette connaissance distribuée de l'environnement reste en quelque sorte implicite, elle ne se manifeste que lorsque le réseau interagit avec les éléments du milieu. Par ailleurs, le fonctionnement du réseau, système essentiellement dynamique, est une sorte de recherche automatique de stabilité et d'équilibre grâce à des calculs effectués en parallèle, et cela en fonction d'un algorithme d'apprentissage choisi. Il me semble également intéressant de mentionner ici l'opposition fondamentale quant au type de mathématiques utilisées dans les niveaux symbolique (cognitiviste) et subsymbolique (connexionniste). Dans ce dernier, les «*lois fondamentales sont des équations différentielles et non des procédures de manipulation symbolique, (...) la catégorie mathématique dans laquelle se développent ces formalismes est la catégorie du continu, et non celle du discret*[46]». A côté des différences assez fondamentales entre les deux paradigmes, il faut néanmoins insister sur le fait que les objectifs de base ne semblent pas si éloignés. Il s'agit toujours de modéliser un dispositif de *traitement d'information* (séquence d'inférences logiques *vs* dynamique d'équilibre statistique) sur la base de *représentations de l'environnement* (symboles localisables *vs* matrice de poids synaptiques).

Il est donc trop tôt aujourd'hui pour évaluer le degré de radicalité du changement apporté par le paradigme connexionniste : le connexionnisme représente-t-il une véritable révolution dans les théories explicatives de l'esprit ou s'agit-il plutôt d'un outil parmi bien d'autres ? Les discussions sont vives actuellement entre les partisans des approches classiques et les partisans du connexionnisme. On pourra se référer notamment à l'ouvrage de Bechtel et Abrahamsen, cité à la note 15, pour une introduction à ces débats.

DÉVELOPPEMENT 3
LA PHÉNOMÉNOLOGIE PEUT-ELLE INSPIRER LES SCIENCES COGNITIVES?...
À PROPOS DU SENS ET DE L'ACTION

Ce thème sera abordé principalement dans le cadre du modèle de l'*énaction* (ce néologisme évoque, de manière assez floue il est vrai, divers champs sémantiques, comme celui de l'*action*, mais aussi celui d'une *cognition incarnée*). Ce modèle est principalement développé par F. Varela dans plusieurs ouvrages et articles récents[47]. Dans un premier temps, nous allons résumer quelques-unes des positions caractéristiques de cette approche théorique. Nous présenterons ensuite des éléments d'analyse des contextes et implications philosophiques. Enfin, une confrontation avec quelques données neurobiologiques pertinentes sera amorcée.

Les principaux motifs d'insatisfaction de Varela et de ses collaborateurs (mais aussi de bien d'autres théoriciens, très largement cités par Varela) face aux paradigmes classiques des sciences cognitives sont de deux ordres. Il y a tout d'abord, dans la définition habituelle de la cognition, l'absence complète du sens commun et du savoir faire dépendant des contextes. D'autre part — et les deux choses sont probablement liées — la cognition est considérée de manière trop restrictive. En effet, le modèle le plus général des activités de connaissance, développé dans l'un et l'autre des paradigmes évoqués précédemment, se réfère à des opérations de résolution de problèmes bien définis basée sur des représentations (localisée ou distribuée) de l'environnement, environnement non seulement prédéterminé mais bien souvent limité par des conditions initiales strictes. Ce sont ces prémisses caractérisant les deux programmes classiques qui vont être radicalement critiquées ici. Ainsi par exemple, loin de considérer le sens commun et le contexte comme des artefacts devant être progressivement réduits par la définition de règles et de conditions initiales plus strictes encore, Varela pense qu'ils sont en fait l'essence même de la cognition créatrice[48]. Le système cognitif ne serait pas seulement à considérer comme un dispositif quelconque de traitement de l'information mettant en relation des entrées avec des sorties. Dans sa dimension spécifiquement vivante, la cognition présuppose cette capacité créatrice tout à fait essentielle de *faire émerger le monde*, d'être intentionnellement relié à lui, et dès lors source de sens. C'est également ce que défend G. Canguilhem dans un contexte fort proche lorsqu'il écrit : «*Le sens n'est pas relation entre..., il est relation à... C'est pourquoi il échappe à toute réduction (...). Les machines dites intelligentes sont des machines à produire des relations entre les données qu'on leur fournit mais elles ne sont pas en relation à ce que l'utilisateur se propose à partir des relations qu'elles engendrent pour lui*[49].» Le monde, avec ses objets et ses événements pertinents, et le sujet naissent conjointement (co-naissent) de cette capacité initiale que l'on pourrait appeler «ouverture signifiante». Le système vivant, hautement organisé, est aussi auto-organisateur, c'est-à-dire susceptible de créer un ordre, de créer sens et finalité (auto-nomie). Pour Varela, il s'agit ici d'un recadrage fondamental : l'information n'est pas préétablie comme structure d'ordre indépendante du sujet. Le monde et le sujet se constituent progressivement dans l'histoire de leurs rapports intentionnels : «*... le connaissant et le connu, l'esprit et le monde se situent en relation l'un avec l'autre par le biais d'une spécification mutuelle ou d'une co-origination dépendante*[50]». La capacité initiale d'ouverture signifiante au monde (la compréhension comme saisie intentionnelle), à laquelle nous faisions allusion plus haut, non seulement «*s'enracine dans notre corporéité biologique*» mais est vécue et éprouvée «*à l'intérieur d'un domaine d'action consensuelle et d'histoire culturelle*». Pour reprendre les termes de M. Johnson, cité par Varela *et al.*, la signification émergente comprend (ou est initialement conditionnée par) les schèmes de l'expérience corporelle et les structures pré-conceptuelles de notre sensibilité (modalités de perception et d'action, en fonction de l'espèce). Mais ces schèmes corporellement inscrits ne restent pas purement privés, ils deviennent, par la dimension nécessairement intersubjective de l'expérience humaine, des modes d'expérience culturellement partagés, structurant notre compréhension signifiante et cohérente du monde.

La critique développée par F. Varela et d'autres à propos des théories représentationnistes puise son inspiration dans plusieurs sources. Certaines sont citées de manière assez explicite, d'autres de manière plus implicite. Nous ne ferons pas allusion ici aux contextes des philosophies hindoues dont la confrontation avec la théorie de l'énaction a fait l'objet d'une des dernières publications de Varela et ses collaborateurs. Je me limiterai aux références plus traditionnelles. La source la plus importante à laquelle il est fait référence à maintes reprises est la phénoménologie, dont les principaux représentants sont M. Heidegger, M. Merleau-Ponty et H-G. Gadamer. Une seconde source, plus lointaine et jamais tout à fait explicitée, serait peut-être celle des philosophies de la volonté (par exemple Maine de Biran et Schopenhauer). Enfin, tout le courant de la philosophie pragmatique pourrait être mentionné. Dans cette contribution, nous ferons principalement référence à la phénoménologie.

Un des concepts phénoménologiques les plus importants dans le contexte qui nous occupe est probablement celui *d'intentionnalité*. Dans son souci d'un retour aux choses elles-mêmes, la phénoménologie tente d'expliciter l'expérience originaire du monde tel qu'il se manifeste dans la visée intentionnelle constitutive de la conscience. C'est probablement à F. Brentano, qui fut un des maîtres de Husserl, que l'on doit la première thématisation de ces notions dans le domaine de la psychologie. Comme on le sait, Brentano défend l'idée que la propriété qui permet de distinguer le monde physique du monde psychique est l'intentionnalité. Le contexte plus primordial dans lequel il faut ici entendre l'intentionnalité se réfère au fait que toute expérience subjective ne peut prendre sens que si elle est comprise comme un acte par lequel la conscience se constitue comme la visée d'un objet (la conscience étant toujours conscience *de* quelque chose). «Sujet» et «objet» se développent donc comme les moments corrélatifs d'une unité existentielle qui ne peut être rompue que de manière abstraite et dérivée. C'est d'ailleurs ce type de rupture qu'opère le discours de la science, il apparaît toujours comme un langage second par rapport à celui de l'expérience vécue. «*Revenir aux choses mêmes*, écrit Merleau-Ponty, *c'est revenir à ce monde avant la connaissance dont la connaissance parle toujours, et à l'égard duquel toute détermination scientifique est abstraite, signitive et dépendante...*[51]» L'expérience originelle que la phénoménologie s'est donnée pour tâche de décrire est essentiellement rencontre, co-existence, co-naissance d'un sujet et d'un monde. Comme on le voit, pareil statut accordé à l'expérience transcende l'opposition radicale du sujet et de l'objet. Citons brièvement Brentano : «*Tout phénomène psychique est caractérisé par (...) ce que nous appellerions (...) relation à un contenu, ou direction vers un objet, (...) ou encore objectivité immanente. Quelque chose est représenté dans la représentation, quelque chose est accepté ou rejeté dans le jugement, quelque chose est aimé dans l'amour, haï dans la haine, désiré dans le désir. (...). Cette inexistence intentionnelle* [puisque finalement l'objet constitutif de la conscience ne peut être défini comme une réalité empirique, mais comme le résultat d'une visée intentionnelle] *n'est propre qu'aux seuls phénomènes psychiques. Aucun phénomène physique ne manifeste quoi que ce soit de semblable. Ainsi pouvons-nous définir les phénomènes psychiques en disant qu'il s'agit de phénomènes qui contiennent, et cela de façon intentionnelle, un objet*[52].»

Cette intentionnalité originelle constitutive de notre être-au-monde désigne un mode d'être dialectique, dont les pôles inséparables sont analysés par A. de Waelhens en termes de facticité et transcendance. Facticité puisque j'appartiens au réel : proximité, familiarité et immersion dans la totalité des choses existantes; mais également transcendance dans la mesure où mon insertion dans le réel ne se clôture pas sur elle-même mais se dépasse dans la constitution du sens «*et ainsi, échappe au réel en se livrant à lui : car la constitution du sens des choses n'est pas la chose, et s'occuper de la chose en disant ce qu'elle est ou en la faisant, c'est la dépasser comme chose*[53].» On retrouve ici les deux pôles développés plus haut : d'une part corporéité, familiarité première avec le monde incarnée dans les boucles sensori-motrices qui me relient à lui; d'autre part, histoire culturelle qui tisse, dans le langage et l'action intersubjective, la trame du sens et de la cohérence du monde qui est nôtre. Dans *Phénoménologie de la Perception*, M. Merleau-Ponty écrivait dans le même sens : «*ce que je découvre et reconnais par le cogito, ce n'est pas l'immanence psychologique, l'inhérence de tous les phénomènes à des états de conscience privés, le contact aveugle de la sensation avec elle. Ce n'est même pas l'immanence transcendantale (...), la possession de la pensée claire par elle. C'est le mouvement profond de transcendance qui est mon être même, le contact simultané avec mon être et avec l'être du monde*[54].»

Dans le courant phénoménologique, c'est probablement M. Heidegger qui a critiqué de la manière la plus extrême la notion de représentation.

Ainsi tout au long de son œuvre, il a distingué deux formes essentielles de pensée : la pensée calculante et la pensée méditante. La pensée calculante est celle qui s'est écartée (oubli) de l'élément originel, de la détermination essentielle de la pensée (à savoir l'Etre), pour se centrer exclusivement sur l'étant. La science et la technique modernes sont au centre de cette forme de pensée... et Heidegger les juge sévèrement. Dans *Qu'est-ce que la métaphysique?*, il écrit : «*Le calculer ne fait apparaître autre chose que le dénombrable. (...) Cette utilisation consommante de l'étant trahit le caractère dévorant du calcul. (...)... déjà dans son intention, et non seulement dans ses résultats ultérieurs, elle* [la pensée calculante] *ne fait valoir tout étant que sous la forme de l'additionnable et du comestible. La pensée calculante s'oblige elle-même à l'obligation de tout maîtriser à partir de la logique de sa manière de faire*[55].» Dans l'implicite des modalités de connaissance caractérisant la science moderne, le réel, mis en position de pouvoir être compté, est posé comme stable, toujours à la même place, là où on l'attend. Sans mystère, il se dévoile comme un effet : «*la chose présente, en tant que réelle, est celle qui a été amenée à la présence comme un effet, dans la lumière de la causalité*[56].» A l'époque moderne, la chose, mise en vis-à-vis, objectivée, est non seulement un objet *pour* une représentation, mais *du fait* de la représentation, c'est-à-dire du fait de l'attitude adoptée par l'homme historial, à une époque donnée. La pensée moderne se donne un modèle objectif du réel : la nature tout entière, soumise au régime de la raison, est prise dans les filets de la représentation. Ce type d'intelligibilité se situe de manière privilégiée dans le registre et la logique du visuel : long regard au dehors, coup d'œil aigu et pénétrant comme un coup de force, et retour du sujet, chargé de son butin, dans le «cabinet de la conscience». Penser est alors essentiellement voir, observer, saisir dans la clarté tout en maintenant à distance : dualisme radical qui pose l'objet comme pure extériorité et l'acte de connaissance comme pure intériorité. La «pensée calculante» est donc ce perpétuel compte-rendu de ce qui est là, au dehors; exclusivement centrée sur l'étant, elle se ressource dans la technique. Pour penser et maîtriser le réel, la raison doit *compter* avec les circonstances et les conditions initiales, les dispositifs expérimentaux apparaissant comme autant de stratégies pour provoquer toute chose à *rendre des comptes*. On sait d'ailleurs que «raison» (ratio) dérive étymologiquement de «calculer» (reor) : encore au XVIIIe siècle, les livres de compte étaient appelés livres de raison. Heidegger n'hésite pas à utiliser un vocabulaire connotant toute une tension agressive entre le sujet connaissant et le réel : représenter (vorstellen) c'est par essence pourchasser (nachstellen), traquer le réel, le provoquer, le suivre à la trace et s'en assurer : «... *la représentation moderne du réel, l'objectivation en quoi se meut d'avance la saisie conceptuelle, demeure partout une agression contre le réel, dans la mesure où celui-ci est provoqué à se montrer dans l'horizon de la saisie représentative[57]*».

Il est intéressant de mentionner ici l'existence de tout un courant critique de l'intelligence artificielle et des paradigmes classiques des sciences cognitives à partir de ces positions très radicales de M. Heidegger[58]. Ce qui est finalement critiqué, c'est le cadre trop restrictif dans lequel la cognition est pensée. On peut en effet se demander dans quelle mesure les sciences cognitives n'ont pas reflété fidèlement, dans la spécification de leur objet d'étude, les formes particulières de l'épistèmè, telles qu'elles se sont déterminées à l'aube de notre culture (dans la pensée aristotélicienne par exemple) et dans la science classique depuis la Renaissance. Il me semble que la critique de Varela puise sa détermination à cette radicalité heideggérienne; ainsi la théorie de l'énaction n'hésite pas à s'ouvrir avec enthousiasme à des modalités de pensée qui n'appartiennent pas à notre tradition occidentale classique (la philosophie hindoue notamment). Il nous semble par ailleurs tout aussi important de mentionner le développement de tout un nouveau courant de recherche qui tente d'aborder de manière expérimentale cette notion centrale d'intentionnalité. Les données de la neuropsychologie cognitive ainsi que les observations réalisées chez des sujets sains grâce aux techniques d'imagerie et de cartographie cérébrale laissent déjà entrevoir la possibilité d'une véritable psychobiologie de l'intentionnalité. Il est néanmoins fort probable que nous ne possédons pas encore le cadre théorique adéquat permettant de poser correctement les questions et de recueillir les faits pertinents. A cet égard la remarque de Searle est intéressante : «(...) *si nous parvenons jamais à comprendre le mode de production cérébral de l'intentionnalité, cette compréhension sera vraisemblablement fondée sur des principes aussi radicalement différents de ceux qui nous guident aujourd'hui que les principes de la mécanique quantique le sont à l'égard de la mécanique newtonienne; mais ces principes (...) tiendront nécessairement compte de la réalité de l'intentionnalité du cerveau...*[59]» Nous avons quant à nous la conviction que des approches comme la phénoménologie seraient susceptibles d'enrichir ce cadre théorique.

Un dernier point à propos de la phénoménologie comme source d'inspiration de l'approche de l'énaction concerne le statut de l'action. Comme nous l'avons souligné plus haut, au centre de l'approche énactive, il y a bien la notion d'un *faire émerger le monde*. Le monde n'est pas contemplé, il est produit par l'expérience et l'action. «*Au commencement était l'action.*» C'est ainsi que Goethe, par la voix de Faust, conclut une étrange association d'idées, évoquée à partir des premiers mots du prologue de l'évangile selon Jean : «*au principe des choses était le Verbe...*» Dans cette courte réflexion, Goethe propose une suite de concepts susceptibles de circonscrire de manière plus adéquate le champ sémantique de ce terme mystérieux «Verbe» : le sens, la force... «*mais cela ne suffit pas, dit encore Faust, au commencement était l'action*». A ces paroles du poète et dramaturge, fait écho, dans la phénoménologie moderne, une place tout à fait primordiale à l'action, à un verbe agissant, comme principe du sens et de la connaissance. Il faudrait faire référence à de nombreuses analyses développées par les principaux phénoménologues, nous nous limiterons à quelques références. Tout d'abord dans l'œuvre de Merleau-Ponty. A de très nombreux endroits, il thématise cette place centrale de l'action. Ainsi dans *La structure du comportement*, il écrit : «*L'organisme, justement, ne peut être comparé à un clavier sur lequel joueraient les stimuli extérieurs et où ils dessineraient leur forme propre pour cette simple raison qu'il contribue à la constituer. (...) il est clair que chacun de mes mouvements répond à une stimulation externe, mais clair aussi que ces stimulations ne pourraient être recueillies sans les mouvements par lesquels j'expose mes récepteurs à leur influence*[60].» Et, citant von Weizsaecker, il poursuit : «*Les propriétés de l'objet et les intentions du sujet non seulement se mélangent, mais encore constituent un tout nouveau.*» Merleau-Ponty critique ici le modèle classique du behaviorisme (SÆR), modèle s'inspirant de la physiologie des réflexes développée au début du siècle. Il n'hésite pas en quelque sorte à retourner la formule : le comportement lui-même est la cause première de toutes les stimulations : «*la forme de l'excitant est créée par l'organisme lui-même (...) c'est lui, selon la nature propre de ses récepteurs, selon les seuils de ses centres nerveux, selon les mouvements des organes, qui choisit dans le monde physique les stimuli externes auxquels il sera sensible.*» Dans la *Phénoménologie de la perception*, il va plus loin en écrivant : «*ces éclaircissements nous permettent enfin de comprendre sans équivoque la motricité comme intentionnalité originale. La conscience est originairement non pas un "je pense que" mais un "je peux". (...) La vision et le mouvement sont des manières spécifiques de nous rapporter à des objets et si, à travers toutes ces expériences, une fonction unique s'exprime, c'est le mouvement d'existence, qui ne supprime pas la diversité radicale des contenus, parce qu'il les relie non pas en les plaçant tous sous la domination d'un "je pense", mais en les orientant vers l'unité intersensorielle d'un "monde"*[61].» Cette position n'est pas éloignée de celle défendue par Maine de Biran, autour de la notion centrale pour lui du «sentiment de l'effort». Chez Maine de Biran, l'expérience d'un je existant ne vient pas tant de la reconnaissance de la pensée que de la reconnaissance de l'action. «*Si l'individu ne voulait pas ou n'était pas déterminé à commencer à se mouvoir, il ne soupçonnerait aucune existence, il n'aurait même pas l'idée de la sienne propre*[62].» De plus, le moi ne se connaît qu'à titre de cause agissante sur une matière qui lui résiste, il n'y a pas d'intuition du moi par lui-même ni de conscience en dehors de cette action. «*Le moi se saisit comme cause dans l'effort, inséparablement de l'effet qu'il produit*[63].» Pour ce philosophe de la volonté, la perception ne peut être purement passive, nous disposons en effet de mouvements qui modifient à notre gré les conditions de notre réceptivité. Ainsi par exemple, il pense que, si les perceptions de la vue sont plus claires que celles issues d'autres modalités sensorielles, c'est à cause des systèmes moteurs plus compliqués (les muscles de l'œil) auxquels elles sont liées.

Un autre phénoménologue qu'il nous paraît difficile de ne pas citer dans ce contexte est P. Ricœur, notamment dans son ouvrage *Philosophie de la volonté*. Nous nous y référerons (trop brièvement sans doute) pour un élément relativement précis. Ceci nous permettra d'introduire le dernier point, à savoir l'illustration de quelques données neurophysiologiques à l'appui de cette notion d'action intentionnelle, centrale à l'approche qui nous occupe. Ricœur discute, d'une manière qui nous semble fort intéressante, l'articulation entre l'intention motrice et les sensations (notamment kinesthésiques) qui sont suscitées par l'exécution de l'action. Cette discussion est située dans le contexte des controverses entre Maine de Biran et Ampère ainsi que celui de la théorie centripète de l'effort proposée par W. James. «*(...) la conscience d'effort, écrit Ricœur, échappe à une description de sensations et d'états; elle figure une dimension toute différente de la conscience, une dimension radicalement non-représentative, radicalement pratique. Le déploiement du vouloir dans ses organes n'est pas lui-même une conscience sensible, mais (...) il est <u>dirigé</u> vers une conscience sensible, il est "l'intention" d'une conscience sensible. (...) Ce moment proprement <u>actif dans le sensible</u> ressortit à cette dimension pratique de la conscience que nous ne cessons ici de dégager de la conscience théorique (perceptive, représentative, intellectuelle, etc.). Mais l'introspecion tend à rabattre la conscience sur la représentation. (...)... l'intention motrice anticipe la sensation et celle-ci la confirme en quelque sorte à mesure*[64].»

Ces quelques références suffisent ici à montrer la richesse de cette réflexion phénoménologique au sujet de la place centrale de l'action et de son articulation tout à fait spécifique avec la perception. C'est ce qu'un grand nombre de données de la neurophysiologie moderne démontre également[65]. A titre seulement d'illustration, nous avons choisi trois exemples. Le premier se réfère aux travaux, déjà anciens et devenus classiques, de Held et Hein concernant l'influence primordiale de la motricité active dans l'apprentissage et la structuration de la perception. Dans une expérience, qui date de 1963, Held et Hein[66] utilisent le chaton, animal très immature à la naissance et qui acquiert assez tardivement (vers 4 à 5 semaines) les principales coordinations visuo-motrices. Quels sont les facteurs responsables de cette acquisition? Deux chatons sont soumis aux mêmes stimulations visuelles, mais, grâce à un dispositif mécanique très astucieux, seuls les mouvements exploratoires d'un des chatons sont actifs, tandis que ceux de l'autre chaton sont passifs. En dehors des séances expérimentales de quelques heures par jour, les chatons sont élevés dans l'obscurité totale. Le chaton actif est donc le seul à pouvoir corréler le flux d'informations enregistrées par le système visuel à ses propres mouvements d'exploration. Après plusieurs séances expérimentales, on teste les performances sensori-motrices des deux chatons âgés d'environ quatre semaines : seul celui à qui on a permis une exploration active présente des réactions visuo-motrices normales. L'autre, pourtant soumis à la même quantité d'informations visuelles, montre des réactions sensori-motrices très mal adaptées aux stimulations visuelles. Suite à certaines critiques méthodologiques (diminution d'attention et de motivation dans la condition passive), ces mêmes auteurs mettent au point une expérience dans laquelle chaque animal est tour à tour actif et passif. En situation active, l'animal peut explorer visuellement l'environnement avec un seul œil, l'autre étant recouvert d'un cache opaque; mis dans la situation passive, seul l'œil précédemment voilé lui permet d'explorer l'environnement. Après quelques semaines, on teste, pour chaque chaton, les coordinations sensori-motrices à des stimuli visuels présentés à «l'œil actif» ou à «l'œil passif». Les animaux sont capables de réagir de façon adaptée seulement dans la mesure où les stimuli visuels sont présentés à l'œil actif. En conclusion, la présence d'*informations réafférentes*, c'est-à-dire de modifications d'information qui sont conséquentes aux déplacements actifs (volontaires) de l'organisme dans l'environnement, est essentielle au développement et à l'acquisition de comportements adéquats guidés visuellement. En d'autres termes, un comportement adapté ne sera disponible que si les coordonnées du monde de la perception se sont mises en place corrélativement aux coordonnées de l'espace moteur, la source de cette corrélation étant l'acte. Le monde visuel et l'espace moteur ne sont donc pas de purs donnés, ils se construisent l'un par l'autre à l'intérieur même d'une conduite active, c'est-à-dire intentionnellement reliée au monde. Ces données confirment merveilleusement bien cette idée développée par Ricœur d'un moment proprement actif dans le sensible. Elles cadrent également avec l'hypothèse d'un constructivisme dans le développement de la connaissance, proposée par J. Piaget dans son épistémologie génétique. Il écrit en effet : «... *la connaissance ne procède en ses sources ni d'un sujet conscient de lui-même ni d'objets déjà constitués (du point de vue du sujet) qui s'imposeraient à lui : elle résulterait d'interactions se produisant à mi-chemin entre deux et relevant donc des deux à la fois, mais en raison d'une indifférenciation complète et non pas d'échanges entre formes distinctes. D'autre part et par conséquent, s'il n'existe au début ni sujet, au sens épistémique du terme, ni objets conçus comme tels, ni surtout d'instruments invariants d'échange, le problème initial de la connaissance sera donc de construire de tels médiateurs : partant de la zone de contact entre le corps propre et les choses ils s'engageront alors toujours plus avant dans les deux directions complémentaires de l'extérieur et de l'intérieur et c'est de cette double construction progressive que dépend l'élaboration solidaire du sujet et des objets. En effet, l'instrument d'échange initial n'est pas la perception, comme les rationalistes l'ont trop facilement concédé à l'empirisme, mais bien l'action elle-même en sa plasticité beaucoup plus grande. Certes, les perceptions jouent un rôle essentiel, mais elles dépendent en partie de l'action en son ensemble et certains mécanismes perceptifs que l'on aurait pu croire innés ou très primitifs (...) ne se constituent qu'à un certain niveau de la construction des objets. De façon générale, toute perception aboutit à conférer aux éléments perçus des significations relatives à l'action (...) et c'est donc de l'action qu'il convient de partir*[67].»

Une seconde illustration de l'importance primordiale de l'action volontaire dans la connaissance perceptive se réfère aux travaux de P. Bach y Rita et ses collaborateurs concernant les mécanismes de substitution sensorielle chez des aveugles précoces[68]. Dans ce genre d'études, la substitution de la modalité perdue (la vision dans ce cas) par une autre modalité sensorielle intacte (la somesthésie dans les expériences que nous relatons ici) suppose le recours à des récepteurs artificiels (une caméra de télévision, munie d'un zoom et d'un dispositif d'orientation) et à des stimulateurs (matrice d'éléments vibrotactiles placée sur une surface cutanée) capables de transmettre au système de substitution les données acquises par les récepteurs artificiels. Ces travaux ont montré qu'il était possible, en utilisant la surface cutanée comme surface réceptrice de substitution, de procurer à l'aveugle précoce des expériences perceptives liées normalement à la perception visuelle. Ce qui nous intéresse particulièrement, dans le contexte de cette réflexion, est le fait que la manipulation active de la caméra paraît être un facteur décisif dans les performances d'apprentissage et de reconnaissance. D'autre part, avec la manipulation active de la caméra, les sujets ne perçoivent plus l'information comme présente au niveau de la peau, mais ils la situent subjectivement dans l'espace tri-dimensionnel au-devant de la caméra. Enfin, l'extraction d'invariance et la constitution de formes perceptives sont possibles grâce à l'activité exploratoire du sujet. C'est en quelque sorte l'activité du sujet percevant qui permet de transformer les objets «proximaux» (pour reprendre l'expression de Fodor) en objets «distaux». Ici aussi, il y a construction par l'action d'un monde phénoménal constitué de formes invariantes. L'action n'est donc pas simplement réaction subie, mais plutôt suite d'interrogations adressées à l'environnement et, comme l'écrit A. Berthoz dans son discours de titulariat au Collège de France : *«les sens sont des vérificateurs d'hypothèses et non seulement des éléments d'hypothèses»*.

Nous voudrions développer rapidement un dernier exemple : il nous fait quitter le champ macroscopique du comportement pour nous révéler d'intéressantes propriétés fonctionnelles des réseaux nerveux. Il s'agit ici de montrer comment, à un certain niveau d'organisation du système nerveux central, la distinction entre le sensoriel et le moteur ne semble plus adéquate : on assiste à un véritable couplage sensori-moteur. Ainsi, très récemment[69], les neurones d'une aire du cortex pariétal (aire intrapariétale latérale ou LIP) ont été enregistrés chez le singe entraîné à fixer des cibles visuelles pouvant occuper différentes positions dans le champ visuel. Le type de mouvement oculaire réalisé dans ces conditions est appelé saccade : il s'agit d'un déplacement très rapide de l'œil permettant d'amener précisément l'image d'une cible excentrique sur la fovéa, plage rétinienne à haute acuité. Ces mouvements oculaires saccadiques permettent une exploration active du regard; sans eux la perception visuelle serait gravement perturbée. Mais revenons à nos neurones. Dans la majorité des aires visuelles étudiées, la position du champ récepteur d'un neurone (c'est-à-dire — pour le définir simplement — la portion de la surface rétinienne que ce neurone analyse) est codée dans le système de référence de la rétine. Comme nous l'avons mentionné plus haut, on parle d'un codage rétinocentrique. Dès lors, par rapport à l'espace extérieur, le champ récepteur d'un neurone se déplace avec le mouvement de l'œil de sorte que, à chaque nouvelle fixation, il couvre une nouvelle portion de l'espace visuel. Les neurones de LIP présentent la propriété tout à fait remarquable de pouvoir anticiper les conséquences rétiniennes d'une saccade oculaire. Plusieurs dizaines de millisecondes *avant le début* du mouvement saccadique, le champ récepteur se déplace. En d'autres termes l'intention de mouvement déplace de manière transitoire l'aire rétinienne dans laquelle un stimulus entraîne une réponse neuronale. Sur base d'une copie de l'efférence oculomotrice, la carte visuelle est transitoirement recalibrée. Cette recalibration, qui précède la réalisation du mouvement, est précise : elle prend en compte les paramètres du vecteur saccadique (orientation et amplitude) en cours de programmation. Pour reprendre les termes de Ricœur cités plus haut : l'intention motrice anticipe la sensation et celle-ci la confirme en quelque sorte à mesure. Ici aussi, la phénoménologie a construit un cadre de réflexion sur l'intentionnalité qui intègre parfaitement, nous semble-t-il, ces données de la neurophysiologie moderne sur l'oculomotricité. Citons encore une fois Merleau-Ponty : «*Mon œil est pour moi une certaine puissance de rejoindre les choses et non pas un écran où elles se projettent.*» Et un peu plus loin : «*Le regard (...) enveloppe, palpe, épouse les choses visibles. Comme s'il était avec elles dans un rapport d'harmonie préétablie, comme s'il les savait avant de les savoir, il bouge à sa façon dans son style saccadé et impérieux, et pourtant les vues prises ne sont pas quelconques, je ne regarde pas un chaos, mais des choses, de sorte qu'on ne peut pas dire si c'est lui ou si c'est elles qui commandent. Qu'est-ce que cette prépossession du visible, cet art de l'interroger selon ses vœux, cette exégèse inspirée?*[70]»

CONTREPOINT

Nous voudrions conclure en soulignant tout d'abord la nécessité, dans ce champ d'étude, d'un vaste brassage d'idées et de disciplines. Il nous semble que les temps sont particulièrement féconds à éclairer cet objet «esprit-cerveau», le plus complexe qu'il nous est donné de rencontrer. Travail indéfini d'analyse, espoir d'un aboutissement... Et si la pensée devenait un jour transparente à elle-même, dans l'élégance des architectures et la clarté des formalismes de la cognition? Tentation suprême... Que resterait-il à expliquer encore? Sinon la source même, qui est faite de désir, et la destinée, de mystère. Or, et le désir et le mystère ne se laissent entrevoir qu'*en se dérobant* : non accessibilité absolue de cette dimension-là de notre monde humain. L'art mais aussi le mouvement-même de la connaissance y participent essentiellement. L'œuvre, résultat précaire et provisoire, toujours à jamais recommencée, ne pourra guère se déployer dans la lumière cristalline et sans ombre d'un pur intelligible. Il faudra toujours, chemin faisant, réassumer l'absence et remettre à plus tard le repos. Respect infini pour une parole poétique qui ne cesse de côtoyer la profondeur de la réserve et la gravité du silence. «*Se tenir dans la vérité, écrit J. Beaufret, ce n'est donc pas avoir séjour dans une lumière sans ombre. C'est au contraire s'aventurer dans la lumière du jour jusqu'au secret contre-jour de l'absention qui se réserve en elle et* *qu'elle nous réserve de soutenir*⁷¹.» Sisyphe, entre cristal et fumée..., heureux de sa destinée car «*la lutte elle-même vers les sommets suffit à remplir un cœur d'homme*⁷²». Que serait encore notre espace humain sans l'énigme ? Finirons-nous un jour par évacuer de notre expérience la fascination du vide, de l'ouvert désertique ? L'aurons-nous un jour rempli de nos objets bruyants, rassurés par leur présence encombrante ? Dans tant de bruit, où trouver encore le recueillement ? «*Dans le désert*, écrit J. Ladrière, *il y a d'abord le silence. Mais l'oreille attentive finit par percevoir, au fond même du silence, comme un bruissement, un murmure annonciateur, en lequel se révèle l'imminence toujours suspendue d'une parole. Ce qui s'annonce ainsi, c'est la voix de l'abîme. Elle est toujours seulement sur le point d'être entendue, elle est toujours encore en train de monter depuis les profondeurs, elle n'est toujours que son pressentiment. Et pourtant nous comprenons qu'elle remplit déjà depuis toujours les immensités de l'éclat mystérieux de son indicible puissance*⁷³.» Si nous n'y prenons garde, notre espace humain risque fort de s'encombrer d'objets intelligents à consommer, autant de petits robots polymorphes et efficaces, bruyants et futiles, programmés et sourds, prothèses illusoires de notre énonciation étouffée... «*Aboli bibelot d'inanité sonore*» dit le poète du plus beau chant...

NOTES

[1] M. Heidegger, *Qu'est-ce qu'une chose ?*, Gallimard, 1971, p. 112
[2] J. Ladrière, *Langage scientifique et langage spéculatif*, Revue philosophique de Louvain, tome 69, 1971, p. 92-132 et 250-282.
[3] Ainsi J. Ladrière écrit : «*une théorie n'est au fond que la formalisation plus ou moins complète d'une certaine visée anticipatrice, d'une précompréhension du domaine étudié. Bien entendu, la formalisation donne un contenu précis à cette précompréhension et lui donne en même temps un statut opératoire. Mais cette précompréhension reste présente dans les opérations qui l'expriment. Or elle va plus loin qu'une simple saisie d'une collection déterminée de faits...*», *Signes et concepts en science*, dans «Science et théologie, Méthode et langage», Desclée De Brouwer, 1969, 107-129.
[4] Platon, *Le Banquet*, 205b, Société d'Edition Les belles lettres, 1966, Traduction L. Robin
[5] On trouvera dans A. Chalmers, *Qu'est-ce que la science ?*, Ed. La Découverte, 1987, une excellente introduction à la pensée de I. Lakatos. On trouvera également dans l'ouvrage de B. Feltz, *Croisées biologiques*, Ed. Ciaco, 1991, une fort intéressante analyse de la dynamique d'échantillons très précis de la recherche en biologie à partir des théories de Lakatos.
[6] R. Thom, *La science malgré tout*, Encyclopaedia Universalis, Organum.
[7] Il est amusant de constater par exemple que la récente traduction française du Oxford Companion to the Mind a évité de reprendre le terme Esprit dans le titre, pour le remplacer

par Le Cerveau! On se rappelera aussi comment J-P. Changeux (dans *L'homme neuronal*, Fayard, 1983) joue sur l'ambiguïté du terme pour affirmer une position épistémologique qui ressortit d'un monisme matérialiste radical lorsque, triomphant, il proclame : «*L'homme n'a plus rien à faire de l'«Esprit», il lui suffit d'être un homme neuronal*».

[8] D. Andler, *Progrès en situation d'incertitude*, dans «Une nouvelle science de l'esprit», Le Débat, Gallimard, 1987, p. 5-25; F. Varela, *Connaître*, Seuil, 1989.

[9] Constatant la variété des disciplines en présence et s'interrogeant sur l'éventuelle émergence d'une science cognitive unique, Mandler (*Cohabitation in the cognitive sciences*, dans W. Kintsch, J.R. Miller et P.G. Polson (Eds), Method and Tactics in Cognitive Science. Hillsdale, Erlbaum, 1984) propose l'analogie d'une «cohabitation dans une pension de famille» dont il décrit les règlements internes qui, tout en favorisant une vie familiale faite d'échanges fructueux, respectent l'intimité et la spécificité de chacun...

[10] J-P. Changeux, *op. cit.*, 1983, p. 8.

[11] D. Andler, *op. cit.*, 1987.

[12] D. Dennett, *La stratégie de l'interprète*, Gallimard, 1990, p. 9 : cité par J-N. Missa, *L'esprit-cerveau*, Vrin, 1993, p. 19.

[13] F. Varela, *op. cit.*, 1989.

[14] Notamment, D. Andler, *op. cit.*, 1987; et D. Andler, *Calcul et représentations : les sources*, dans «Introduction aux sciences cognitives», sous la direction de D. Andler, Gallimard, 1992.

[15] Voir notamment F. Varela, *op. cit.*, 1989, p. 30; ainsi que W. Bechtel et A. Abrahamsen, *Le connexionnisme et l'esprit*, La Découverte, 1993, p. 11-13.

[16] Mc Culloch et Pitts, *A logical calculus immanent in nervous activity*, Bulletin of Mathematical Biophysics, 5, 115-133, 1943.

[17] F. Varela, *op. cit.*, 1989; ainsi que F. Varela, E. Thompson et E. Rosch, *L'inscription corporelle de l'esprit*, Seuil, 1993.

[18] Voir notamment les analyses de F. Varela, *op. cit.*, 1989 et F. Varela *et al.*, *op. cit.*, 1993 ainsi que de D. Andler, *op. cit.*, 1987. Une comparaison entre les paradigmes symbolique et subsymbolique est également faite dans P. Smolensky, *IA connexionniste, IA symbolique et cerveau*, dans D. Andler, *op. cit.*, 1992, p. 77-106.

[19] Ces points sont développés dans F. Varela, *op. cit.*, 1989, p. 78 ainsi que dans F. Varela *et al.*, *op. cit.*, 1993, p. 74.

[20] J. Fodor, *La modularité de l'esprit*, Minuit, 1986, p. 58 et suiv.

[21] Pour reprendre l'expression de J-P. Changeux, *op. cit.*, 1983, p. 181.

[22] J. Locke, *Essai sur l'Entendement humain*, cité dans J. Médina, C. Morali et A. Sénik (Eds), *La philosophie comme débat entre les textes*, Magnard, 1984, p. 75.

[23] D. Hume, *Traité de la nature humaine*, livre 1, chapitre 1, Aubier Montaigne, 1968.

[24] Aussi bien dans l'ouvrage déjà cité que dans *Enquête sur l'entendement humain* (notamment dans les sections 4,5 et 7), Aubier Montaigne, 1972.

[25] Cité dans F. Varela *et al.*, *op. cit.*, 1993, p. 197.

[26] Ainsi, Changeux défend une position qui ressortit d'un monisme matérialisme strict, et se rallie à une théorie de l'identité. Dans une interview au journal «Le Monde» du 31/10/82, il déclare en effet : «*J'irai même plus loin en disant qu'elle* (toute activité mentale) *n'est que cela* (l'ensemble des influx nerveux circulant dans des ensembles définis de cellules nerveuses, en réponse ou non à des signaux extérieurs)». Pour une discussion de la théorie de l'identité, voir J-N. Missa, *op. cit.*, 1993, p. 29 et suiv.

[27] E. Kant, *Critique de la raison pure*, P.U.F (coll. Les grands textes, Bibliothèque classique de philosophie), 1981, p. 45-46.

[28] E. Kant, *op. cit.*, 1981, p. 65 et suiv.

[29] J. Paillard, *Les déterminants moteurs de l'espace*, Cahiers de Psychologie, 1971, 14, p. 261-316.

[30] A. Berthoz, *Leçon inaugurale*, Chaire de Physiologie de la perception et de l'action, Collège de France, mars 1993.
[31] Voir notamment A. Berthoz, *Reference frames for the perception and control of movement*, dans «Brain and space», J. Paillard (Ed), Oxford University Press, 1991, p. 81-111.
[32] Pour une revue de ces travaux, voir notamment M. Crommelinck et D. Guitton, *Oculomotricité*, dans «Traité de Psychologie expérimentale», M. Richelle, J. Requin et M. Robert (Eds), Vol. 1, P.U.F., 1994, p. 657-728.
[33] J. O'Keefe and L. Nadel, *The hippocampus as a cognitive map*, Oxford Clarendon Press, 1978.
[34] J. O'Keefe, *Kant and the sea-horse : An essay in the neurophilosophy of space*, dans «Spatial representation», N. Eilan, R. McCarthy et B. Brewer (Eds), Blackwell, 1993, p. 43-64.
[35] M. Piatelli-Palmarini, *Théories du langage, Théories de l'apprentissage. Le débat entre Jean Piaget et Noam Chomsky*, Seuil, 1979.
[36] Par exemple : D. Rumelhart, J. McClelland et PDP Research Group, *Parallel distributed processing : Explorations in the microstructure of cognition, Vol. 1 : Foundations*, M.I.T. Press, 1986; et J. McClelland, D. Rumelhart et PDP Research Group, *Parallel distributed processing : Explorations in the microstructure of cognition, Vol. 2 : Psychological and biological models*, M.I.T. Press, 1986.
[37] Par exemple : W. Bechtel et A. Abrahamsen, *op. cit.*, 1993; T. Horgan et J. Tienson, *Connectionism and the philosophy of mind*, Kluver Acdemic Publ., 1991; G. Van de Vijver, *New perspectives on cybernetics : self-organization, autonomy and connectionism*, Kluver Academic Publ., 1992.
[38] Voir notamment l'analyse du principe de Hebb dans le cadre des modèles connexionnistes dans P. Churchland et T. Sejnowski, *The computational Brain*, M.I.T. Press, 1992, p. 250 et suiv.
[39] Voir néanmoins la discussion actuelle concerant les différences entre les architectures modulaires et en réseaux, dans P. Churchland et T. Sejnowski, *op. cit.*, 1992, p. 316 et suiv.; ainsi que dans W. Bechtel et A. Abrahamsen, *op. cit.*, 1993.
[40] Pour une présentation de cet exemple, voir notamment P. Churchland et T. Sejnowski, *op. cit.*, 1992, p. 115 et suiv.; W. Bechtel et A. Abrahamsen, *op. cit.*, 1993, p. 103 et suiv., ainsi que L. Personnaz, G. Dreyfus et I. Guyon, *Les machines neuronales*, La Recherche, 19, 1988, p. 1362-1371
[41] Cité dans P. Churchland et T. Sejnowski, *op. cit.*, 1992, p. 90.
[42] F. Meyer, *Situation épistémologique de la biologie*, dans «Logique et connaissance scientifique», J. Piaget (Ed.), Gallimard, Encyclopédie de la Pléiade, 1967, p. 789.
[43] Voir notamment, F. Varela, *op. cit.*, 1989, chap. 4; ainsi que G. Van de Vijver, *op. cit.*, 1992.
[44] Pour une présentation succinte du réflexe et des phénomènes de plasticité, voir notamment M. Crommelinck et D. Guitton, *op. cit.*, 1994; et pour son rôle dans la coordination œil-tête, voir A. Roucoux et M. Crommelinck, *Orienting the gaze : a brief survey*, dans «Multisensory control of movement», A. Berthoz (Ed), Oxford University Press, 1993, p. 130-149.
[45] Voir discussion de ce point dans P. Churchland et T. Sejnowski, *op. cit.*, 1992, p. 365 et suiv.
[46] P. Smolenski, *op. cit.*, 1992, p. 88-89.
[47] F. Varela, *op. cit.*, 1989; F. Varela, *Autonomie et Connaissance*, Ed du Seuil, 1989; F. Varela *et al.*, *op. cit.*, 1993.
[48] F. Varela *et al.*, *op. cit.*, 1993, p. 209.
[49] G. Canguilhem, *Le cerveau et la pensée*, in «Georges Canguilhem, Philosophe, historien des sciences», Bibliothèque du Collège international de Philosophie, Albin Michel, 1993, p. 27.

[50] F. Varela *et al.*, *op. cit.*, 1993, p. 212.
[51] M. Merleau-Ponty, *Phénoménologie de la perception*, Gallimard, 1945, p. III.
[52] F. Brentano, cité par A. Métraux, dans «*L'intentionnalité et le problème de la réduction de la psychologie*», Etudes phénoménologiques, tome II, 1986, p. 75-76.
[53] A. de Waelhens, *Existence et signification*, Ed. Nauwelaerts, 1967, p. 92.
[54] M. Merleau-Ponty, *op. cit.*, 1945, p. 431-432.
[55] M. Heidegger, *Qu'est-ce que la métaphysique*, Questions I, Gallimard, 1968, p. 80.
[56] M. Zarader, *Heidegger et les paroles de l'origine*, Vrin, 1986, p. 109.
[57] Cité par M. Zarader, *op. cit.*, p. 114.
[58] Voir notamment T. Winograd et F. Flores, *L'intelligence artificielle en question*, P.U.F., 1989.
[59] J. Searle, *L'intentionalité*, Ed. Minuit, 1985, p. 322.
[60] M. Merleau-Ponty, *La structure du comportement*, P.U.F., 1967, p. 13-14.
[61] M. Merleau-Ponty, *op. cit.*, 1945, p. 160.
[62] Maine de Biran, *Influence de l'habitude sur la faculté de penser*, cité par M. Jeannerod, *Le cerveau-machine*, Fayard, 1983, p. 123.
[63] Voir notamment les développements à ce sujet dans E. Bréhier, *Histoire de la philosophie*, tome III, P.U.F., 1989, p. 552.
[64] P. Ricœur, *Philosophie de la volonté*, tome I, Aubier, 1950, p. 301-302.
[65] On en trouvera une présentation très fouillée dans les ouvrages de M. Jeannerod, *op. cit.*, 1983 et également M. Jeannerod, *The neural and behavioural organization of goal-directed movements*, Oxford Science Publications, 1988. Dans le domaine plus précis de l'oculomotricité, on pourra se référer à M. Crommelinck et D. Guitton, *op. cit.*, 1994.
[66] R. Held et A. Hein, *Movement-produced stimulation in the development of visually guided behavior*, J. Comp. Physiol. Psychol., 56, 872-876, 1963.
[67] J. Piaget, *L'épistémologie génétique*, P.U.F., 1970, p. 12-13.
[68] On trouvera une synthèse critique de la littérature à ce sujet dans M.C. Wanet-Defalque, *Influence de la cécité sur la perception de l'espace*, Thèse de doctorat en Psychologie, UCL, 1987.
[69] J.-R. Duhamel, C. Colby et M. Goldberg, *The updating of the representation of visual space in parietal cortex by intended eye movements*, Science, 225, 1992, p. 90-92.
[70] M. Merleau-Ponty, *Le visible et l'invisible*, Gallimard, 1964, p. 175.
[71] J. Beaufret, *Parménide - Le Poème*, Introduction, P.U.F., 1986, p. 9.
[72] A. Camus, *Le mythe de Sisyphe*, Gallimard, 1942, p. 166.
[73] J. Ladrière, *L'abîme*, dans «Savoir, faire, espérer : les limites de la raison» tome I, Publications des Facultés universitaires Saint-Louis, 1976, p. 191.

Chapitre 7
Le « mind-body problem » en neurobiologie : de l'âge « classique » à l'âge « quantique » ?
G. FORZY et Ph. GALLOIS

Pour les neurobiologistes, la question de la relation de l'esprit au corps («Mind-Body Problem») représente un vieux problème récemment dépoussiéré en raison du développement de l'intelligence artificielle et des sciences cognitives. Les publications des spécialistes contemporains des neurosciences laissent entrevoir des réponses très diversifiées. Le neurophysiologiste J. Eccles, dans un essai intitulé «the self and its brain» (1977) rédigé en collaboration avec le philosophe K. Popper, défend une position dualiste typiquement cartésienne. Comme Descartes, il rencontre les mêmes difficultés à rendre compte de l'interaction entre «la chose étendue» et «la chose pensante». Cet «impensé» a conduit certains à simplifier le problème en supprimant l'un des termes de la dualité corps-esprit. A dire vrai, peu de scientifiques à l'heure actuelle s'aventurent à défendre une thèse idéaliste qui donnerait la primauté à la réalité spirituelle. H. Bergson, que l'on peut considérer, au vu de ses travaux sur la mémoire et le langage, comme un précurseur en neurosciences, est peut-être l'un des derniers à avoir exploré cette voie. Pour lui, en effet, la conscience «déborde de tout côté» le cerveau qui n'est qu'un simple «organe de pantomime», destiné à fournir un accompagnement moteur à la pensée.

Supprimer ou atténuer l'autre terme de la dualité conduit à défendre des positions matérialistes. J.P. Changeux, dans «l'homme neuronal», propose une forme radicale que l'on peut qualifier de «matérialisme éliminatif». «L'homme n'a dès lors plus rien à faire de l'esprit, il lui suffit d'être un homme neuronal». Selon P. Jacob (in D. Andler), «le matérialisme réductionniste» constitue une version plus modérée, due à H. Feigl et à B. Russel, postulant une identité forte entre états mentaux et états cérébraux.

Quant au «fonctionnalisme» (H. Putnam, D. Dennett), solution la plus en vogue chez les cognitivistes, il établit une identité faible entre ces deux termes; les fonctionnalistes recourant volontiers à la métaphore du programme informatique «implémenté» sur un ordinateur, pour rendre compte des relations entre événement mental et événement cérébral. Dernière version du matérialisme cognitiviste, peut-être la plus prometteuse, le «néoconnexionisme» (P. Smolenski) se présente comme un monisme «émergentiste». Dans ce paradigme «subsymbolique», la cognition se joue au «microniveau», inscrite de manière dynamique dans la complexité et les nœuds des réseaux neuronaux, d'où émergent les structures mentales.

Une analyse historique révèle une certaine influence des connaissances physiques et techniques d'une époque sur l'élaboration des modèles neurobiologiques ainsi que sur les réponses proposées au «Mind-Body Problem». L'évolution des idées sur l'influx nerveux en constitue une bonne illustration. Considéré de manière pneumatique puis hydraulique au XVIIe et XVIIIe siècle, électrique au XIXème, il est décrit au XXe siècle de manière chimique puis électrochimique (J.P. Changeux). N'oublions pas que pour Descartes, dans une vision imprégnée des théories mécaniques, l'âme exerçait une poussée sur l'épiphyse cérébrale qui à son tour dirigeait les mouvements des esprits animaux, dans un parfait respect des lois physiques de l'époque.

L'idée directrice de ce travail est donc d'essayer d'aborder le «Mind-Body Problem» avec l'éclairage fourni par les avancées théoriques de la physique du XXe siècle et les réflexions des physiciens contemporains. Comme le propose M. Lockwood, l'esprit doit être confronté à la matière de Schrödinger, Heisenberg, Dirac et non à celle plus rassurante de Gallilée, Descartes ou Newton. Et c'est là que réside la première difficulté. Avec la physique quantique, «incontestablement ce scandale intellectuel du siècle» (R. Thom), on quitte les rivages tranquilles de la logique classique, de la représentabilité et du déterminisme pour aborder un monde d'abstraction, d'indéterminisme et de paradoxe. «Je crois pouvoir dire à coup sûr que personne ne comprend la mécanique quantique» rappelait R. Feynmann, tandis que N. Bohr affirmait que quiconque n'était pas choqué par elle ne l'avait pas comprise.

La seconde difficulté est d'ordre méthodologique. Toute tentative de rapprochement de deux domaines de connaissance, et ils sont ici en première analyse fort éloignés, est chose risquée.

N'oublions pas, entre autres, la mise en garde de H. Atlan contre le risque de «mélange des genres, de niveaux et de vocabulaires». Une justification de cette entreprise téméraire peut cependant être trouvée dans un courant épistémologique privilégiant l'approche qualitative, la forme et la recherche d'isomorphisme. Ainsi R. Thom, à la suite de K. Lorenz, pense que «toute analogie, pourvu qu'elle soit acceptable sémantiquement, est vraie». «L'analogie, la métaphore, contrairement à la vision commune qui en fait quelque chose d'approximatif, de flou, m'apparaît comme une relation stricte et que l'on peut, dans bien des cas, exprimer mathématiquement.»

LES LOIS DE LA PHYSIQUE QUANTIQUE SONT-ELLES APPLICABLES EN BIOLOGIE?

La force nucléaire faible, l'une des quatre interactions fondamentales de la nature, responsable de la radioactivité bêta, viole la règle d'invariance; elle ne respecte pas la symétrie par réflexion. En 1984, S. Mason trouve là l'explication de l'asymétrie des molécules biologiques qui privilégie, par exemple, les isomères gauches des acides aminés (voir A. Salam). Pour M. Corballis, cette même asymétrie de la force faible rendrait compte, non seulement de certaines asymétries morphologiques du monde animal et végétal, mais aussi de la spécialisation hémisphérique cérébrale et de la latéralité humaine. Ainsi, la préférence manuelle droite propre à l'homme, inscrite dans les circonvolutions corticales de l'hémisphère gauche, ne serait que le reflet d'une asymétrie fondamentale de la nature présente dès l'échelon microphysique.

Dans son ouvrage : «Qu'est-ce que la vie?», E. Schrödinger démontre d'une manière simple et brillante que les lois de la physique quantique assurent la stabilité des biomolécules (théorie d'Heitler, London) et sous-tendent les mécanismes de l'hérédité; les mutations chromosomiques ne sont en fait que des sauts quantiques moléculaires au niveau des gènes (la découverte du quantum d'action nous a appris que toute variation de l'énergie d'un atome ou d'une molécule doit être considérée comme un processus élémentaire, saut quantique qui fait passer cet atome d'un état d'énergie à un autre).

Certaines données expérimentales révèlent que de tels phénomènes quantiques sont à prendre en compte en neurophysiologie. Un simple photon frappant la rétine suffit en effet à déclencher dans des conditions expérimentales précises un potentiel de nerf. De même, une stimulation constituée de sept photons est suffisante pour produire une perception lumineuse chez l'homme. Il a pu aussi être montré que la sensibilité des récepteurs de la muqueuse olfactive était de l'ordre d'une molécule chimique (cité par N. Bohr, 1932 et R. Penrose, 1989). Au vu de ces résultats, Penrose soulève l'hypothèse de l'existence de neurones dans le système nerveux humain fonctionnant à un niveau quantique. Un autre physicien, H. Stapp, suggère même que les mécanismes électrochimiques du fonctionnement synaptique seraient contrôlés par des processus quantiques. Lockwood et d'autres vont plus loin en spéculant sur la possibilité d'états quantiques macroscopiques dans le système nerveux central, liés à la survenue du phénomène connu sous le nom de condensation de Bose. Ces états quantiques cohérents, signalés par Frölich, permettraient alors au cerveau de fonctionner comme un ordinateur quantique. Ce terme (quantum computer) a été proposé par Deutsch pour désigner un système de traitement d'informations basé sur le parallélisme quantique, qui autoriserait la réalisation d'opérations non algorithmiques. Ces faits expérimentaux et ces hypothèses apportent des arguments en faveur de la pertinence de l'application des théories quantiques à la neurobiologie. Il n'est pas exclu qu'elle puisse aussi concerner le fonctionnement mental et la conscience.

Le psychiatre I. Marshall et le physicien R. Penrose envisagent même que ces états de condensation de Bose cérébraux puissent sous-tendre les mécanismes de la conscience et rendre compte de son caractère unitaire. Penrose, dans son ouvrage «*The emperor's new mind-concerning computers minds and the laws of physics*» défend de manière brillante l'opinion que l'intelligence artificielle est trop limitative pour appréhender l'esprit qui ne peut être réduit à un simple processus algorithmique. Pour lui, dans le monde mécaniste de Newton, simple «jeu de boules de billard», il n'y a pas de place pour l'esprit. En revanche, la théorie quantique ne peut-elle jouer un rôle crucial dans la physique qui sous-tend nos processus de pensée? Par cette question fondamentale, Penrose rejoint N. Bohr qui affirme que les processus mentaux impliquent des phénomènes énergétiques si faibles qu'ils doivent être régis nécessairement par des effets quantiques. Il est vrai que la notion de conscience est au cœur même de la problématique de la mesure en physique quantique. Lors de la mesure, se produit en effet une interaction complexe entre un système microphysique, un appareil de mesure macroscopique et l'observateur;

l'ensemble constituant la chaîne de Von Neumann. Avant toute observation, l'équation de Schrödinger décrit de manière continue et déterministe l'évolution de la superposition d'états de ce système. Lors de la mesure, de manière discontinue et irréversible, la réduction (collapse) de la fonction d'onde sélectionne l'un des états du système observé. En quel point de la chaîne de Von Neumann se produit le collapse ? Il s'agit là d'une des questions les plus fondamentales de la physique quantique à laquelle les physiciens théoriciens n'ont pas fourni de réponse définitive. Selon E. Wigner (1962), c'est la conscience même de l'observateur qui réduirait la fonction d'onde.

M. Lockwood, abordant avec «Mind, brain and the quantum» les rapports de l'esprit au corps, pose en prémisses l'affirmation Russellienne que «nous sommes informés de manière directe et transparente de nos propres états cérébraux». Il fait ensuite appel aux concepts de la physique pour développer une version actualisée de cette «théorie de l'identité» (H. Feigl). Il propose donc une représentation spatiale des états du système physique cérébral, identifiés aux qualités phénoménales de la conscience. A la différence de P. Churchland qui représente dans un espace classique à trois dimensions la fréquence des potentiels neuronaux, M. Lockwood envisage une description des états quantiques cérébraux dans l'espace de Hilbert au nombre infini de dimension.

Pour contourner les difficultés conceptuelles inhérentes au phénomène de réduction de la fonction d'onde, il développe une interprétation de la physique quantique qui considère le monde comme une somme de perspectives. Cette version, proche de la théorie des mondes multiples d'Everett, rend caduque la notion de «collapse» tout en faisant jouer à la conscience un rôle essentiel de sélection. Ces quelques exemples indiquent donc que la physique du XXe siècle accorde une position centrale à la notion de conscience et que certains physiciens rapprochent la problématique de la mesure de celle des relations du corps et de l'esprit. Dans cette discussion, il semble donc nécessaire de prendre en compte les points saillants de la théorie quantique, à savoir : l'opposition «continu et discontinu», le principe de complémentarité et la tendance à l'unification.

LE CONTINU ET LE DISCONTINU

Au début du XXe siècle, le physicien Planck a introduit du discontinu dans le «livre de la nature», à une époque où le continu était la règle. C'est pour expliquer la distribution de l'énergie dans le rayonnement d'un corps noir, qu'il a créé le fameux quantum d'action, noté h. En fait, la première forme de discontinuité avait été introduite vingt-quatre siècles auparavant par Leucippe et Démocrite dans leur description d'atomes isolés dans un espace vide. Cet atomisme grec, pour E. Schrödinger, a été forgé en réaction aux apories du continu en mathématiques.

De cette réalité microphysique discrétisée par Planck, l'équation de Schrödinger décrit l'évolution temporelle de manière continue et déterministe. Le discontinu réapparaît cependant lors du processus de la mesure. L'observation provoque en effet la réduction (le collapse) de la fonction d'onde permettant la transition du possible au réel. Selon les termes d'Heisenberg : « lors de l'observation, notre connaissance du système a changé de façon discontinue, la représentation mathématique a également subi un changement discontinu et nous pouvons parler de saut quantique ».

Cette dualité du continu et du discontinu, caractéristique des phénomènes microphysiques, peut aussi être retrouvée à d'autres niveaux en neurobiologie et même en psychologie. Les mécanismes neurophysiologiques élémentaires reposent en effet sur des phénomènes électriques membranaires, locaux ou propagés. Chaque neurone réalise une sommation de type analogique des différents signaux reçus, en faisant varier de manière continue son potentiel de membrane. Celui-ci, à partir d'un certain seuil de dépolarisation, donne naissance à un potentiel d'action, phénomène discontinu répondant à la loi du tout ou rien qui se propage ensuite le long de l'axone de manière apparemment continue. En fait, une analyse plus fine révèle que tout point de la membrane axonique, il est recréé de manière discontinue en raison des modifications de perméabilité des canaux ioniques. Lors de la propagation de l'influx nerveux (potentiel d'action), dans le réseau neuronal, le discontinu fait irruption au niveau des synapses (solution de continuité entre deux neurones). Cette jonction synaptique, infranchissable au signal électrique, donne lieu à un intermède neurochimique caractérisé par la libération de quanta de molécules de neuro-transmetteurs qui se fixent sur la membrane post-synaptique pour recréer le potentiel électrique. Ces quelques exemples montrent donc que le jeu du continu et du discontinu est à la base même du fonctionnement neurophysiologique. De même en psychophysiologie, les stimulus sensoriels délivrés sur un mode continu et perçus aussi de manière continue sont en fait codés en fréquence de manière discontinue, sous forme de trains de potentiels d'action. Dans le domaine psychologique, N. Bohr et R. Thom ont opposé le caractère continu du langage à sa nécessaire discrétisation sous forme de phrases, de mots et de syllabes. De même, le flux continu de la conscience repose sur une succession discontinue de pensées et d'images. Bergson, dans son livre « L'énergie spirituelle », développe une belle métaphore de la conscience continue. « Notre vie intérieure tout entière est quelque chose comme une phrase unique entamée dès le premier éveil de la conscience... je crois par conséquent aussi que notre passé tout entier est là subconscient. » Il lui oppose le souvenir utile, sélectionné séquentiellement pour assurer la parfaite insertion de l'esprit dans la réalité. Cette conception de la « mémoire pure », se développant de façon continue, rappelle la description de la fonction d'onde donnée par l'équation de Schrödinger; Alors que la sélection discontinue d'une image mentale opérée par le cerveau, « organe de l'attention à la vie », peut être rapprochée du collapse de cette fonction d'onde. Ce jeu contradictoire du continu et du discontinu n'est qu'un exemple du principe de complémentarité.

LE PRINCIPE DE COMPLÉMENTARITÉ

Le terme de complémentarité a été introduit par N. Bohr, en 1927, à la conférence de COMO, pour exprimer la relation existant entre des faits d'expériences obtenus par des montages différents et ne pouvant être décrits que par des images mutuellement exclusives mais se complétant l'une l'autre; seule leur juxtaposition permet d'acquérir la totalité du phénomène.

La double nature ondulatoire et corpusculaire de la lumière perçue par Einstein constitue en physique le premier exemple de complémentarité. Cette double nature corpusculaire et ondulatoire, étendue ensuite par De Broglie, a été confirmée par l'expérience des fentes de Young. Il faut en rapprocher le principe d'incertitude d'Heisenberg qui postule qu'on ne peut obtenir que des informations partielles et complémentaires sur une particule; soit la quantité de mouvement, soit la position. Il est important de rappeler que le principe de complémentarité (Bohr) et le principe d'incertitude (Heisenberg) sont les deux piliers de l'interprétation de Copenhague de la physique quantique.

Historiquement, les vues de cette école se sont heurtées à celles d'Einstein (et à un moindre degré de Schrödinger) qui n'ont jamais accepté cette renonciation, implicitement contenue, à la représentabilité des phénomènes quantiques.

Par la suite, N. Bohr, peut-être pour tenter de justifier ce « langage extravagant », étend largement l'application de ce concept, pensant qu'il peut aider à surmonter certaines difficultés dans d'autres domaines scientifiques.

Dès 1932, il signale qu'en biologie les conditions d'une analyse physico-chimique fine sont contradictoires avec l'impératif de connaître les caractéristiques du vivant. Autrement dit, la nécessité pour le biologiste de maintenir en vie les animaux d'expériences le prive d'informations détaillées sur le fonctionnement physiologique. Dans sa conférence «Light and life» (1932), Bohr décrit la vie comme un phénomène élémentaire et irréductible comparable, en cela, au quantum d'action de la physique. Sur la fin de sa vie, cependant, il est revenu sur cette vue qualifiable, par certains aspects, de vitaliste. Informé des travaux de W. James, il a aussi introduit la notion de complémentarité en psychologie. Elle permet, selon lui, d'éclairer la dialectique de l'expérience introspective au cours de laquelle l'attention portée aux états de conscience suffit à en modifier le contenu. La partition entre sujet et objet, lors de l'introspection, rappelle la distinction classique dans le domaine de la physique entre appareil expérimental et système étudié. Etendant son analyse aux couples d'opposés, raisonnement et action, pensée et sentiment, Bohr a essayé de montrer que l'un des concepts les plus révolutionnaires de la physique quantique débordait du champ de la physique vers la biologie mais aussi la psychologie.

L'UNIFICATION EN PHYSIQUE

Un effort d'unification théorique parcourt l'histoire de la physique depuis la renaissance. Galilée par son principe de symétrie a affirmé l'universalité des lois physiques et Newton en définissant la constante de gravité a montré l'identité de la gravité terrestre et céleste. Grâce aux travaux de Faraday et d'Ampère, au début du XIXe siècle, l'électricité et le magnétisme se révélèrent être les deux aspects d'une même force, l'électromagnétisme, que Maxwell, cinquante ans plus tard, rattache à l'optique. Au XXe siècle, Einstein révolutionna la physique par sa description unitaire de l'espace et du temps, qu'il compléta, dix ans plus tard, dans la théorie de la relativité générale, par une description géométrique de la gravité. Dans les développements ultérieurs, il faut souligner l'importance de la théorie quantique des champs permettant de rendre compte des phénomènes de création et d'annihilation des différentes variétés de particules : photons, électrons, positons, mesons... (A. Pais). Le «grand œuvre» de la physique à partir des années 50 a consisté à unifier les quatre interactions fondamentales que sont la gravité, l'électromagnétisme et les deux forces nucléaires forte et faible. Les théoriciens, Glashow, Salam et Weinberg, reçurent en 1979 le prix Nobel pour leur travail théorique d'unification de l'électromagnétisme et de l'interaction faible. Bien vite, pour dépasser ce modèle standard, les physiciens firent entrer en scène le principe de super-symétrie afin de conceptualiser «la grande unification des forces électro-faible et forte». Ces dernières années, les théories de super-gravité, unifiant gravitation et force électronucléaire, rejoignent le vieux rêve de Maxwell et d'Einstein d'une théorie du champ unifié, dont la version des «super-cordes» est la plus prometteuse. Dans cette réflexion théorique «à la frontière», la physique de l'infiniment petit rejoint celle de l'infiniment grand, tissant des liens étroits entre physique des particules et cosmologie, à tel point que pour certains elles ne constituent qu'une discipline unique. Le physicien Cohen Tannoudji propose de dénommer cette unification ultime, «la matière-espace-temps»; unification catégorielle qui devrait permettre à la physique de dialoguer à part entière avec la philosophie. «Les autres approches, qu'elles soient philosophiques ou politiques, mystiques ou esthétiques, ne peuvent plus aujourd'hui faire l'économie de l'acquis scientifique.» Ce même auteur établit une distinction nette entre cette tendance unificatrice et une vision réductionniste. Selon lui, la physique participerait en fait au mouvement général de dépassement du réductionnisme. La situation apparaît bien différente en biologie dont le projet, à l'exception de quelques thèmes unificateurs, reste largement réductionniste. Que le neurobiologiste aborde le «Mind-Body Problem» avec un tel regard de physicien est donc peut-être chose féconde.

LA PHYSIQUE MODERNE PEUT-ELLE ÉCLAIRER LE «MIND-BODY PROBLEM»?

Il apparaît donc que certains aspects conceptuels et philosophiques de la physique quantique peuvent contribuer à la réflexion sur les relations entre corps et esprit. C'est du moins l'intuition de plusieurs physiciens, comme R. Penrose et P. Davies, qui confèrent à la mécanique quantique «un rôle essentiel pour comprendre les phénomènes mentaux». Méthodologiquement, deux approches semblent se dégager; la première, qui envisage des liens immédiats entre ces deux domaines, attribue une position déterminante au concept de conscience. Ainsi, pour le mathématicien W.K. Clifford (cité par L. Lockwood), l'univers est constitué fondamentalement de conscience (Mind-Stuff). Il est en cela rejoint par E. Wigner qui, dans les années 60, postule une relation intime et inévitable entre le fonctionnement quantique et la conscience humaine, qu'il considère comme une réalité ultime. Dans la même veine, le physicien P. Jordan a développé une théorie du libre arbitre humain fondé sur l'indéterminisme quantique; position qu'a vivement critiquée E. Schrödinger. Le phénomène mystérieux de réduction de la fonction d'onde a aussi suggéré des interprétations voisines. Pour H. Stapp, il serait à la base de l'expérience subjective du choix, alors que, pour H. Bondi, il rendrait compte de la sensation d'écoulement du temps.

La deuxième approche, plus indirecte, mais aussi moins aventureuse, recherche des éléments d'isomorphisme entre ces deux champs de connaissance. Cette méthode consiste à élaborer des analogies à partir de points saillants repérés dans le domaine de la physique comme l'opposition continu/discontinu, le principe de complémentarité et le courant unificateur qui traverse la recherche théorique. Les théories d'unification ont montré que, lors de l'évolution de l'univers, les interactions se différencient grâce à un mécanisme de « brisure de symétrie ». C'est ainsi que la force électrofaible donne naissance à l'électromagnétisme d'une part, et à l'interaction faible d'autre part (A. Salam). De manière métaphorique, on peut donc concevoir que corps et esprit se différencient complémentairement à partir d'une réalité plus fondamentale, le « corps-esprit », grâce à ce mécanisme de brisure de symétrie. Dans cette démarche, la tendance à l'unification, transposée au plan anthropologique, ne milite pas en faveur d'un dualisme substantiel comme celui de Descartes mais oriente plutôt vers une conception moniste. Celle-ci peut être précisée par l'introduction du principe de complémentarité, comme le suggère P. Davies, lorsqu'il affirme que la complémentarité de l'onde et du corpuscule rappelle celle de l'esprit et du corps. Ce principe, qui stipule la non-réductibilité l'un à l'autre de l'onde et du corpuscule, ne supporte pas les thèses idéalistes et matérialistes qui respectivement donnent la prééminence à l'esprit ou à la matière. B. d'Espagnat a bien exprimé cette exigence d'unité et de complémentarité : « Pour moi, l'esprit et la réalité empirique, la matière si vous voulez, jaillissent ensemble à partir de la réalité indépendante, je mets donc l'esprit et la matière sur le même plan ». Ce monisme substantiel, à l'origine d'une description complémentaire du corps et de l'esprit, a quelques résonances pour les philosophes. Présent chez certains présocratiques, il trouve son épanouissement au XVIIe siècle chez Spinoza. Il est à rappeler que ce philosophe tient une place importante dans la réflexion conduite par Schrödinger sur la nature de la conscience. Dès les années trente, N. Bohr signale aussi que la philosophie de Spinoza a vu son cadre s'élargir par suite des développements de la mécanique quantique et il rapporte à ce sujet une discussion avec Einstein à Princeton en 1937. C'est aussi au philosophe hollandais que B. d'Espagnat fait référence quand il s'agit pour lui d'illustrer sa conception d'une réalité fondamentale, non locale et non séparable. Il est vrai que la substance spinoziste n'est pas sans rappeler le «réel lointain» ou «réel voilé», ne serait-ce qu'en raison de son caractère unitaire et auto-référent. «Par substance, j'entends ce qui est en soi et est conçu par soi, c'est-à-dire dont le concept n'exige pas le concept d'une autre chose à partir duquel il devrait être formé (éthique I, 3). Cette substance «matrice de pensée» et «matrice d'étendue» (R. Misrahi) est en effet au cœur même de sa doctrine unitaire de l'homme. Spinoza critique sévèrement le dualisme ontologique de Descartes et en particulier l'interaction entre «la chose étendue» et «la chose pensante» : «Vraiment..., je ne puis assez m'étonner que ce philosophe soutienne une hypothèse plus occulte que toutes qualités occultes... quelles conceptions claires a-t-il d'une pensée étroitement liée à une certaine partie de la quantité?.» Dans son anthropologie unitaire, Spinoza définit le corps comme un mode fini de l'attribut étendue et l'esprit comme un mode fini de la pensée, un autre attribut de la substance; celle-ci assure l'unité des phénomènes corporels et mentaux qui évoluent de manière parallèle sans avoir à recourir à une interaction transversale : «l'ordre et la connexion des idées sont les mêmes que l'ordre et la connexion des choses» (éthique II, 7). Pour tenter de préciser cette réalité ultime qui, chez Spinoza, est synonyme de nature, et de Dieu, certains physiciens contemporains ont pris en considération les métaphysiques orientales. Ainsi, N. Bohr a choisi pour blason le symbole du Yin et du Yang, de la philosophie chinoise du Tao, avec la maxime suivante : «contraria sunt complementa». La recherche la plus approfondie a sûrement été celle de Schrödinger, en direction de la tradition du Véda et plus précisément du Vedanta, l'un des six systèmes de la philosophie indienne. L'Advaïta Vedanta, «non dualisme absolu», a trouvé son épanouissement dans l'interprétation des Upanishads faite par Cankara au VIIe siècle de notre ère. Le physicien autrichien, dans plusieurs ouvrages, a rapproché la substance spinoziste du brahman (l'être), défini par les textes upanishadiques comme la réalité ultime, éternelle et impérissable. La Bhagavad-Gita complète cette description en précisant que la nature essentielle du Brahman est pure conscience. Ce n'est pas ici le lieu de développer les convergences de vue entre Spinoza et Cankara, mais il semble utile de souligner quelques points essentiels. Tout d'abord, ces deux philosophes ont élaboré une ontologie moniste, complétée d'une anthropologie unitaire dans laquelle esprit et corps apparaissent comme deux séries parallèles, complémentaires et unifiées au niveau fondamental. L'un comme l'autre, en fait, ont proposé une philosophie pratique de la libération, réservée aux chercheurs déterminés, ayant pour pivot central la joie et la béatitude : «c'est en effet de la béatitude que naissent tous les êtres et par la béatitude qu'ils subsistent, c'est à la béatitude qu'ils retournent», proclame la Taïttirya Upanishad. «J'y traiterais donc de ce qu'est la liberté de l'esprit, autrement dit la béatitude.» (éthique V, préface).

La démonstration mériterait d'être poursuivie, ces deux traditions bien souvent s'éclairant mutuellement, notamment pour les notions d'ignorance, de connaissance et de libre arbitre.

Cet essai d'approfondissement du «Mind-Body Problem», en s'appuyant sur les données de la physique contemporaine, laisse entrevoir quelques perspectives. Tout d'abord, cette tentative fournit des informations négatives en réfutant certaines réponses : celles plutôt inspirées d'une approche «classique». D'autre part, la transposition au plan anthropologique du principe de complémentarité et de l'unification catégorielle propres à la physique suggère une analogie où corps et esprit apparaissent, dans le cadre d'un monisme substantiel, comme deux modes complémentaires. Cet éclairage, non plus «classique» mais «quantique», actualise de manière inattendue la doctrine de Spinoza mais aussi celle de Cankara (Védanta), qui lui est sœur par bien des aspects. «Vieille, très vieille marchandise; elle sort de nos ateliers, c'est nous philosophes qui l'avons fabriquée!» s'exclameront certains à la suite de Bergson. Peut-être, mais il sera possible de leurs répondre que, ces dernières années, plusieurs grands théoriciens, dont N. Bohr, E. Schrödinger et B. d'Espagnat, lui ont prêté beaucoup d'attention et de considération. Une nécessaire confrontation est cependant à envisager entre cette conception de la relation de l'esprit au corps et celles issues de la phénoménologie et du cognitivisme, bien plus familières aux neurobiologistes. Ceux-ci peuvent cependant être séduits par le caractère éminemment pratique du Spinozisme et du Védanta. Rappelons que toutes deux sont en premier lieu des philosophies pratiques de la réalisation de soi. Cette préoccupation du concret amène Spinoza à proposer l'élaboration d'une «médecine harmonieuse», alors que la tradition du Védanta se complète d'un système médical global, conçu dans le droit fil de cette anthropologie (Ayur-véda). Peut-être y-a-t-il là matière à recherches et réflexion, dans la direction indiquée par D. Chopra, d'une «médecine quantique[1]».

NOTE

[1] Nos remerciements vont à Gabrielle GALLOIS pour la relecture critique du manuscrit, au Docteur Patrick HAUTECŒUR pour les échanges d'idées et à Marie-Noëlle DEQUEKER pour le travail dactylographique.

Quatrième partie

PHILOSOPHIE DE LA BIOLOGIE

Chapitre 8
Mort du cerveau et «état végétatif chronique» : le problème de la relation esprit-cerveau à la fin de la vie
J.-N. MISSA

> «Death is always the same, but
> each man dies in his own way»
> Carson McCullers, *Clock Without Hands*

1. LA RELATION ESPRIT-CERVEAU

Schématiquement, face au problème métaphysique de la relation du cerveau et de l'esprit, deux attitudes sont possibles : celle qui tend à rapprocher l'esprit de la matière : c'est le matérialisme; celle qui tend à en faire un «principe spirituel» indépendant irréductible à tout élément matériel : c'est le spiritualisme. Divers courants existent au sein du matérialisme. Les matérialistes «durs» ont voulu identifier esprit et cerveau : l'esprit est le cerveau, le cerveau est l'esprit. C'est la thèse de certains philosophes anglo-saxons[1]. C'est également la thèse de nombreux neuroscientifiques[2].

Ce matérialisme dur présente une lacune majeure, celle de ne pas pouvoir rendre compte de l'aspect intérieur, subjectif de la «vie de l'esprit». Dans un article de 1974 devenu classique — intitulé : «Quel effet cela fait-il d'être une chauve-souris?» (What is it like to be a bat?) —, le philosophe américain Thomas Nagel prétend qu'on aura beau étudier de façon exhaustive le fonctionnement de l'appareil nerveux de la chauve-souris, l'effet que cela fait à une chauve-souris d'être une chauve-souris lui échappera toujours. Le caractère subjectif de l'expérience de la chauve-souris est inaccessible à tout observateur extérieur. Il en va de même pour le caractère subjectif de l'expérience humaine.

Prenons l'exemple de la perception d'une image visuelle. Un chercheur qui examinerait le cerveau d'un visiteur du Louvre contemplant la Joconde pourrait enregistrer l'activité électrique de cellules dans le cortex visuel. Cependant la perception interne de l'image du tableau de Mona Lisa se produisant dans l'esprit du visiteur lui demeurera hors de portée.

La perception de cette personne (le visiteur du Louvre) se produit à l'intérieur de son esprit. Ce type d'intériorité paraît bien être inaccessible à l'homme de science comme à tout autre spectateur. S'il est possible d'ouvrir la boîte crânienne et de regarder l'intérieur (aujourd'hui, il n'est d'ailleurs guère plus nécessaire d'ouvrir le crâne puisque, grâce aux nouvelles techniques d'imagerie médicale, on peut visualiser directement l'activité des diverses régions cérébrales), on ne peut ouvrir l'esprit et voir à l'intérieur.

C'est pour cette raison que nous considérons qu'il faut adopter la théorie du double aspect[3]. Cette conception proclame, en substance, que l'esprit constitue la face subjective, le cerveau la face objective d'une même entité, entité que nous appelons l'esprit-cerveau[4]. Cette conception a l'avantage d'être compatible avec le matérialisme[5] tout en évitant les aléas du matérialisme dur.

2. LA RELATION ESPRIT-CERVEAU À LA FIN DE LA VIE

Dans cet article, nous voudrions étudier comment philosophes et médecins envisagent la relation entre l'esprit et le cerveau (anciennement appelée relation âme-corps) à la fin de la vie humaine. Il s'agit là d'une investigation du problème esprit-cerveau dans sa relation avec le concept de mort.

Les définitions de la mort ont toujours été étroitement liées à la question de l'âme et du corps. Les premières définitions de la mort s'inscrivent dans un cadre dualiste. Pour les anciens, la mort de l'homme est le moment où l'âme quitte le corps : «N'est-il pas vrai que le sens précis du mot "mort", c'est qu'une âme est détachée et mise à part du corps ?», écrit Platon dans le *Phédon*[6]. A l'opposé, la production d'un être vivant humain exige l'entrée de l'âme dans le corps. Au XVIIe et XVIIIe siècles, cette conception dualiste commence à être battue en brèche par des doctrines matérialistes. La Mettrie, par exemple, affirme que les états de l'âme sont corrélatifs à ceux du cerveau. Toutefois, la pleine évidence de l'intimité du lien entre esprit et substrat cérébral n'apparaît qu'au XIXe siècle. A cette époque, les penseurs matérialistes renoncent à identifier la vie à l'entrée de l'âme dans le corps, la mort à la sortie de l'âme de son enveloppe charnelle. Les physiologistes du XIXe siècle mettent en évidence les liens étroits existant entre les facultés mentales — que les philosophes du XIXe dénomment encore «facultés de l'âme» — et le cerveau. La définition de la mort comme séparation de l'âme et du corps devient impossible dans ce nouveau cadre conceptuel matérialiste où l'esprit et le cerveau forment les deux faces d'une même entité. Dans cette optique, esprit et cerveau sont indissociables : l'esprit conscient naît avec le développement du système nerveux central au cours de l'ontogénèse et meurt lors de la destruction du cerveau. Dans la seconde moitié du XXe siècle, la mort cérébrale (*brain death*) devient ainsi le critère médical et légal de la mort.

2.1. Mort du cerveau et état végétatif chronique

Avant 1960, la mort est encore déterminée par l'arrêt du fonctionnement du cœur et des poumons. Le perfectionnement des technologies de réanimation et la naissance des premières greffes d'organe rendent bientôt ce critère inadéquat : le corps peut être maintenu artificiellement en vie alors que le cerveau est irrémédiablement détruit. En 1959, Mollaret et Goulon donnent le nom de «coma dépassé» à cet état où le maintien artificiel de la circulation sanguine et de la respiration est possible alors que les fonctions cérébrales sont abolies[7]. En 1968, un comité *ad hoc* de l'école de médecine de Harvard identifie le syndrome de coma dépassé (*irreversible coma*) à celui de mort du cerveau (*brain death*) et recommande que les signes de la mort cérébrale — absence de réponse aux stimuli extérieurs ; abolition de l'activité musculaire spontanée et caractère entièrement artificiel de la respiration ; abolition des réflexes — deviennent le critère de la mort[8]. La plupart des pays acceptent cette nouvelle conception : la mort de la personne est définie comme mort de son cerveau (cessation totale du fonctionnement du cerveau). La vie biologique du corps d'un individu en état de mort cérébrale ne peut être maintenue artificiellement que durant une courte période de temps (quelques jours). Les signes cliniques essentiels de la mort cérébrale sont provoqués par la destruction du tronc cérébral (*brainstem*), partie du système nerveux central où sont notamment localisés les centres responsables du cycle physiologique veille-sommeil et de la respiration spontanée. Cliniquement, la mort du cerveau dans sa totalité (*brain death*, *whole brain death*) équivaut donc à la mort du tronc cérébral (*brain stem death*[9, 10]).

Pour certains, le critère de mort cérébrale n'est pas satisfaisant : il exclut, en effet, les patients en état végétatif chronique[11] (*persistent vegetative state*), état provoqué par une destruction massive du cortex cérébral avec préservation du tronc cérébral[12]. Chez ces patients inconscients, les capacités respiratoires spontanées ainsi que les fonctions végétatives liées à l'activité du tronc cérébral sont toujours présentes. Ils peuvent donc conserver une vie végétative pendant des années alors que leur vie mentale a disparu. Or, nombre d'auteurs pensent que la conscience et la vie cognitive (lesquelles sont étroitement liées à l'activité du cortex cérébral) représentent les qualités fondamentales de la vie humaine. Ainsi, sont apparues les expressions synonymes telles que «mort corticale[13]», «mort néocorticale[14]» (*neocortical death*), «mort cognitive[15]» (*cognitive death*) et «mort des centres cérébraux supérieurs[16]» (*higher-brain-centers death*), aux fins de définir les cas où les hémisphères cérébraux sont fort endommagés alors que les fonctions du tronc cérébral sont préservées. Estimant que la mort corticale doit devenir le critère de la mort tout court, nombre de philosophes et de médecins plaident pour que soient reconnus comme morts les patients en état végétatif chronique.

Nous pensons que les expressions «mort du cerveau», «mort corticale», «mort des centres cérébraux supérieurs» sont particulièrement malheureuses. Pourquoi, en effet, parler de «mort du cerveau» alors qu'on n'a jamais songé à créer les concepts «mort du poumon», «mort du foie» ou «mort de l'estomac»...? Il serait bien plus judicieux — et bien moins équivoque — de parler de destruction du cerveau ou de perte irréversible des fonctions du cerveau. Ainsi, des critères cliniques ou physiologiques ne seraient pas mêlés, de façon ambiguë, aux critères de la mort de la personne. La mort de la personne serait alors définie par la destruction du cerveau. Suivant le critère adopté pour déterminer la mort, la personne pourrait alors être déclarée morte soit lorsque le cerveau est détruit dans sa totalité, soit lorsque les hémisphères cérébraux sont détruits (si l'on estime que les patients en état végétatif chronique doivent être considérés comme étant morts).

Les motifs pour adopter la destruction massive du cortex cérébral comme critère de la mort varient selon les auteurs. Le philosophe Roland Puccetti se base sur un raisonnement d'ordre moral : «Si on me suggérait que mon corps pourrait survivre à la mort du néo-cortex pendant plusieurs mois ou plusieurs années, à condition qu'il soit nourri et proprement entretenu, etc., cela n'aurait guère plus d'attrait pour moi que la préservation de mon appendice dans du formol. En effet je serais mort pendant toute la période considérée, du moins au sens où la vie peut avoir de la valeur pour les êtres humains. (...) La seule manière de choisir (entre des définitions concurrentes de la mort) consiste à décider si oui ou non nous attachons une valeur quelconque à la préservation de quelqu'un plongé dans un coma irréversible. Accordons nous de la valeur à la vie même si elle est inconsciente, ou l'accordons-nous seulement en tant que véhicule de la conscience?[17]». Les arguments de M. Green et D. Winkler sont liés à une définition de la personne humaine centrée sur le concept d'identité personnelle. «Une personne donnée cesse d'exister avec la destruction de quelque processus que ce soit qui normalement sert de base à la connexité et à la continuité psychologiques de cette personne. Nous savons que ces processus sont essentiellement neurologiques, de sorte que l'arrêt irréversible du fonctionnement du cerveau supérieur constitue la mort de cette personne[18]». Le bioéthicien H. T. Engelhardt accorde un rôle central à la conscience dans la définition de la mort de la personne. «Etre dans le monde en tant que personne requiert, au minimum, un certain niveau de sensibilité et de conscience. Le simple maintien de fonctions biologiques ne suffit pas. Les centres supérieurs du cerveau sont nécessaires à la vie des personnes parce que, en leur absence, il n'y a même pas un minimum de conscience. Quand il n'y a pas de cerveau antérieur (*cerebrum*), il n'y a pas de personne. La simple existence d'un tronc cérébral, d'une protubérance et d'un cervelet est insuffisante à la vie d'une personne. (ou même à la vie d'un esprit). Un tronc cérébral, une protubérance et un cervelet en état de fonctionnement n'assurent pas l'existence d'une personne parce qu'ils ne suffisent pas à faire émerger la conscience. En bref, si le cerveau antérieur (*cerebrum*) est mort, la personne est morte[19].» Engelhardt estime, par conséquent, que les patients en état végétatif chronique doivent être considérés comme morts. Dans cette optique, la conscience devient le critère de la vie humaine[20].

2.2. Mort cérébrale, état végétatif chronique et théorie du double aspect

Examinons plus attentivement la littérature philosophique et médicale aux fins de mettre en évidence, d'une part, la confusion dans les termes utilisés pour définir le syndrome d'état végétatif chronique, d'autre part, l'imprécision de l'arrière-plan théorique. Nous analyserons parallèlement ce qui nous paraît être les deux causes majeures de cette confusion, à savoir : 1. le faible niveau actuel des connaissances dans le domaine des neurosciences ; 2. le problème de la relation esprit-cerveau.

En 1972, Jennett et Plum décrivent le syndrome clinique d'état végétatif chronique. «Dans la première semaine qui suit l'atteinte au cerveau, les patients sont dans un état de coma profond durant lequel les yeux ne sont jamais ouverts (...) Après deux ou trois semaines, ceux qui survivent commencent à ouvrir les yeux — au début uniquement en réaction à des stimuli douloureux; ensuite, en réaction à des stimuli plus légers. Peu après, surviennent des périodes où les yeux restent ouverts en l'absence de toute stimulation extérieure ; à d'autres moments, les patients semblent dormir (...) Lorsque les yeux sont ouverts, ils ne montrent aucun signe d'attention. Bien que des mouvements oculaires laissent parfois penser que les yeux accompagnent des mouvements d'objets extérieurs, l'observation méticuleuse de ce phénomène ne confirme pas cette interprétation optimiste. Il semble qu'il s'agisse d'éveil sans conscience (*It seems that there is wakefulness without awareness*[21]).» Jennett et Plum interprètent ce syndrome comme suit : «A notre avis, la composante essentielle de ce syndrome est l'absence de réponse adaptative au monde extérieur, l'absence de tout signe d'un esprit en fonctionnement, chez un patient qui présente de longues périodes d'éveil (*wakefulness*). (...) Ces patients ne montrent aucun indice d'un esprit en activité (*working mind*[22]).»

Plus récemment, l'*American Medical Association* (AMA) et l'*American Academy of Neurology* (AAN) ont proposé leur propre définition de l'état végétatif chronique. Selon l'AAN, «l'état végétatif chronique est une forme permanente d'inconscience où le patient a les yeux ouverts : le patient a des périodes d'éveil et des cycles physiologiques veille/sommeil, mais à aucun moment il n'est conscient de lui-même et de son environnement (*PVS is a form of eyes-open permanent unconsciousness in which the patient has periods of wakefulness and physiologic sleep/wake cycles, but at no time is the patient aware of himself or herself or the environment*[23])». L'AMA définit l'état végétatif comme étant un état chronique d'inconscience (c'est-à-dire de perte de la conscience de soi) provoqué par une destruction importante des hémisphères cérébraux : «*Persons with overwhelming damage to the cerebral hemispheres commonly pass into a chronic state of unconsciousness (i.e., loss of self-awareness) called the vegetative state*»[24]. Pour l'AMA, le trait caractéristique de l'état végétatif chronique est l'«éveil sans conscience» (*wakefulness without awareness*[25]).

Dans la Déclaration de l'Association Médicale Mondiale sur l'état végétatif persistant[26], on trouve la définition suivante : «Il est courant, chez les personnes qui présentent une lésion extrêmement importante des hémisphères cérébraux, de passer dans un état d'inconscience chronique appelé état végétatif, dans lequel le corps est éveillé ou endormi suivant un cycle sans toutefois manifester dans le comportement et le cerveau, un signe métabolique de possession des facultés cognitives ou d'aptitude à répondre d'une manière érudite aux événements du monde extérieur ou aux stimuli (*Persons with overwhelming damage to the cerebral hemispheres commonly pass into a chronic state of unconsciousness called the vegetative state in which the body cyclically awakens and sleeps but expresses no behavioral or cerebral metabolic evidence of possessing cognitive function or of being able to respond in a learned manner to external events or stimuli*)».

Ce qui surprend dans ces définitions, ce qui heurte le sens commun, c'est l'association de deux états apparemment contradictoires : l'éveil, d'une part, l'inconscience, d'autre part. Le sens de l'expression «éveil sans conscience» s'éclaircit quelque peu si l'on tient compte de la théorie du double aspect. On remarque alors que les deux termes de l'expression ne font pas référence au même versant de cette entité à deux faces que constitue l'esprit-cerveau (l'esprit représentant la face subjective, intérieure; le cerveau, la face objective). «Eveil» correspond au point de vue objectif : l'observateur extérieur constate que les centres du tronc cérébral du patient continuent à fonctionner, que le cycle physiologique veille/sommeil est maintenu et que, par conséquent, les yeux s'ouvrent périodiquement. «Sans conscience» fait référence au point de vue intérieur du sujet en état végétatif chronique : on présume que le sujet est inconscient, qu'il n'a plus de vie mentale intérieure.

Une première source de la confusion inhérente à la littérature consacrée aux états végétatifs chroniques vient de l'emploi corrélatif de termes se référant à des versants différents de l'entité esprit-cerveau.

De plus, le problème esprit-cerveau rend délicat le diagnostic de l'état végétatif chronique. En effet, le degré de conscience n'est pas objectivement évaluable. Le médecin ne peut pas évaluer le degré de conscience comme il dose le taux du glucose dans le sang. Il ne peut se baser que sur des indices extérieurs, comportementaux. Comment savoir s'il se passe encore quelque chose dans l'esprit de ces personnes apparemment inconscientes ? L'activité isolée du tronc cérébral chez un homme dont les hémisphères cérébraux sont détruits peut-elle encore engendrer des sensations mentales élémentaires ? Un individu en état végétatif chronique perçoit-il encore la douleur ? Les réponses à ces questions ne sont pas aussi évidentes qu'il y paraît. Envisageons par exemple la dernière question : un patient en état végétatif chronique peut-il encore souffrir ? Certes, par définition, la douleur ne peut pas être perçue par un patient inconscient, « dépourvu d'esprit » (*mindless*). A cet égard, l'*American Academy of Neurology* affirme qu'il n'y a aucune indication comportementale de perception douloureuse chez un patient en état végétatif chronique. Pourtant, une enquête menée par cette même association de neurologues indique que près de la moitié de ses membres prétendent ne pas savoir si leurs patients en état végétatif chronique perçoivent la douleur, ou non[27]. En fait, il n'existe aucun moyen direct d'étudier la possibilité de perception douloureuse chez un patient inconscient. Face à un patient en état végétatif chronique, le médecin interniste se trouve dans une situation analogue à celle du scientifique de Nagel qui essaie d'appréhender l'effet que cela fait d'être une chauve-souris.

Pour le neuroscientifique, la conscience est donc une question très difficile à étudier, puisque, par définition, elle est affaire d'introspection[28]. Il est piquant de constater que, dans les années cinquante, certains scientifiques ont essayé de contourner la difficulté en proposant de substituer au terme de « conscience » celui de « vigilance ». A cet égard, la conception de Jean Delay est paradigmatique : « Si l'on admet comme je l'ai soutenu dans divers ouvrages que du point de vue psychophysiologique la conscience peut être assimilée à la fonction vigile (être conscient, c'est être vigilant ; être inconscient, c'est être endormi et les degrés de la conscience sont les degrés de la vigilance), elle se trouve étroitement dépendante du dispositif cérébral qui règle les opérations de la veille et du sommeil et qui est situé dans le diencéphale[29]) ». Ces tentatives d'assimilation de la conscience à la fonction vigile remontent aux premiers travaux sur la formation réticulée du tronc cérébral datant de quelques décennies. Depuis, les neuroscientifiques ont constaté que le tronc cérébral est loin d'être la seule région impliquée dans la genèse de la conscience. De plus, on sait aujourd'hui que les notions de vigilance et de conscience doivent être dissociées puisqu'un patient en état végétatif chronique peut être en état physiologique de veille tout en étant inconscient. La conscience est engendrée par une activité neurale complexe dépendant de l'activité de systèmes cérébraux multiples. Les neurosciences contemporaines nous apprennent que la conscience est un phénomène multiforme pouvant être altéré sélectivement par des lésions spécifiques du cerveau. Pour interpréter les troubles de la conscience et le syndrome végétatif chronique, on ne peut donc plus se contenter d'un cadre théorique sommaire opposant le tronc cérébral responsable de l'éveil cortical (*arousal*) au néocortex qui serait le siège de la conscience de soi. On ne peut plus se contenter, non plus, de la distinction — correcte, mais simpliste — entre fonctions végétatives inférieures (dépendant du tronc cérébral) et fonctions mentales supérieures (dépendant des hémisphères cérébraux). Le cerveau est un tout de coordination où chaque partie réalise des opérations particulières dans le cadre d'un réseau nerveux fonctionnellement spécialisé. Les diverses régions du cerveau étant interdépendantes, il est absurde de vouloir définir le siège précis de la conscience ou des fonctions mentales supérieures. La confusion inhérente à la littérature sur les états végétatifs chroniques résulte de la tentative d'expliquer les faits de la clinique neurologique à l'aide de concepts philosophiques inadaptés (conscience, conscience de soi...). Elle provient aussi de l'absence d'un cadre conceptuel strict concernant les bases biologiques de la conscience, cadre théorique qui n'existe pas encore, même si le neuroscientifique américain G. Edelman en a tenté une première ébauche dans son ouvrage *The remembered present : A biological theory of consciousness*. Une autre source de la confusion que nous avons décelée dans les textes relatifs aux états végétatifs chroniques et à la mort cérébrale résulte de l'état actuel des connaissances dans le domaine des neurosciences et des sciences cognitives. Les sciences du cerveau sont dans une situation similaire à celle de la génétique avant les découvertes de la structure en double hélice et du code génétique. Malgré les avancées considérables de ces trois dernières décennies, les neuroscientifiques sont loin d'avoir entièrement mis au jour les mécanismes neuraux élémentaires responsables de la perception, de la mémoire et de la motricité. Il n'est donc pas étonnant qu'ils soient encore incapables de rendre compte parfaitement des opérations nerveuses sous-jacentes à la conscience et aux fonctions mentales supérieures.

NOTES

[1] La théorie de l'identité suivant laquelle le rapport de l'esprit au cerveau est un rapport d'identité a été soutenue notamment par U.T. Place, H. Feigl, J.J.C. Smart, D.M. Armstrong et D.K. Lewis.
[2] Citons le français J.-P. Changeux et l'américain G.M. Edelman. Dans un ouvrage intitulé *The Remembered Present* (M.I.T. Press, 1990), Edelman propose «une théorie biologique de la conscience».
[3] Cette théorie est défendue par le philosophe américain Thomas Nagel : *The View from Nowhere* (Oxford University Press, 1986), *What Does It All Mean?* Oxford University Press, 1987.

⁴ Voir notre ouvrage *L'esprit-cerveau : la philosophie de l'esprit à la lumière des neurosciences*, Paris, Vrin, 1993.
⁵ Nous adoptons une définition négative du matérialisme : est matérialiste celui qui n'admet pas l'existence d'une substance spirituelle distincte de la matière. Dans cette optique, la théorie du double aspect est une doctrine d'inspiration matérialiste tout à fait incompatible avec le dualisme substantialiste cartésien.
⁶ *Phédon*, 64 c.
⁷ Mollaret, P. et Goulon, M., Le coma dépassé, *Revue Neurologique*, *101*, 1959, p. 3-15.
⁸ Ad Hoc Committee of the Harvard Medical School, A Definition of Irreversible Coma, Report of the Ad Hoc Committee of the Harvard Medical School to Examine the Definition of Brain Death, *JAMA*, *205*, Aug 5, 1968, p. 337-342.
⁹ La neuroanatomie est d'une grande complexité. Rappelons quelques notions élémentaires afin d'éviter toute confusion. Outre la moelle épinière, le système nerveux central se compose du bulbe rachidien (myélencéphale ; *medulla* en anglais), de la protubérance (*pons*) et du cervelet, du mésencéphale (*midbrain*), du diencéphale (thalamus et hypothalamus) et du télencéphale (les hémisphères cérébraux).
Le tronc cérébral (*brain stem*) regroupe le bulbe, la protubérance et le mésencéphale. Il contient les systèmes de neurones assurant la rythmicité respiratoire, la rythmicité cardiaque et le système éveil-sommeil-rêve.
Structure sus-jacente au mésencéphale, le cerveau antérieur (*cerebrum* ou *forebrain*, en anglais) comprend le diencéphale et les hémisphères cérébraux.
En pratique, le terme français «cerveau» et le terme anglais *«brain»* font référence à l'ensemble du tronc cérébral et du cerveau antérieur. L'expression «mort cérébrale» ou «mort du cerveau» (*brain death*, en anglais) s'applique à la mort du cerveau dans sa totalité ; l'expression anglaise *cerebral death* fait référence à la mort du cerveau antérieur (*cerebrum, forebrain*).
¹⁰ Le corps du patient dont le cerveau est mort est encore vivant : au toucher, le corps est chaud et, à l'aide d'un système de ventilation artificielle, le corps du patient peut encore respirer quelques jours. Le critère de mort est donc un critère d'ordre pragmatique qui s'est imposé à la fin des années soixante à cause de la nécessité d'obtenir des organes pour la transplantation.
¹¹ L'expression Persistent vegetative state est apparue pour la première fois au début des années soixante-dix, dans un article de B. Jennett et F. Plum : «Persistent vegetative state after brain damage A syndrome in search of a name», The Lancet, April 1, 1972, p. 734-737.
¹² «Persistent Vegetative State is the result of a functioning brainstem and the total loss of cerebral functioning» (American Academy of Neurology, Position on the AAN on certain aspects of the care and management of the PVS patient, Neurology, 39, 1989, p. 125-126.
¹³ Brierley, J.B., Graham, D.I., Adams, J.H., Simpsom, J.A., Neocortical death after cardiac arrest, *The Lancet*, September 11, 1971, p. 560-565.
¹⁴ *Ibid.*
¹⁵ Council on Scientific Affairs and Council on Ethical and Judicial Affairs (American Medical Association), Persistent vegetative state and the decision to withdraw or withhold life support, *JAMA*, January 19, 1990, p. 427.
¹⁶ H.T. Engelhardt, Jr, *The Foundations of Bioethics*, New York, Oxford University Press, 1986, p. 214-216.
¹⁷ Puccetti, R., The Conquest of Death, The Monist, 59, 1976, p. 252.
¹⁸ Green, M. et Winkler, D., Mort cérébrale et identité personnelle, *in* Cahiers S.T.S., *Ethique et biologie*, Paris, Editions du C.N.R.S., 1986, p. 109-134. Notons que les données physiologiques sur lesquelles Green et Wikler fondent leur raisonnement sont très impré-

cises. Les auteurs le reconnaissent eux-mêmes : « Nous utiliserons les termes "supérieurs" et "inférieurs" pour désigner les parties du cerveau qui assurent respectivement les fonctions cognitives et régulatives. Il ne s'agit pas là de termes consacrés par la physiologie ; il est possible que cette division franche des parties du cerveau ne corresponde pas aux faits et que certaines aires du cerveau soient impliquées dans les deux formes d'activité ; nous ne voyons cependant pas en quoi la présente dicussion pourrait en être affectée. » (*Ibid.*, p. 129). Selon nous, la discussion de questions à enjeux bioéthiques doit, au contraire, s'appuyer sur une connaissance approfondie des données cliniques et neurophysiologiques, et non pas sur une description sommaire ou caricaturale qui masque la complexité de la réalité.

[19] Engelhardt, H.T. Jr., The Foundations of Bioethics, p. 211-212.

[20] Le corps du patient dont le cerveau est mort est encore vivant : au toucher, le corps est chaud et, à l'aide d'un système de ventilation artificielle, le corps du patient peut encore respirer quelques jours. Le critère de mort cérébrale est donc un critère d'ordre pragmatique qui s'est imposé à la fin des années soixante à cause de la nécessité d'obtenir des organes pour la transplantation.

[21] *Art. cit.*, p. 734.

[22] *Art. cit.*, p. 736-737.

[23] American Academy of Neurology, Position of the AAN on certain aspects of the care and management of the PVS patient, *Neurology*, *39*, 1989, p. 426-430.

[24] American Medical Association Council on Scientific Affairs and Council on Ethical and Judicial Affairs, Persistent Vegetative State and the decision to withdraw or withhold life support, *JAMA*, *263*, 1990, p. 427.

[25] *Ibid.*

[26] Cette déclaration a été adoptée par la 41e Assemblée médicale mondiale, Hong-Kong, Septembre 1989.

[27] Molinari, G.F., Persistent vegetative state, do not resuscitate... and still more words doctors use, *Journal of the Neurological Sciences*, *102*, 1991, p. 125-127.

[28] Dans son dernier ouvrage intitulé The Rediscovery of the Mind (M.I.T. Press, 1992), le philosophe américain John Searle insiste sur le fait que la conscience ne peut pas être décrite d'un point de vue extérieur, à la troisème personne. Selon Searle, la conscience est « ontologiquement subjective » (*ontologically subjective*), c'est-à-dire qu'elle ne peut être décrite que d'un point de vue subjectif, à la première personne. Sur ce point, nous sommes d'accord avec Searle. Néanmoins, nous pensons que l'expression « ontologiquement subjective » est maladroite parce qu'elle pourrait faire croire à un dualisme substantialiste de type cartésien alors qu'il s'agit en fait d'un dualisme de point de vue, ce qui est radicalement différent. Pour Searle, les neuroscientifiques sont tentés d'adopter un « matérialisme dur » (théorie de l'identité) parce que le caractère subjectif de la conscience leur échappe complètement : *« If one had to describe the deepest motivation for materialism, one may say that it is simply a terror of consciousness (...) The deepest reason for the fear of consciousness is that consciousness has the essentially terrifying feature of subjectivity »* (*Ibid.*). Voir aussi les commentaires qu'a suscités le livre de Searle : Nagel, T., The Mind Wins!, *The New York Review*, March 4, 1993, p. 37-41 ; Stich, S.P., Consciousness revived, *Times Literary Review*, March 5, 1993, p. 5-6.

[29] Delay, J., Etudes de psychologie médicale, Paris, P.U.F., 1953, p. 93.

Chapitre 9
Neurosciences et réductionnisme
Une lecture de G. M. Edelman
B. FELTZ

INTRODUCTION

Les neurosciences constituent dans le champ biologique la démarche la plus explicitement en interaction avec la problématique des rapports entre le corps et l'esprit. En raison des développements récents prodigieux de tout ce domaine de recherche, de plus en plus de travaux prennent cette question pour thématique centrale. On se souvient de l'ouvrage classique, déjà très marqué par le temps, de J. Eccles et K. Popper. Plus récent, et plus articulé aux sciences biologiques, l'ouvrage de J.P. Changeux propose une synthèse des données biologiques sur le sujet. Dans le monde francophone également, J.D. Vincent propose une réflexion plus centrée sur la chimie du cerveau. Du côté des philosophes contemporains, en lien direct avec les neurosciences, on peut noter également une série de travaux approfondis : P. Churchland, T. Nagel, C. Debru, J.N. Missa, D.C. Dennet. Sans compter nombre d'essais plus généraux sur la problématique qui ont récemment vu le jour : F. Dagognet, R. Chauvin, M. Richelle, M. Gauchet, S. Rose, ...[1]

Dans le domaine spécifique des neurosciences, les travaux de G.M. Edelman représentent une avancée considérable dans la compréhension du fonctionnement du cerveau et de son lien au comportement. Qu'un tel scientifique se risque à un essai plus philosophique explicitement articulé à la question des rapports entre le corps et l'esprit, voilà qui méritait une attention particulière. Et, fait remarquable, l'attente n'est pas déçue. L'ouvrage prend la forme d'une approche solidement construite sur le plan scientifique et débouche sur une véritable anthropologie où la démarche biologique prend une place importante, tout en reconnaissant une légitimité à d'autres approches de l'être humain : psychologique, sociologique, culturelle. Il nous semble que l'on peut saluer dans cet ouvrage un essai d'analyser les apports possibles de la biologie, et des neurosciences en particulier, à une anthropologie philosophique, essai qui, chose assez rare chez les biologistes, ne débouche pas sur un réductionnisme pur et simple de l'humain au biologique.

Aussi, il nous a paru intéressant de centrer nos réflexions sur ce travail. En un premier temps, il s'agira de présenter les conceptions de l'auteur en montrant comment il envisage l'apport des théories neuroscientifiques à une anthropologie philosophique. En un deuxième temps, il s'agira d'analyser d'un point de vue plus philosophique ces considérations. Plus précisément, nous aborderons tout d'abord la question du réductionnisme avant d'envisager la place d'une telle contribution dans une anthropologie replacée dans la tradition philosophique.

1. G.M. EDELMAN ET LA BIOLOGIE DE LA CONSCIENCE

1.1. « Replacer l'esprit dans la nature[2] »

Le projet d'une biologie de la conscience repose pour Edelman sur deux types de présuppositions. Première présupposition, l'esprit est un processus d'un type particulier qui dépend de certaines formes particulières d'organisation de la matière[3]. Edelman se place en rupture radicale par rapport aux traditions dualistes de l'esprit qui associent l'esprit à une substance spécifique, distincte de la matière. A certains égards, l'esprit est une propriété de la matière.

Deuxième présupposition fondamentale, à la distinction des sciences cognitives qui approchent l'esprit du point de vue de la logique de la connaissance et accordent peu d'importance à la structure matérielle du « substrat connaissant », Edelman considère que la structure matérielle du cerveau est essentielle à une compréhension du fonctionnement de l'esprit. Bien plus, les mécanismes de structuration du cerveau, les modalités de formation du cerveau chez l'embryon et chez l'adulte lui paraissent tout à fait fondamentaux pour rendre compte de l'activité du cerveau et de son rôle dans la détermination finale du comportement. L'informaticien « part de l'idée d'un "logiciel" cérébral qui en fait n'existe pas a priori, pour ensuite affirmer que la structure sur laquelle on fait tourner le logiciel n'a aucune importance. Ce faisant, il commet deux erreurs fondamentales : d'une part, aucun logiciel n'intervient dans les opérations du cerveau et, d'autre part, une masse écrasante de données incite à penser que la morphologie du cerveau intervient de façon écrasante[4]».

Autrement dit, pour Edelman, il s'agit de «replacer l'esprit dans la nature», c'est-à-dire de retrouver les mécanismes par lesquels l'esprit est initialement apparu dans la nature. Il s'agit par conséquent de proposer une théorie biologique qui s'intègre à la théorie darwinienne de l'évolution générale et propose une description des mécanismes de constitution progressive du cerveau de chaque individu particulier. Puisque la morphologie du cerveau est décisive dans le processus de pensée, une telle théorie est précisément susceptible de rencontrer le projet d'une «biologie de la conscience».

La Théorie de la Sélection des Groupes Neuronaux (TSGN) constitue l'argument central de l'ouvrage en ce qu'elle rencontre précisément les contraintes définies par le projet général d'Edelman. Cette théorie permet en effet de décrire les processus de constitution de l'organisation du cerveau des organismes supérieurs, et cela, en articulation avec le comportement de ces organismes.

Cette présentation de l'ouvrage d'Edelman consistera donc essentiellement en une introduction à la Théorie de la Sélection des Groupes Neuronaux. Cette théorie biologique assez complexe présuppose la compréhension d'une série de mécanismes élémentaires qui feront l'objet d'une évocation préalable. L'ouvrage d'Edelman comporte un ensemble de considérations philosophiques sur les enjeux de la théorie biologique proposée. Ces considérations feront également l'objet d'une présentation en un deuxième temps. Nous procéderons ensuite à un travail d'analyse plus spécifiquement épistémologique et philosophique de l'ensemble.

1.2. Les mécanismes de base

1.2.1. La cellule nerveuse

Elément de base du système nerveux, la cellule nerveuse, ou neurone, présente des caractéristiques très particulières. Rappelons-les en un premier temps. Le neurone est constitué d'un corps cellulaire et de divers prolongements : les dendrites et l'axone. A l'intérieur des dendrites, généralement nombreuses et courtes, les variations du potentiel de membrane se propagent de manière centripète vers le corps cellulaire. Dans l'axone, généralement unique et beaucoup plus long que les dendrites, l'influx nerveux se propage de manière centrifuge, du corps cellulaire vers l'extrémité de l'axone, où il parvient à une synapse.

La synapse est le point d'interaction entre deux cellules nerveuses. Deux cellules nerveuses voisines ne sont pas en contact direct. En fait, il existe un espace intercellulaire qui sépare la terminaison axonale de la première cellule de la terminaison dendritique de la cellule qui va recevoir l'influx nerveux. L'influx nerveux, ou potentiel d'action, lorsqu'il parvient à la terminaison synaptique de l'axone, provoque la libération d'un médiateur chimique dans l'espace intercellulaire de la synapse. C'est ce médiateur chimique qui va influer sur le comportement de l'extrémité dendritique de la cellule voisine. Suivant le type de médiateur et suivant le type cellulaire, une libération du médiateur dans la synapse peut induire, au niveau de la terminaison dendritique, un potentiel excitateur, un potentiel inhibiteur, ou une réponse modulée, qui va se propager vers le corps cellulaire du neurone. Le corps cellulaire joue donc un rôle d'intégration d'une multitude de stimulations provenant de l'ensemble de ses terminaisons dendritiques et c'est dans le segment initial de l'axone, au niveau de la « zone gachette », segment non myélinisé de l'axone, que se déclenche le potentiel d'action, l'influx nerveux, qui va se propager le long de l'axone jusqu'aux terminaisons synaptiques[5].

Il apparaît par conséquent que les phénomènes électriques et chimiques sont très liés. Divers médiateurs sont présents dans le cerveau qui donnent lieu à des réactions différentes. Un certain seuil dans la concentration du médiateur doit être atteint pour le déclenchement d'un potentiel post-synaptique dans la cellule adjacente. Plusieurs potentiels d'action sont dès lors parfois nécessaires à la réaction d'une cellule, ces potentiels pouvant provenir d'une seule cellule ou de plusieurs cellules distinctes. Bien plus, la force ou l'efficacité des synapses peut être modifiée : au niveau pré-synaptique par des modifications de la quantité de neuromédiateur libérée, au niveau post-synaptique par la modification de l'état chimique des récepteurs et des canaux ioniques.

Par ailleurs, les cellules nerveuses peuvent connaître des formes très variées et surtout des types de connectivité multiples. Certaines cellules comportent un nombre considérable de dendrites. Si le cortex cérébral comporte de l'ordre de dix milliards de neurones, on considère qu'il y aurait un million de milliards de connexions dans la couche corticale. Pour Edelman, « il est clair qu'il s'agit là de l'objet matériel le plus complexe que nous connaissions dans l'univers[6] ».

Une question fondamentale est de comprendre comment se met en place une structure aussi complexe. Un telle question renvoie aux mécanismes fondamentaux de l'embryologie et met aussi en œuvre des spécificités du tissu nerveux, que nous allons maintenant évoquer.

1.2.2. Topobiologie et morphologie dynamique

D'une manière générale, la mise en place des tissus au cours du développement embryonnaire et la formation des organes sont liées à toute une série de mouvements cellulaires, de divisions cellulaires et de différenciations cellulaires. Comment se fait la régulation de tels processus ? Sans entrer dans le détail, il nous faut pourtant évoquer les principes généraux de tels mécanismes pour appréhender la spécificité du vivant et de la structuration du système nerveux.

Deux phénomènes distincts doivent être pris en compte : les mouvements cellulaires et la formation de tissus, d'une part, qui sont liés essentiellement aux déplacements et aux divisions cellulaires, et les différenciations cellulaires, d'autre part, qui aboutissent à des types cellulaires distincts.

Les déplacements cellulaires et la formation des tissus sont liés à la présence de molécules dites morphorégulatrices. La présence de ces molécules en des endroits particuliers de l'embryon est déterminée par des gènes spécifiques. La fonction principale de ces molécules consiste à modifier l'adhérence des cellules entre elles et vis-à-vis de substrats externes de manière à donner lieu à la formation d'épithélium. Trois familles peuvent être distinguées. Les molécules d'adhérence cellulaire (CAM) relient directement les cellules entre elles. Les molécules d'adhérence au substrat (SAM) relient les cellules à une matrice sur laquelle se déplacer. Les molécules de jonction cellulaire (CJM) permettent aux cellules de former des couches épithéliales.

La présence en un moment donné et à un endroit donné de l'organisme de certains types de CAM, SAM et CJM conduit à divers déplacements cellulaires qui aboutissent à la formation d'épithélium. Par ailleurs, divers phénomènes mécano-chimiques peuvent faire que des couches formées par l'adhérence de cellules entre elles se replient et donnent ainsi lieu à des formes spécifiques, préludes à la formation des organes. On conçoit que la présence de molécules morphogénétiques différentes conduisent à l'apparition de formes différentes. Et, dans la mesure où les types de molécules morphogénétiques présentes dépendent des gènes, ce mode d'action est héréditaire.

La poursuite du processus d'organogenèse implique d'autres molécules, ou facteurs de croissance. Une fois une structure en place, les divers contacts entre cellules induisent la production d'autres signaux inductifs, les facteurs de croissance, qui interagissent avec les gènes de telle sorte que d'autres SAM, CAM et CJM sont libérés qui conduiront aux phases ultérieures de l'organogenèse.

La différenciation cellulaire est régulée par des gènes appelés gènes homéotiques qui contrôlent l'expression des gènes qui conduisent à la formation des organes dans l'ensemble du corps. Une mutation homéotique bien connue par exemple provoque la croissance d'une patte à la place d'une antenne chez la mouche du vinaigre. Ces gènes président donc la différenciation des cellules aux endroits appropriés de l'organisme.

En fonction de ces mécanismes, on peut préciser diverses caractéristiques du développement embryologique. C'est un processus essentiellement épigénétique, en ce sens que les événements clés de l'évolution d'une cellule ne se produisent que si certains autres événements ont eu lieu au préalable. Ces événements ont un caractère topologique marqué en ce sens que la position de la cellule dans l'espace comporte une importance décisive sur son évolution dans le temps. Et c'est l'ensemble de ces processus qui aboutit à la formation des organes et à la différenciation cellulaire. La morphologie est donc l'aboutissement de ce processus épigénétique dynamique.

De tels mécanismes président à la formation de tout le système nerveux central. De plus, de nombreuses structures comportent un caractère topobiologique très marqué que nous allons expliciter avec l'exemple de la formation d'une carte visuelle chez la grenouille.

La notion de carte de l'espace visuel est liée au fait que, chez la grenouille, la stimulation d'un point donné de la rétine par un point lumineux induit la stimulation des neurones d'une région bien définie d'une zone particulière appelée toit optique. Les cellules y forment une carte bien précise en ce sens qu'il y a correspondance entre les régions du toit optique et les diverses zones de la rétine, celles-ci correspondant en fait à diverses zones du champ visuel. Au niveau anatomique, on constate que des cellules, appelées cellules ganglionnaires, constituent la couche de sortie de la rétine et leurs prolongements axoniques forment le nerf optique. Elles projettent d'une façon précise du point de vue topographique sur le toit optique chez la grenouille. Ce qui est à l'origine du phénomène de carte visuelle observé.

Au niveau du développement, le processus d'établissement de telles cartes comporte deux étapes. La première étape ne requiert aucune activité neuronale et est liée à la croissance de neurites à partir des fibres du nerf optique par des arborisations qui se recouvrent partiellement. Cette première étape aboutit à la formation d'une carte grossière. La seconde étape conduit à un affinement de la carte. Elle requiert que l'activité dans les fibres de cellules ganglionnaires voisines soit corrélée avec l'activité dans le toit optique.

On sait maintenant que la formation de ces cartes dépend de molécules morphorégulatrices, qui président au regroupement topologique des divers prolongements cellulaires. De plus, les cartes dépendent souvent de la mort sélective des cellules qui entrent en compétition pour les fabriquer. En effet, les cellules nerveuses projettent une profusion de prolongements. Lorsque ces prolongements atteignent le toit optique, les cellules cibles libèrent à leur tour des substances qui, si elles se trouvent être corrélées avec des prolongement rentrants, permettent à ces prolongements de se ramifier et de former des connexions avec les cellules cibles. Si ces substances ne sont pas corrélées, les prolongements passent sans s'arrêter, ou se rétractent. Lorqu'un prolongement ne parvient pas à localiser sa cible, il arrive que la cellule qui l'a émis meure.

Ainsi donc, la formation de la carte relève d'un processus dynamique de production de prolongements soumis à une sélection drastique en fonction de leurs aboutissements aux cellules cibles.

On retrouve donc les caractéristiques épigénétique et dynamique de l'embryologie avec une composante topobiologique plus marquée. Il s'agit d'un processus intrinsèquement dynamique, plastique, variable au niveau des unités fondamentales, les cellules.

Concrètement, cela signifie que les connexions entre cellules ne sont pas spécifiées d'avance de manière précise dans les gènes de l'animal. Les fluctuations observées sont à ce point importantes que, même chez les vrais jumeaux, les nombres de ramifications observées sur deux neurones analogues ne sont pas identiques. Cependant, la structure d'ensemble est néanmoins spécifique de l'espèce, parce que les contraintes globales agissant sur les gènes sont spécifiques de cette espèce.

On perçoit dès lors clairement comment, par cette plasticité dynamique, le système nerveux se distingue du modèle « central téléphonique » souvent évoqué quand on parle du cerveau.

Ces mécanismes de base ayant été spécifiés, il est maintenant possible d'aborder la présentation de la thèse centrale de l'auteur : la théorie de la sélection des groupes neuronaux.

1.3. La Théorie de la Sélection des Groupes Neuronaux (TSGN)

1.3.1. Les principes de base

La théorie de la sélection des groupes neuronaux (TSGN) repose sur trois principes de base. Le premier porte sur le processus de constitution de ce qu'Edelman appelle «répertoire primaire». «On appelle *répertoire primaire* toute population faite de groupes neuronaux différents appartenant à une région cérébrale donnée et comportant des réseaux neuronaux mis en place par des processus de sélection somatique[7].» En fait, ces répertoires primaires renvoient explicitement aux mécanismes de formation sélective décrits au paragraphe précédent. Le code génétique ne fournit pas de diagramme spécifique pour le cablage d'un tel répertoire mais il impose un système de contraintes qui déterminent la formation épigénétique du répertoire.

Le second principe de la TSGN implique un mécanisme de sélection supplémentaire qui ne porte pas sur une modification de la structure anatomique. «Ce principe part de l'hypothèse selon laquelle, à cause des comportements de l'animal, les connexions synaptiques au sein de cette anatomie sont sélectivement renforcées ou affaiblies par des processus biochimiques spécifiques. Ce mécanisme, qui est sous-jacent à la mémoire ainsi qu'à un certain nombre d'autres fonctions, "taille" effectivement, par sélection, divers circuits fonctionnels (ceux dont les synapses ont été renforcées) dans le réseau anatomique. Un tel ensemble de circuits fonctionnels différents est appelé *répertoire secondaire*[8].» Edelman précise d'ailleurs que, dans une certaine mesure, les mécanismes qui aboutissent à la formation des répertoires primaires et secondaires s'entremêlent. C'est notamment le cas dans le développement du chant des oiseaux ou dans la métamorphose de la grenouille, où la formation de nouvelles parties du système nerveux avec formation simultanée des répertoires primaires et secondaires se produit pendant que l'animal interagit avec le monde.

Le troisième principe de la TSGN indique comment les cartes cérébrales interagissent grâce à un processus appelé réentrée. En fait, le premier principe renvoie à la formation d'une carte primaire par sélection somatique telle que la carte visuelle décrite chez la grenouille au point précédent. Le deuxième principe renvoie à la stabilisation fonctionnelle de certains circuits par renforcement des synapses en fonction de l'usage. Le système visuel du singe par exemple comporte plus de trente cartes différentes, chacune présentant un certain degré de ségrégation fonctionnelle, vis-à-vis de l'orientation, de la couleur, du mouvement... En fait, ces cartes sont reliées entre elles par des connexions réciproques et parallèles et des échanges de signaux réentrants ont lieu le long de ces connexions. Cela signifie que la sélection de groupes de neurones dans une carte entraîne la sélection simultanée d'autres groupes situés dans d'autres cartes. « L'une des prémisses fondamentales de la TSGN est que la coordination sélective des structures complexes d'interconnexion entre groupes neuronaux par réentrée est à la base du comportement. En fait, la réentrée (alliée à la mémoire, que j'aborderai plus tard) forme la base du pont qui permettra de relier la physiologie à la psychologie[9]. »

1.3.2. Le passage du physiologique au psychologique

Les principes étant posés, Edelman précise étape par étape comment peut se comprendre le passage du physiologique au psychologique.

1.3.2.1. Instruction et sélection

D'un point de vue général tout d'abord, il est essentiel de percevoir comment le modèle sélectif se distingue du modèle par instruction. Dans un modèle par instruction, un réseau se constitue selon un plan de cablage déterminé, comporte un logiciel spécifique dont la mise en œuvre doit faire l'objet d'une interprétation par une conscience, un sujet, un élément extérieur au système. Au niveau du système nerveux, un tel modèle impliquerait un développement embryologique tout différent de celui décrit. Et d'autre part, cette référence à la nécessité d'un point de vue externe au système pour lire l'information conduit à une logique de suite sans fin d'«homoncules emboîtés[10]». Car il s'agit de concevoir un mécanisme de cette nouvelle instance interprétante. Si on se réfère à nouveau à la notion d'instruction pour rendre compte de cette nouvelle instance, il faudra à nouveau se référer à une troisième instance d'interprétation... et ainsi de suite.

C'est un des enjeux majeurs de la Théorie de Sélection des Groupes neuronaux de substituer à la logique de l'instruction la logique de la sélection. Nous avons vu comment la notion de sélection intervient dans le développement embryologique qui connaît une dynamique épigénétique. Pour Edelman, « les systèmes sélectifs, dans lesquels l'ajustement s'opère *a posteriori* sur un répertoire diversifié déjà existant, ne requièrent aucune relation particulière, aucun homoncule, aucune suite infinie emboîtée ». A partir du moment où la structure même du « cablage » se fait par sélection *a posteriori* sur une structure redondante préexistante en fonction des comportements les plus adaptés, on perçoit comment la structure finale peut rendre compte directement de ces comportements sans qu'il y ait besoin d'une référence à un « analyste » extérieur.

Le passage d'une logique de l'instruction à une logique de la sélection permet de dépasser le problème constant de la régression à l'infini de l'instance analysante. On passe en effet d'une logique du sujet à une logique des processus. «Pour être scientifique, la théorie doit partir de l'hypothèse que la cognition et l'expérience consciente ne reposent que sur des processus et des types d'organisation qui existent dans le monde physique. Elle doit par conséquent prendre soin de préciser quels sont les liens existant entre processus psychologiques et physiologiques[11].» C'est précisément ces mécanismes précis de liaison entre processus psychologiques et processus physiologiques qu'Edelman tente de décrire par la TSGN[11b].

1.3.2.2. *La catégorisation perceptive*

Pour introduire à cette problématique complexe, Edelman se réfère à nouveau à l'exemple de la vision et à l'élaboration d'une catégorisation perceptive, à savoir la discrimination sélective d'un objet ou d'un événement parmi d'autres objets ou événements à des fins adaptatives.

Pour comprendre un tel phénomène, il faut tout d'abord utiliser les mécanismes de ce que Edelman appelle les «couples de classification» du cerveau. Considérons deux cartes fonctionnellement distinctes, l'une réagissant à des angles détectés visuellement, l'autre réagissant au mouvement d'ensemble d'un objet. Chacune de ces cartes reçoit de manière indépendante des signaux de l'extérieur. Les deux cartes sont reliées par des fibres qui transportent des signaux réentrants de l'une à l'autre. Pendant un certain temps, lorsque certains groupes neuronaux d'une carte sont sollicités, des groupes neuronaux correspondants de l'autre carte sont stimulés par l'intermédiaire des voies réentrantes. Cela se produit par renforcement ou affaiblissement des connexions synaptiques au sein des groupes de chaque carte et au niveau des connexions avec les fibres réentrantes.

Il en résulte que les fonctions et activités de l'une des cartes se voient reliées aux fonctions et activités d'une autre carte. Si ces cartes sont topographiquement connectées, c'est-à-dire si les emplacements voisins sur la couche sensorielle correspondent à des emplacements voisins sur chacune des cartes, elles vont pouvoir corréler des événements qui se déroulent à un endroit donné du monde extérieur sans qu'il soit besoin d'un superviseur d'ordre supérieur. Dans la mesure où une telle connectivité peut s'effectuer entre une multitude de cartes, une coordination des activités d'un grand ensemble de cartes est donc possible. On perçoit l'importance d'une telle propriété qui permet la coordination et l'interaction étroite entre l'ensemble des cartes du système visuel par exemple. Toute stimulation concernant une carte s'accompagne d'influx vers les autres cartes, même si celles-ci connaissent une activité propre.

De tels systèmes présentent des propriétés très particulières. En effet, les modifications synaptiques font également que les réponses à des stimulus actuels sont liées aux réponses antérieures. C'est le phénomène qu'Edelman qualifie de «synthèse récursive» : «non seulement les événements sont corrélés topographiquement sur un ensemble de cartes sans l'aide d'un quelconque superviseur, mais des propriétés sélectives *nouvelles* émergent au cours du temps par réentrées successives et récursives à travers les cartes[12]». Ainsi donc, par le processus de réentrée, le cerveau présente toute une activité qui tend à s'autonomiser par rapport aux stimuli extérieurs.

1.3.2.3. Catégorisation et comportement

Comment de tels mécanismes permettent-ils de comprendre le lien entre le physiologique et le psychologique ? Un tel lien est possible si un couplage est posé entre les sorties des diverses cartes interconnectées de manière réentrante et le comportement sensori-moteur de l'animal. Un tel couplage est effectivement à l'œuvre dans des structures d'ordre supérieur appelées «cartographie globale». «Une cartographie globale est une structure dynamique contenant de multiples cartes locales réentrantes (à la fois motrices et sensorielles) et capables d'interagir avec des parties non cartographiées du cerveau[13].» Une telle cartographie globale permet par conséquent de relier des événements survenant dans des cartes locales à des comportements moteurs de l'animal. Et ce lien donne lieu à la création de boucles dynamiques capables d'ajuster le comportement de l'animal aux divers signaux sensoriels qui lui parviennent de diverses cartes locales.

De telles boucles dynamiques ont une importance décisive puisqu'elles permettent l'adaptation du comportement aux contraintes environnementales. Et cette adaptation ressort du processus de sélection des groupes neuronaux liés aux comportements effectifs de l'animal. C'est ce processus de sélection de groupes neuronaux qui aboutit à des réponses spécifiques de l'animal. Autrement dit, «c'est l'activité sensori-motrice sur l'ensemble de la cartographie qui sélectionne les groupes neuronaux donnant la sortie ou le comportement adéquats, ce qui permet d'aboutir à la catégorisation[14]». On retrouve donc bien le mécanisme de la sélection à l'opposé d'un mécanisme de l'instruction dans le processus de catégorisation.

Reste la question de la signification d'un comportement adéquat. Quels sont les critères qui spécifient un tel comportement ? Edelman parle à ce propos de «critères de valeur internes» qui ont été établis par sélection au cours de l'évolution. Ces valeurs se manifestent dans les régions du cerveau qui participent à la régulation des fonctions corporelles : rythme cardiaque, respiration, comportement sexuel, alimentaire, fonctions endocriniennes, végétatives... Ces valeurs imposent des contraintes aux domaines dans lesquels elles sont présentes. «Selon la TSGN, les forces motrices du comportement animal sont donc des ensembles particuliers de valeurs, sélectionnées au cours de l'évolution, qui aident le cerveau et le corps à maintenir les conditions nécessaires à la survie. Ces systèmes sont dits homéostatiques, et c'est le couplage du mouvement et de l'échantillonnage sensoriel, aboutissant à des comportements, qui modifie les niveaux des systèmes homéostatiques[15].» La sélection naturelle au cours de la phylogenèse a donc retenu une série de «valeurs» qui servent de contraintes dans l'organisation du système nerveux et dans l'élaboration de comportements adéquats.

A titre d'exemple, Edelman se réfère à des automates complexes élaborés par son équipe, en l'occurrence le Darwin III, où des valeurs telles que «la présence de la lumière est mieux que l'absence de lumière» et «la présence de lumière et la stimulation au centre du champ visuel sont préférables à la présence de lumière et la stimulation à la périphérie» conduisent l'œil de l'automate à suivre la trace des signaux provenant d'objets éclairés. Bien plus, il montre comment l'intégration de cartographies plus complexes intégrant plusieurs modalités sensorielles et articulées au système moteur conduisent l'automate à un comportement de catégorisation perceptive plus complexe.

Il apparaît par conséquent que, dans le contexte de la TSGN, l'adoption d'un «comportement adéquat» ne relève pas d'une programmation spécifique mais est un phénomène épigénétique lié, d'une part, à un système de valeurs retenues par la sélection au cours de la phylogenèse et, d'autre part, au processus de sélection de groupes neuronaux en fonction de l'expérience au cours de l'ontogenèse[16].

Après avoir posé les mécanismes fondamentaux de la Théorie de Sélection des Groupes Neuronaux, Edelman entreprend de montrer comment ces mécanismes permettent de rendre compte de l'apparition de la conscience.

1.4. Vers une biologie de la conscience

1.4.1. Mémoire et concept

Pour Edelman, la triade fondamentale des fonctions cérébrales supérieures comprend la catégorisation perceptive, la mémoire et l'apprentissage. Si les deux premières fonctions sont nécessaires à l'apprentissage, elles ne sont pas suffisantes dans la mesure où une liaison avec les centres hédonistes s'avère indispensable. En effet, l'apprentissage met en jeu des relations avec le système limbique du cerveau de manière à satisfaire les besoins homéostatiques alimentaires et sexuels reflétant les valeurs sélectionnées au cours de l'évolution. L'apprentissage sert précisément à relier des catégorisations à des comportements qui ont une valeur adaptative, liaisons que l'apprentissage conduit à stabiliser pour atteindre ce qu'Edelman appelle des «points fixes». L'apprentissage est donc achevé lorsque les liaisons entre cartographies globales et comportements adaptés sont renforcées et stabilisées.

Edelman se réfère à nouveau à l'analogie informatique pour préciser *a contrario* la spécificité de la mémoire dans le monde animal. Il distingue mémoire réplicative et mémoire dynamique. Dans la mémoire réplicative, dont l'ordinateur propose le fonctionnement type, le rappel de la mémoire doit reproduire la même forme codée sans erreur. Une erreur d'un seul bit d'information conduit à une erreur globale.

La mémoire dynamique est un processus systémique, lié à des renforcements spécifiques de capacités de catégorisations préalablement établies. Les modifications des forces synaptiques des groupes dans une cartographie globale constituent la base biochimique de la mémoire. Dans ce contexte, la remémorisation ne correspond pas au rappel d'une forme codée. La remémorisation est un processus actif qui fait appel à des portions des cartographies globales et qui résulte d'un processus continuel de recatégorisation. Cela signifie que des sorties semblables peuvent correspondre à des combinaisons de groupes neuronaux différents. Une même réponse catégorielle peut être atteinte de plusieurs façons et deux remémorisations à des instants différents correspondront à des recatégorisations différentes, les modifications étant liées aux comportements survenus entre-temps.

Du point de vue physiologique, la mémoire implique diverses aires du cortex ainsi que trois appendices corticaux que sont le cervelet, qui préside à la régulation fine du mouvement, les ganglions de base, qui contrôlent des séquences plus longues d'événements moteurs, et l'hippocampe, par où se fait le lien aux centres hédonistes du mésencéphale et de l'hypothalamus. La mémoire est donc liée aux centres de contrôle du mouvement et aux centres hédonistes. Nous verrons plus loin l'importance de ces jonctions.

La notion même de «concept» peut surprendre dans la mesure où elle est complètement dissociée du langage. Au niveau comportemental, la notion de concept renvoie à la capacité des animaux d'identifier les choses ou les actes et de régler leur comportement en fonction de cette identification. Dans de nombreuses espèces qui ne présentent aucune capacité langagière, un animal est capable de reconnaître une proie ou un prédateur.

Comment de telles capacités conceptuelles sont-elles apparues ? La TSGN postule l'apparition d'aires cérébrales spécialisées où le cerveau construit des cartes de ses propres activités. En effet, les concepts font appel à des mélanges de relations concernant le monde réel, les souvenirs et les comportements passés de telle sorte que les aires chargées de la conceptualisation doivent pouvoir opérer sans entrée directe. Ces structures cérébrales classent des parties des cartographies globales passées par modalité, selon la présence ou l'absence de mouvement, et selon la présence ou l'absence de relations entre catégorisations perceptives. Elles sont situées dans le cortex frontal, temporal et pariétal du cerveau mais elles nécessitent des connexions réentrantes allant des aires corticales de niveau supérieur vers d'autres aires corticales ainsi que vers l'hippocampe et les ganglions de base et le système limbique.

Cette modalité particulière de conceptualisation et le lien avec le système limbique montre que la mémoire conceptuelle est affectée par les valeurs. La conceptualisation et la mémoire sont profondément marquées par le comportement et intégrées au processus d'apprentissage qui prend en compte les systèmes de valeurs liés à la sélection naturelle. Mémoire et concepts sont donc profondément liés à l'activité de l'animal, activité considérée tant au niveau du comportement global qu'au niveau de l'activité cérébrale en tant que telle. «Enfin, puisque la formation des concepts se fonde sur la triade centrale formée par la catégorisation perceptive, la mémoire et l'apprentissage, elle est, de par sa nature même, intentionnelle[17].» La mémoire comme activité de recatégorisation, la conceptualisation comme activité de construction à partir des activités propres du cerveau, portent la marque de processus intentionnels. On touche là une des caractéristiques de la conscience telle qu'Edelman va la caractériser.

1.4.2. La notion de conscience : moment conceptuel et méthodologique

Les approches de la conscience selon la TSGN reposent sur un ensemble de présuppositions conceptuelles qu'il nous paraît pertinent de poser dès l'abord. Il s'agira par la suite de montrer comment la TSGN est compatible avec une telle théorie de la conscience. Ces conceptions portent tout d'abord sur la notion de conscience; Edelman distingue ensuite deux modalités de la conscience à partir de quoi il caractérise la conscience humaine; il évoque ensuite diverses hypothèses sous-jacentes aux théories proposées qui portent tant sur des aspects conceptuels que méthodologiques.

Edelman articule son approche aux analyses que W. James effectua sur la conscience à la fin du siècle dernier. Pour James, la conscience «est personnelle (elle appartient à l'individu, au moi); elle est changeante mais continue; elle a affaire à des objets qui sont indépendants d'elle; elle est sélective dans le temps - autrement dit, elle n'épuise pas tous les aspects des objets auxquels elle a affaire... La conscience est intentionnelle; on est conscient des choses ou des événements eux-mêmes, ou encore de choses ou d'événements les concernant. Elle est aussi, dans une certaine mesure, liée à la volonté...[18]».

On trouve à nouveau cette référence à la «conscience intentionnelle», à l'association de la conscience à l'activité du sujet, à son interaction avec l'extérieur. La conscience est toujours «conscience de».

Par ailleurs, Edelman distingue d'emblée, et cette distinction est pour lui essentielle, la conscience primaire de la conscience d'ordre supérieur. «La conscience primaire est l'état qui permet de se rendre compte de la présence des choses dans le monde — d'avoir des images mentales dans le présent. Mais elle ne s'accompagne pas d'un sens de la personne, avec son passé et son présent. C'est de ce type de conscience qu'on peut présumer l'existence chez certains animaux dépourvus de capacités linguistiques et sémantiques. (...) En revanche, la conscience d'ordre supérieur fait appel à la reconnaissance par un sujet pensant de ses propres actes et affects. Elle incarne un modèle personnel, un modèle du passé et du futur aussi bien que du présent. Elle dénote une conscience directe - la conscience immédiate non réfléchie de l'existence d'épisodes mentaux, sans aucune intervention des organes récepteurs ou sensoriels. C'est cette aptitude que nous autres humains possédons en plus de la conscience primaire. Nous sommes des êtres conscients d'être conscients[19].»

En complément de la position jamesienne sur la conscience, Edelman distingue donc une conscience primaire, par laquelle les animaux supérieurs sont capables d'organiser des comportements complexes en réaction à l'environnement, articulent donc leurs comportements à une modalité de représentation de l'environnement, modalité marquée par l'immédiateté et la non distance temporelle. Alors que, par la médiation du langage, les humains développent des systèmes de représentation qui intègrent le temps, l'identité propre de l'individu lui-même, la conscience de la conscience. A la conception jamesienne classique, Edelman surimpose donc une conception évolutive de la conscience, où le niveau primaire est partagé par les animaux supérieurs. Cette originalité conceptuelle est déterminante puisqu'un des enjeux centraux de l'ouvrage est de montrer comment non seulement le fonctionnement de la conscience, mais l'apparition de la conscience au cours de l'évolution peuvent être intégrés aux théories biologiques contemporaines. On peut donc parler d'une double dimension évolutive de la conscience : l'évolution de la conscience peut être intégrée aux théories générales de l'évolution phylogénétique et aux théories embryologiques de la constitution ontogénétique.

A un niveau plus spécifiquement méthodologique, Edelman précise encore trois hypothèses sous-jacentes aux théories proposées. «Selon l'hypothèse physique, si les lois de la physique sont respectées, les âmes et les fantômes sont exclus. La description du monde donnée par la physique moderne constitue le fondement adéquat, mais pas tout à fait suffisant, de toute théorie de la conscience[20].» «Adéquat mais pas suffisant», ces deux termes caractérisent toute une école de pensée en ce qui concerne les rapports entre théories physiques et phénomènes biologiques. Cette première hypothèse vise directement la question de la réduction de la biologie à la physique sur laquelle nous reviendrons ultérieurement.

«L'hypothèse évolutionniste (...) consiste à dire que la conscience est une propriété phénotypique apparue à un moment donné de l'évolution des espèces. Avant cela elle n'existait pas[21].» La conscience confère un avantage adaptatif aux organismes vivants. Cette considération permet d'intégrer la conscience aux processus d'évolution phylogénétique générale et de recourir aux principes de la sélection naturelle pour rendre compte de son apparition. L'hypothèse évolutionniste est donc centrale dans le contexte d'une théorie biologique de la conscience.

La troisième hypothèse revêt un caractère méthodologique plus manifeste et renvoie à un problème général d'épistémologie des approches scientifiques de l'être humain : Edelman l'évoque en termes d'«hypothèse des sensations». La question porte sur la possibilité d'une science de la conscience. La notion de sensation renvoie à «l'ensemble des expériences personnelles ou subjectives, des sentiments et des impressions qui accompagnent l'état de conscience. Ce sont des états phénoménaux qui constituent le "comment nous voyons les choses" en tant qu'êtres humains[22].» D'une certaine manière la sensation est l'élément phénoménal de base à partir de quoi construire une «science humaine». Et c'est ce qui confère une grande difficulté aux sciences humaines. En effet, dans le cas de la physique, les phénomènes physiques peuvent faire l'objet d'une observation avec confrontation intersubjective et conduisent à des théories qui peuvent faire elles-mêmes l'objet d'un consensus, ne fût-ce que provisoire. Il n'en va pas de même pour les sensations qui ne sont éprouvées que par chaque individu séparément. Puisque le concept de sensation renvoie à l'expérience de conscience individuelle, la sensation ne peut être partagée par un autre individu jouant le rôle d'observateur. On pourrait par conséquent se trouver devant une impasse liée à l'irréductibilité individuelle des sensations.

Pour sortir de cette impasse, par l'«hypothèse des sensations», Edelman suppose que les sensations existent de la même manière chez tous les êtres humains. «Pour fonder une théorie de la conscience, il est raisonnable de *supposer* que, tout comme elles (les sensations) existent chez nous-mêmes, elles existent également chez les autres êtres humains conscients — qu'ils soient considérés comme des observateurs ou comme des sujets. (...) Nous pouvons alors considérer les êtres humains comme le meilleur référent canonique pour l'étude de la conscience. C'est légitime parce que les descriptions subjectives fournies par les êtres humains (y compris celles qui portent sur les sensations), leurs actions ainsi que la structure et la fonction de leur cerveau, *peuvent toutes être corrélées*[23].»

Ainsi donc, par l'hypotèse des sensations, Edelman affirme la possibilité d'une théorie de la conscience reposant sur le postulat que les sensations, strictement intimes à l'être humain, peuvent faire l'objet d'une analyse phénoménale dans la mesure où il est postulé qu'elles sont partagées par tous les êtres humains.

Il est important de relever le lien qui existe entre cette hypothèse des sensations et la distinction entre conscience primaire et conscience d'ordre supérieur. Edelman pose lui-même explicitement ce lien. «L'hypothèse des sensations établit une distinction entre la conscience d'ordre supérieur et la conscience primaire. La conscience d'ordre supérieur s'appuie sur l'existence d'une conscience directe, immédiate, chez un être humain possédant un langage et une vie subjective susceptible d'être décrite. La conscience primaire peut être constituée d'expériences phénoménales telles que des images mentales, mais elle est limitée à un intervalle de temps situé autour du présent mesurable, elle est dépourvue du concept de soi, de passé et de futur, et inaccessible à l'auto-description directe et individuelle. Par conséquent, les êtres qui ne possèdent qu'une conscience primaire sont incapables de construire des théories de la conscience — même fausses ![24]»

La circularité des différentes présuppositions d'Edelman apparaît clairement. Edelman articule son travail aux conceptions jamesiennes de la conscience, qu'il réinterprète dans une perspective évolutionniste en distinguant conscience primaire et conscience d'ordre supérieur. Et c'est sur base de cette double présupposition qu'il pose ce qu'il appelle «l'hypothèse des sensations», qui n'est qu'une conséquence méthodologique des choix conceptuels initiaux.

1.4.3. Présent remémoré et conscience primaire

Dans la perspective d'Edelman, la conscience primaire est associée à la capacité de l'animal de recourir à une sorte d'«image» de l'environnement immédiat, «image» dont les modalités sont à préciser mais dont Edelman parle en termes de «scènes». «Par le mot scène, j'entends un ensemble ordonné dans l'espace et le temps de catégorisations d'événements, familiers ou non, *non nécessairement reliés entre eux de manière physique ou causale*[25].» Par ce processus, des événements passés importants dans l'apprentissage de l'animal peuvent être reliés à de nouveaux événements même s'il n'y a pas de lien causal formel. Le mot «scène» renvoie dès lors à une modalité de rapport à l'environnement qui implique l'intégration d'événements mémorisés, avec le lien au système de valeurs que comporte la mémorisation. Il s'agit de préciser ce processus et d'analyser quelles sont les modalités biologiques d'apparition d'un tel processus.

Du point de vue anatomique, précisons tout d'abord que deux types de systèmes interviennent pour comprendre l'apparition de la conscience primaire. L'ensemble constitué par le tronc cérébral et le système limbique a trait à l'appétit, aux comportements sexuels et aux stratégies de défense mises en place au cours de l'évolution. Le système de valeurs est relié à un grand nombre d'organes du corps via le système endocrinien et le système neuro-végétatif. Ces systèmes internes sont apparus très tôt au cours de l'évolution. Le système thalamo-cortical reçoit des signaux provenant des couches de récepteurs sensoriels et envoie des signaux aux muscles volontaires. Il comporte également les trois appendices corticaux déjà signalés lors de l'approche de la mémoire : le cervelet, les ganglions de base et l'hippocampe. Ce dernier système est plus tardif du point de vue évolutif. Lors de l'approche de l'apprentissage, nous avons vu comment le système cortical intervient dans l'apprentissage adaptatif en même temps que la liaison avec le système limbique est décisive.

Le modèle d'apparition de la conscience primaire dans le contexte de la TSGN repose sur l'évolution de trois fonctions. « La première fonction est un système cortical permettant aux fonctions conceptuelles, lorsqu'elles sont apparues, d'être fortement liées au système limbique, entraînant l'élargissement des capacités d'apprentissage déjà existantes[26]. » Cette première fonction correspond précisément aux conditions de possibilité d'émergence des concepts et de la mémorisation en lien avec le système limbique. La seconde fonction est une nouvelle sorte de mémoire, fondée sur cette liaison, qui est capable de classer par catégories les réponses des différents systèmes cérébraux qui effectuent des catégorisations perceptives et de le faire conformément aux exigences des systèmes de valeurs de l'ensemble tronc cérébral-système limbique. Edelman parle à ce propos de « mémoire des "valeurs-catégories" » qui « permet de produire des réponses conceptuelles en fonction des interactions réciproques du système thalamo-cortical et de l'ensemble tronc cérébral-système limbique[27] ». Un animal muni de ces deux fonctions pourra effectuer des catégorisations perceptives dans diverses modalités sensorielles et acquérir une mémoire conceptuelle des valeurs-catégories ; mais cet animal ne pourra pas relier les événements perceptifs pour obtenir une scène en cours.

C'est pourquoi le modèle implique une troisième fonction qui va permettre la liaison de la mémoire des valeurs-catégories et des catégories perceptives avec les catégories perceptives actuelles. Cette troisième fonction est liée à l'apparition de circuits réentrants qui vont permettre à la mémoire des valeurs-catégories et aux cartographies globales en cours d'échanger continuellement des signaux de façon réentrante. « C'est cette interaction entre un type particulier de mémoire et la catégorisation perceptive qui donne naissance à la conscience primaire. Une fois les circuits réentrants adéquats en place dans le cerveau, ce « processus de *bootstrapping* » a lieu simultanément et en parallèle dans toutes les modalités sensorielles, permettant la construction d'une scène complexe. La cohérence de cette scène est coordonnée par la mémoire conceptuelle de valeurs-catégories, même si les différentes catégorisations perceptives qui y contribuent sont indépendantes d'un point de vue causal[28]. » Autrement dit, les boucles réentrantes relient la mémoire des valeurs catégories aux catégories perceptives en cours et ce dans les diverses modalités sensorielles. Ce processus de mise en relation conduit à l'intégration des processus mémorisés dans la détermination du comportement en fonction des données sensorielles actuelles. C'est ce processus complexe dont Edelman parle en termes de « scène ». Le terme lui-même évoque la notion d'image mentale, de tableau, de représentation... Cependant le cerveau ne comporte aucune image... «l'image que nous croyons voir n'est qu'une corrélation entre différents types de catégorisations»... Pour Edelman «l'expérience perceptive (phénoménale) naît des corrélations établies par une mémoire conceptuelle sur un ensemble de catégorisations perceptives en cours. Autrement dit, la conscience primaire est une sorte de "présent remémoré"[29].»

D'un point de vue adaptatif, cette conscience primaire est efficace. En effet, devant un environnement donné, l'animal doué d'une conscience primaire est capable de reconnaître des situations analogues et d'organiser sa réponse en fonction de ce qui compte pour lui, étant donné le lien de la mémoire au système limbique qui met les signaux d'entrée en relation avec les actes et récompenses passées de l'animal. Si la conscience primaire comporte une mémoire à long terme, elle ne permet pourtant pas de planifier le futur à long terme car les animaux à conscience primaire ne sont pas conscients de cette mémoire à long terme. Edelman parle à ce propos de la «tyrannie exercée par ce présent remémoré», où seules des corrélations avec des catégorisations perceptives en cours peuvent mettre en jeu la mémoire à long terme. La conscience primaire est donc fortement sous l'emprise de la succession en temps réel. C'est de cette emprise du temps que la conscience d'ordre supérieur va précisément se libérer grâce à la médiation du langage.

Pour Edelman, seuls les animaux dotés d'une activité corticale développée sont susceptibles de présenter cette conscience primaire, notamment probablement de nombreux mammifères et certains oiseaux.

1.4.4. *Langage et conscience d'ordre supérieur*

Edelman associe l'apparition de ce qu'il appelle la conscience d'ordre supérieur à l'apparition du langage. Ce faisant, il doit se référer à une théorie de la genèse du langage qu'il qualifie d'«épigénétique». Cette conception de la genèse du langage est liée à l'approche des notions de «mémoire» et «concept» définies plus haut. En effet, nous avons vu comment Edelman précise une notion de concept qui ne se réfère pas au langage mais à la capacité de reconnaître des choses ou des actes. Il propose dès lors un processus de constitution du langage où la dimension sémantique précède la dimension syntaxique.

On peut imaginer en effet que, en association avec des modifications de structure anatomique du crâne, de la chambre supralaryngée... des sons puissent être associés à des concepts, au sens non langagier du terme. L'apparition de zones particulières dans le cortex, notamment les aires de Broca et de Wernicke, permet le développement de nouveaux types de mémoires capables d'effectuer des recatégorisations sur les phonèmes isolés aussi bien que sur l'ordre des phonèmes. Une corrélation entre phonèmes et concepts pourrait dès lors correspondre au début de la dimension sémantique. L'organisation de noms en ensembles plus complexes pourrait conduire à l'émergence de la dimension syntaxique, qui, dans cette perspective, aurait une dimension strictement épigénétique. «En d'autres termes, le cerveau associe récursivement des séquences sémantiques à des séquences phonétiques puis engendre des correspondances syntaxiques, non pas à partir de règles préexistantes, mais en traitant les règles en cours de développement dans la mémoire comme des objets susceptibles d'être conceptuellement manipulés[30].»

Cette apparition du langage va permettre l'accession à la conscience d'ordre supérieur en dégageant la conscience de l'asservissement au temps. En effet, le stockage des relations symboliques acquises au cours des interactions avec d'autres individus de la même espèce va conduire à l'émergence du concept de moi ainsi qu'à une procédure de modélisation du monde. «Et, grâce à l'apparition de la faculté de faire la différence entre de tels modèles conceptuels-symboliques et l'expérience perceptive en cours, il devient possible de mettre au point un concept du passé. Cela libère l'individu de la tyrannie de l'instant présent et des événements survenant en temps réel. Le présent rémémoré est intégré dans le cadre d'un passé et d'un futur[31].»

Ainsi donc, le langage et les interactions sociales qu'il permet, et dont il est en même temps le produit, conduisent à la prise de conscience du moi et de la distinction entre modèle du réel et réalité, distinction qui permet la prise de conscience du temps, de la distance entre présent, passé, futur... Toutes caractéristiques importantes de la conscience d'ordre supérieur, qui est «conscience d'être conscient», «capable de modéliser le passé, le présent, le futur, la personne, le monde[32]».

Seuls les humains ont atteint ce niveau de conscience dont les avantages adaptatifs sont manifestes puisque seule la conscience d'ordre supérieur permet d'anticiper les états futurs et planifier le comportement sur base d'une modélisation du monde.

2. ENJEUX PHILOSOPHIQUES

Ainsi se développent les thèses essentielles de la théorie de la sélection des groupes neuronaux concernant la conscience. Edelman poursuit son ouvrage par une série de considérations philosophiques, parfois rapides, mais qui n'en demeurent pas moins éclairantes sur les enjeux de la théorie biologique qu'il développe. Avant de procéder à une analyse personnelle des enjeux philosophiques des théories édelmaniennes, il nous paraît pertinent de préciser les positions d'Edelman lui-même à ce propos.

2.1. Edelman et la philosophie

Les enjeux philosophiques qu'Edelman évoque lui-même de la théorie de sélection des groupes neuronaux concernent principalement l'anthropologie philosophique, la conception de l'être humain; ils concernent également l'épistémologie, dans la mesure où la conception de l'humain implique des conséquences méthodologiques dans le champ des sciences humaines.

Sur le plan anthropologique, tout d'abord, la conséquence la plus manifeste des théories biologiques proposées est qu'il n'est pas besoin de recourir à des principes autres que biologiques pour expliquer l'apparition de l'esprit. « Autrement dit, il n'est pas nécessaire d'adjoindre aucun principe nouveau pour rendre compte de la conscience - il ne faut que de nouvelles morphologies issues de l'évolution[33]. » La position édelmanienne propose une théorie évolutionniste qui fait de la conscience le produit d'une double sélection, naturelle et somatique, et rompt par conséquent avec toute perspective dualiste, tant sur le plan anthropologique que sur le plan explicatif. Edelman pousse la logique unitaire jusqu'à l'extrême en refusant toute possibilité de permanence de l'individu après la mort. « De plus, nous devons admettre que la mort signifie la perte irrévocable d'un individu et de son être... Les esprits désincarnés n'existent pas[34]. » On pourrait dès lors conclure à une biologisation de l'esprit, à une sorte de réductionnisme biologique extrême... Un examen plus attentif s'impose pourtant.

Il s'avère en effet que cette conception ouvre la voie à une anthropologie beaucoup plus riche que celle qu'une attitude strictement réductionniste laisserait entrevoir. En effet, à partir du moment où le cerveau et l'activité qu'il permet sont le produit d'une double histoire, collective via le processus de sélection naturelle, individuelle via les processus de sélection somatique et d'« apprentissage », cela signifie que le cerveau et l'esprit dont il est le support d'activité sont strictement individuels. Les structures générales du cerveau sont le fruit de l'histoire collective de l'évolution biologique et les structures fines de chaque cerveau individuel ressortissent à l'histoire personnelle de chaque individu, à ses diverses interactions avec l'environnement. La TSGN ouvre donc la voie à une anthropologie où chaque individu est unique, et est le produit d'une histoire collective et individuelle. « Par individualité, je n'entends pas simplement l'individualité qui émerge à travers la génétique ou l'immunité, mais l'individualité personnelle issue des interactions qui ont lieu au cours du développement et de la vie en société[35].» A l'opposé d'un réductionnisme strict qui tendrait à rendre compte des comportements individuels en fonction d'une théorie d'interactions moléculaires ou cellulaires, Edelman développe une conception où chaque individu est le produit d'une histoire spécifique, individuelle et irréversible.

Edelman va plus loin dans son approche de l'irréductibilité de chaque individu. Non seulement chacun est unique, en fonction de son histoire spécifique, mais la conscience d'ordre supérieur conduit à une attitude intentionnelle qui modifie profondément le rapport à l'environnement. « En particulier, le flux de catégorisations dans un système sélectif conduisant à la mémoire et à la conscience modifie les relations de causalité habituelles décrites par les physiciens. Les individus, tout comme les choses, parcourent des trajectoires situées dans l'espace-temps à quatre dimensions. Mais, du fait que les êtres humains possèdent une intentionnalité, une mémoire et une conscience, ils sont capables de choisir des configurations apparaissant en un point donné de cette trajectoire et, en se fondant sur leurs histoires personnelles, de les soumettre à des plans en d'autres points de la trajectoire[36].» A partir de cette conception intentionnelle de la conscience, l'individu n'apparaît pas seulement comme produit unique d'une histoire irréversible originale, il apparaît comme acteur de son histoire.

Edelman aboutit dès lors au concept de « liberté ». «... Si ce que j'ai dit est exact, les êtres humains ont un certain degré de libre arbitre. Cette liberté n'est cependant pas totale ; elle est entravée par un certain nombre d'événements et de contraintes internes et externes. Un tel point de vue n'exclut pas l'influence de l'inconscient sur le comportement, et il ne sous-estime pas non plus le fait que de minuscules modifications biochimiques ou des événements précoces puissent influencer le développement d'un individu de façon radicale. Mais il permet d'affirmer en revanche que le fort déterminisme psychologique postulé par Freud ne tient pas. Nous avons au moins la liberté que nous autorise notre grammaire[37].» Dans le débat sur le déterminisme physicaliste, Edelman pose que même les phénomènes de sélection naturelle présentent un certain degré d'indétermination par rapport à une approche physicaliste stricte. Et cette indétermination relative au niveau de la sélection naturelle est encore bien plus nette au niveau d'un système conscient. On aboutit dès lors à une anthropologie d'une liberté relative, marquée par les systèmes biologiques, mais liberté explicite capable de «modifier le cours des événements[38]».

Edelman développe donc une théorie biologique qui ouvre à une anthropologie de type humaniste où l'être humain est muni d'un certain espace de liberté à l'intérieur des déterminations biologiques. Son anthropologie débouche pourtant sur une interrogation. «Le problème ne sera plus alors celui de l'existence des âmes, car il est clair que chaque individu est unique et qu'il n'est pas une machine. Le problème consistera à accepter que chaque individu est mortel. Mais, étant donné la conception laïque qui prévaut aujourd'hui, conception que nous avons héritée des Lumières, comment préserver une morale tout en étant mortel ?[39]» La question de la réduction de la personne au biologique ne se pose plus pour Edelman. La liberté humaine s'intègre aux théories biologiques qu'il développe. La question qui resurgit est celle des justifications de l'éthique dans le cadre d'une anthropologie unitaire.

Sur le plan épistémologique, les conséquences d'une telle anthropologie sont nettement explicitées par Edelman. Première conséquence, et d'importance pour l'auteur qui développe longuement cette thèse dans une postface uniquement consacrée à ce sujet, la conception du cerveau comme système sélectif exclut toute possibilité de décrire les mécanismes cérébraux de manière globale en termes de machine de Turing, d'ordinateur. Une thèse centrale d'Edelman est de montrer comment la structure matérielle du cerveau et son organisation dynamique est complètement différente de la structure d'un ordinateur et comment elle participe de manière décisive au fonctionnement de la pensée elle-même. Pour Edelman cette double propriété enlève toute pertinence aux approches qui assimilent cerveau et ordinateur. Sont visés là les courants de recherche cognitivistes qui prennent des développements considérables depuis quelques années. Nous n'approfondirons pas ici cette question qui demanderait un exposé pour elle-même, étant donné la complexité du problème et l'importance des enjeux[40].

Deuxième conséquence épistémologique de l'anthropologie édelmanienne, si l'explication issue des neurosciences est nécessaire, elle n'est pas suffisante en tant qu'explication ultime. L'indétermination relative du comportement et la liberté qui lui est associée ouvre un espace pour des méthodologies spécifiques d'approche du comportement humain. «... dans la pratique, toute tentative pour réduire la psychologie à la biologie finit nécessairement par échouer à un certain point. Etant donné que l'exercice de la pensée, en tant que compétence, dépend d'interactions sociales et culturelles, de conventions, de raisonnements logiques, et aussi de métaphores, les méthodes purement biologiques telles qu'on les connaît aujourd'hui sont insuffisantes... nous devons étudier ces facultés pour elles-mêmes[41].» L'anthropologie d'Edelman débouche dès lors sur une grand ouverture méthodologique sur le plan épistémologique. Les comportements humains requièrent des modes d'approche qui leur soient spécifiques. La position d'Edelman sur le concept d'inconscient de Freud est à ce sujet fort éloquente. Il rapporte, de manière amusante, une conversation avec le biologiste Jacques Monod où, à l'encontre de ce dernier, il défend la pertinence du concept d'inconscient chez Freud. La conception historique et idiosyncratique de l'être humain le conduit à accepter la non transparence de l'être à lui-même; le concept d'inconscient est une expression privilégiée de cette opacité. Ce qui implique, sur le plan méthodologique, une multiplicité d'approches des phénomènes humains. L'approche biologique est tout à fait insuffisante à rendre compte de la complexité des comportements humains.

La position d'Edelman vient de faire l'objet d'un exposé quelque peu détaillé. Nous voudrions, en une deuxième phase de cette analyse des enjeux philosophiques, resituer ces thèses dans les débats philosophiques qui marquent la question des rapports entre le corps et l'esprit. Nous voudrions développer notre propos selon trois orientations. La première vise la question du réductionnisme, question centrale quand il s'agit de penser les apports des sciences biologiques à une compréhension de l'être humain. La deuxième portera sur les liens de l'ensemble de l'ouvrage avec la question du cercle herméneutique, liens qui nous introduiront aux relations entre la TSGN et la phénoménologie que nous évoquerons en une troisième partie.

2.2. La question du réductionnisme

2.2.1. Réduction de la biologie à la physique

La question du réductionnisme en biologie fait l'objet de nombreux débats tant au sein de la communauté scientifique que dans le monde des philosophes des sciences. Elle présente une première formulation qui vise la réduction de la biologie à la physique. Deux conceptions s'opposent sur ce point[42].

Selon la conception «autonomiste», les buts de la biologie et les méthodes appropriées pour les atteindre sont différents de ceux des autres sciences de la nature et la pratique biologique doit rester de manière permanente isolée des méthodes et théories de la science physique. E. Mayr est un des grands représentants de cette position dont il parle en termes de «réductionnisme constitutif» mais non théorique ou explicatif. Son réductionnisme constitutif affirme que le matériel qui compose l'organisme est exactement le même que celui qui structure le monde inorganique. La différence entre matière inorganique et organisme vivant ne réside pas dans la substance de laquelle ils sont composés, mais dans l'organisation des systèmes biologiques.

La position «provincialiste», à l'inverse, voit dans la physique un fondement de certitude pour la biologie. Pour F. Crick, par exemple, on peut espérer voir la biologie entière expliquée en termes de niveaux inférieurs, biochimique, organique, et ainsi jusqu'au niveau atomique.

De nombreux travaux approfondissent cette thématique et prennent deux orientations. La première porte sur la notion de fonction. Un exemple type est l'analyse de la fonction de transport de l'oxygène par l'hémoglobine. L'étude de la structure de l'hémoglobine par exemple permet parfaitement d'expliquer les propriétés physiologiques de transport de l'oxygène. Et pourtant, une analyse comparative des structures biochimiques de l'hémoglobine de diverses espèces montre de grandes diversités dans ces structures. Le maintien de la fonction est lié à un nombre limité d'acides aminés dont dépend précisément la fonction de transport. La biologie explique ce maintien par le processus de sélection naturelle. Si l'explication biochimique de la fonction de transport répond au projet de «réduire» la biologie à la physico-chimie, on ne voit pas bien quelle «loi chimique ou physique» permettrait de rendre compte du processus de sélection naturelle. Même sur un phénomène aussi biochimiquement marqué, l'explication biochimique est insuffisante à rendre compte de la dimension évolutive du phénomène biologique.

Une deuxième manière d'aborder la question de la réduction consiste à envisager les rapports entre diverses théories. Le projet réductionniste dans ce contexte vise à montrer que les théories biologiques peuvent être complètement réintégrées dans des théories physico-chimiques. De telles tentatives ont été approfondies sur base des formalismes de E. Nagel, notamment dans le cas de la génétique mendelienne, mais elles se sont elles aussi heurtées à de grosses difficultés.

De telle sorte que l'on admet aujourd'hui que la position autonomiste rend le mieux compte de la manière dont la recherche s'effectue en sciences biologiques contemporaines. La position réductionniste reste certes défendable, mais elle comporte un statut programmatique; c'est à la position réductionniste que revient désormais la tâche de démontrer sa pertinence.

Sur ce point de la réduction de la biologie à la physico-chimie, Edelman prend une position sans équivoque. En effet, l'«hypothèse physique» qu'il pose en présupposition de son approche de la conscience correspond explicitement à la position autonomiste de E. Mayr dans les rapports entre physique et biologie. Dire que «la description du monde donnée par la physique moderne constitue le fondement adéquat mais pas tout à fait suffisant, de toute théorie de la conscience[43]» revient à admettre le réductionnisme constitutif et à rejeter le réductionnisme explicatif. Ceci se confirme précisément par l'«hypothèse évolutionniste» qui pose que la conscience confère un avantage adaptatif sur lequel agit la sélection naturelle. On retrouve explicitement là les arguments des «autonomistes» qui se réfèrent à la sélection naturelle comme processus par lequel les fonctions biologiques sont stabilisées dans les organismes.

Cette défense de l'irréductibilité du biologique à la physique comporte un caractère tout à fait central dans la position édelmanienne. Sa conception du fonctionnement du cerveau comme système sélectif le conduit à rejeter l'approche physicaliste qui recourt à la métaphore de l'ordinateur et du programme. Le modèle de la sélection est typiquement biologique, tandis que les ordinateurs fonctionnent sur le modèle de l'instruction qui paraît peu pertinent à Edelman dans l'approche du fonctionnement du système nerveux. Cette prise de distance par rapport à une approche physique, Edelman l'exprime non seulement par rapport à l'ordinateur, mais également par rapport à toute approche strictement cognitiviste (cf. la postface de l'ouvrage), voire par rapport à certaines tentatives de recourir à la physique quantique pour rendre compte de la conscience. «Autrement dit, il existe une réelle distinction entre la biologie (ou la psychologie) et la physique. Ainsi, tout en acceptant que les lois de la physique s'appliquent à tous les systèmes — qu'ils soient ou non doués d'intentionnalité —, ce point de vue conduit à rejeter l'idée selon laquelle une théorie physique suffisamment sophistiquée (telle la gravitation quantique ou d'autres concepts spécifiques de la physique fondamentale) serait nécessaire pour parvenir à expliquer l'esprit[44].»

Dans le rapport à la physique, la pensée d'Edelman est donc bien une pensée biologique autonomiste, donc anti-réductionniste sans équivoque dans la défense de la spécificité des phénomènes du vivant.

2.2.2. *Réduction de la conscience à la biologie*

La question du réductionnisme ne se limite pas à la réduction de la biologie à la physique. Dans l'approche de l'esprit, elle porte de manière plus centrale sur les rapports entre conscience humaine et biologie. La position d'Edelman ne correspond-elle pas à un biologisme, à une réduction pure et simple de la conscience à un phénomène de sélection neuronale qui, pour être irréductible à la physique, n'en est pas moins «réducteur» par rapport à une conception «humaniste» de l'être humain ? Nous voudrions aborder cette question en deux temps. Nous examinerons tout d'abord la portée philosophique de l'idiosyncrasie; nous envisagerons en une phase ultérieure la notion d'intentionnalité.

La conception du système nerveux comme système sélectif relie la sélection à une double histoire collective et individuelle; collective par la sélection naturelle au long de l'évolution du vivant; individuelle par le processus épigénétique de l'organogenèse et les processus d'apprentissage. La structure biologique du système nerveux de chaque individu est donc profondément liée à son histoire propre. Pour Edelman, chaque individu est le produit de son histoire spécifique, au niveau de la structure même de son système nerveux. C'est cette individualité extrême de la structure qu'Edelman vise en parlant de l'idiosyncrasie.

Une telle perspective est très riche en ce qu'elle ouvre à une conception historique de l'être humain où chacun est le produit d'une histoire unique, irréversible. Bien plus, on peut y voir l'origine même de la défense du concept d'inconscient chez Freud par Edelman. Si l'histoire de chaque individu laisse des traces dans sa structure biologique même, on peut comprendre que des événements très précoces restent marquants alors même qu'ils ne font pas partie d'une mémoire directement accessible à la conscience. Cette historicité irréversible se prête par conséquent à une grande richesse d'interprétations et permet de mieux préciser l'origine de l'opacité de la conscience à elle-même que vise le concept d'inconscient.

Pourtant une telle conception se prête également à des interprétations distinctes. Nous voudrions, sur ce point, nous référer à l'argumentation que développe Edelman pour introduire la notion de liberté. Cela nous permettra de préciser cette pluralité d'interprétations. En effet, il prend pour point de départ la sélection naturelle pour montrer que «des événements historiques singuliers survenant à une échelle donnée peuvent avoir des conséquences à une échelle complètement différente[45]». Il souligne par conséquent les insuffisances du recours au niveau biochimique pour une explication de l'évolution. Il poursuit son raisonnement en montrant que cette indétermination qu'il vient de montrer dans les phénomènes d'évolution biologique est encore plus marquante dans les processus plus complexes de sélection neuronale. «Comme l'environnement en cours de catégorisations regorge de nouveautés, comme la sélection s'effectue a posteriori et comme elle se déroule sur des répertoires historiques hautement diversifiés, dans lesquels des structures différentes peuvent produire des résultats identiques, le nombre de degrés de liberté est très grand. Nous pouvons donc conclure, sans risquer de nous tromper, que, dans un système conscient à plusieurs niveaux, le nombre de degrés de liberté est encore plus élevé. Ces constatations incitent à penser que les systèmes qui effectuent des catégorisations à la manière du cerveau présentent une indétermination au niveau macroscopique[46]. »

L'argumentation d'Edelman le conduit dès lors à la notion de « libre arbitre », au concept d'une conscience intentionnelle capable d'effectuer des « glissements temporels » lors de la planification et de « modifier le cours des événements ». Il faut souligner le caractère non réductionniste de cette perspective. Edelman va ici beaucoup plus loin qu'avec son concept d'idiosyncrasie et d'histoire individuelle irréversible. Avec le concept d'intentionnalité et de liberté, on glisse dans un registre plus proprement philosophique que nous analyserons plus en détail ultérieurement.

Ce que nous voulons souligner ici, c'est le fait que l'interprétation d'Edelman n'est pas absolument contraignante. En effet, une autre interprétation pourrait être défendue. Le caractère indéterminé qu'il souligne, dès les processus de sélection naturelle, est très fréquent dans les phénomènes physiques. Que l'on songe aux « structures dissipatives » développées par I. Prigogine et l'école de Bruxelles, que l'on songe à toute la problématique du « chaos déterministe » voire aux formalismes de réseaux d'automates et réseaux neuronaux, tous ces nouveaux formalismes tentent de modéliser des phénomènes strictement déterministes où, pourtant, des microévénements peuvent conduire à des macrostructures difficilement prédictibles. Une telle imprédictibilité se prête à une pluralité d'interprétations : impossibilité de connaître l'ensemble des conditions initiales, non prédictibilité inhérente aux formalismes mêmes... Quoi qu'il en soit, le lien aux formalismes et l'application de ces formalismes à des phénomènes strictement physiques, tels la météorologie par exemple, montrent combien l'interprétation en termes d'intentionnalité développée par Edelman ne s'impose nullement.

En réalité, le concept de conscience intentionnelle auquel Edelman aboutit comporte, nous semble-t-il, un statut très particulier. A certains égards, ce concept n'est pas l'aboutissement, mais le point de départ de la réflexion d'Edelman. Aussi, avant de développer plus avant notre réflexion sur le caractère réductionniste ou non de la pensée de cet auteur, il nous paraît pertinent de faire un détour par l'épistémologie des sciences humaines, ce qui nous permettra de mieux comprendre la structure globale de l'ouvrage et la dynamique effective de la pensée de l'auteur.

2.3. Sciences humaines et cercle herméneutique

Dans un article intitulé *Les sciences humaines et le problème du fondement*[47], J. Ladrière précise le statut épistémologique particulier des sciences humaines par rapport aux sciences de la nature. Il montre tout d'abord comment, dans les sciences de la nature et en particulier dans les sciences physiques, une circularité de la démarche peut être mise en évidence. La dynamique des sciences de la nature repose en effet sur une tentative de rendre compte des phénomènes par recours à divers formalismes mathématiques. Dans ce contexte, le choix du formalisme repose sur une sorte de précompréhension de l'objet visé. D'autre part, une étape déterminante est la confrontation des modèles construits au moyen de ces formalismes à la «réalité». Une question importante est de préciser la nature de cette confrontation. Ce qui est visé dans la phase expérimentale, c'est la confrontation à la réalité. Mais, dans les faits, l'expérimentation ne consiste pas en une confrontation au réel à l'état brut mais bien à un réel préparé en fonction du formalisme qu'il s'agit de tester. L'expérimentation prend corps dans un contexte marqué de part en part par la théorie. J. Ladrière parle à ce propos de «cercle méthodologique des sciences de la nature». Cette conception du cercle méthodologique rejoint d'ailleurs la conception de la «charge théorique de l'observation» largement développée dans la littérature anglo-saxonne de philosophie des sciences.

Dans le cas des sciences humaines, cette circularité se complexifie dans la mesure où la précompréhension de l'objet, qui détermine le choix du formalisme et de la méthode, implique une auto-compréhension du sujet connaissant. En effet, dans les sciences humaines, le chercheur n'est jamais complètement hors de l'objet de recherche puisque c'est l'activité humaine qui est finalement en cause. Dès lors, au cœur de la recherche en sciences humaines, on retrouve une circularité particulière liée à une auto-compréhension impliquée dans toute démarche. Cette particularité de la démarche des sciences humaines est visée par la notion de «cercle herméneutique».

Fonder de manière absolue les sciences humaines présupposerait par conséquent une sorte de transparence du sujet humain à lui-même, transparence qui se heurte à la problématique de l'inconscient et de l'opacité irréductible de la conscience développée par la psychologie moderne.

Ladrière en arrive dès lors à la «mise en question de l'idée d'une fondation absolue». Le travail d'interprétation à l'œuvre dans les sciences humaines s'inscrit de manière inexorable dans divers systèmes de présuppositions dont il s'avère impossible de justifier le choix de manière apodictique. Cela ne veut pas dire que toutes les interprétations sont équivalentes. Au contraire, chaque interprétation doit se justifier elle-même en manifestant la fécondité de la méthode qu'elle met en œuvre. Mais ce type de justification ne constitue pas une fondation absolue. On n'est pas dans le registre d'un discours privilégié excluant toute autre approche. Il s'agit au contraire de prendre acte de l'irréductible multiplicité d'interprétations des phénomènes humains. Au cercle herméneutique est associée l'idée d'un «conflit des interprétations» et du pluralisme irréductible des discours interprétatifs de l'humain.

Ces perspectives nous paraissent éclairantes pour appréhender la logique profonde de l'ouvrage d'Edelman. Nous avons vu en effet comment, en un moment que nous avons appelé conceptuel et méthodologique, Edelman situe son travail dans la perspective d'une approche de la «conscience intentionnelle» qu'il emprunte à W. James. Cette conception, Edelman l'adopte de manière *a priori* sans beaucoup de justifications et c'est cette conception à laquelle aboutit toute sa réflexion sur les apports de la théorie de la sélection des groupes neuronaux. Le concept de conscience intentionnelle et le concept de libre arbitre qui lui est d'une certaine manière associé sont à la fois aboutissement et point de départ du travail d'Edelman. Une circularité profonde marque l'ensemble de la démarche.

Dans la perspective de J. Ladrière, il nous paraît important de souligner que cette caractéristique, dont on pourrait parler de manière péjorative, rejoint au contraire les exigences d'une démarche de sciences humaines qui intègre une explicitation de ses présuppositions. L'ouvrage d'Edelman est avant tout un ouvrage de sciences humaines, puisque c'est de l'être humain qu'il s'agit en dernière analyse quand on parle de la conscience. Ouvrage de sciences humaines, ce travail l'est non seulement par son objet formel mais également par sa méthodologie. Edelman se situe d'emblée dans le cercle herméneutique et explicite son approche de l'humain qu'il caractérise par la conscience intentionnelle et le libre arbitre.

L'objet de l'ouvrage n'est pas de démontrer que l'être humain dispose de certains degrés de liberté à l'intérieur d'un ensemble de contraintes. Partant de cet *a priori* d'un être humain libre, il montre comment les données les plus récentes dans le domaine des neurosciences et de l'embryologie permettent de comprendre l'apparition d'une telle conscience au cours de l'évolution et la spécificité d'une telle conscience chez chaque individu. A certains égards, on pourrait dire que le propos d'Edelman est fondamentalement anti-réductionniste puisque son propos est d'envisager la contribution de la biologie à une anthropologie de l'être humain comme être libre doué d'une conscience intentionnelle. Cette contribution de la biologie, il la voit en un double sens. D'une part, sur le plan anthropologique, il montre comment la biologie peut expliquer l'émergence de cette conscience au cours de l'évolution générale et il montre dans la même ligne comment chaque conscience individuelle relève d'une histoire propre. D'autre part, sur le plan méthodologique, il montre comment de tels mécanismes de structuration et de fonctionnement du système nerveux excluent certaines approches anthropologiques qui ne prennent pas en compte et apparaissent incompatibles avec de tels mécanismes. On peut donc parler d'une dimension anthropologique et d'une dimension heuristique et méthodologique de son travail.

C'est dans ce contexte qu'il faut comprendre les interprétations d'Edelman aussi bien de l'idiosyncrasie que du concept d'inconscient de Freud. C'est dans ce contexte également qu'il faut comprendre la reconnaissance de la nécessité de méthodologies spécifiques à l'appréhension des phénomènes humains. C'est bien dans une perspective de l'être humain comme être libre, ou tout au moins comportant un certain espace de liberté, que se situe sa position fondamentale, que l'on peut dès lors qualifier de non réductionniste[48].

2.4. Conscience intentionnelle et phénoménologie

Aussi bien notre approche du réductionnisme que l'analyse épistémologique générale de l'ouvrage d'Edelman conduisent à souligner le caractère central du concept de «conscience intentionnelle». En réalité, ce concept a une longue histoire dans le domaine philosophique et il ne nous paraît pas possible de passer sous silence la place décisive de ce concept dans la phénoménologie, et en particulier dans l'œuvre de M. Merleau-Ponty où la question des rapports entre le corps et l'esprit prend une place tout à fait centrale.

Du point de vue historique, d'ailleurs, on peut relever l'allusion d'Edelman au concept d'intentionnalité de Brentano dans le premier chapitre, lequel auteur est lui-même une des sources de l'intentionnalité phénoménologique. Au-delà de ce simple rapprochement historique, nous voudrions rappeler que le projet de l'œuvre de Merleau-Ponty, notamment dans la *Phénoménologie de la perception*, est précisément de prendre distance par rapport à une conception de la perception comme représentation par une conscience observante extérieure au monde et de montrer, à partir d'une analyse précise des divers apports des sciences humaines de son époque, comment la perception est un processus qui s'inscrit dans un corps, modalité d'être au monde, et participe de cette conscience intentionnelle qui est toujours mouvement d'ouverture vers le monde auquel elle participe.

Dans le dernier chapitre de l'ouvrage, précisément consacré à la «liberté», Merleau-Ponty propose une conception de la liberté où les déterminations corporelles ne sont pas obstacles à la liberté mais conditions de possibilité de cette liberté. Il y décrit le processus de donation de sens par lequel l'individu s'autodétermine. Il distingue un mouvement centripète — par lequel le sujet prend en considération les déterminations corporelles comme porteuses d'une multiplicité de significations possibles — d'un mouvement centrifuge — par lequel le sujet s'autodétermine par la projection d'un sens parmi les possibles. La liberté humaine prend dès lors les modalités d'un processus d'auto-détermination en fonction de déterminations corporelles données, à la distinction du concept idéaliste d'auto-constitution, de liberté comme pure projection. Par ce processus d'autodétermination, l'être humain devient acteur de son histoire individuelle, par où il peut participer à l'histoire collective.

De telles perspectives nous paraissent rejoindre fondamentalement les conceptions d'Edelman. Dans le passage d'une conscience représentative, génératrice d'une régression à l'infini d'une instance interprétante, à une analyse des processus conduisant au comportement intentionnel, est en jeu non le rejet de la liberté humaine, mais le refus du dualisme inhérent à la conception de la conscience représentative. Le projet rejoint donc celui d'une anthropologie unitaire, anthropologie dont la rupture avec le dualisme ne correspond en rien avec un réductionnisme biologique. Loin d'une entreprise réductionniste, l'ouvrage d'Edelman s'inscrit dans une tradition qui tend à restituer l'être humain dans le monde vivant, et à proposer une conception de la liberté comme émergente des déterminations corporelles. Que les neurosciences contemporaines, démarches souvent qualifiées et perçues comme réductionnistes, puissent s'inscrire dans une telle anthropologie, voilà qui mérite d'être salué!

NOTES

[1] Des références détaillées sont proposées en bibliographie.
[2] Pour l'analyse des théories d'Edelman, nous nous sommes référé essentiellement à l'ouvrage *Biologie de la conscience* auquel nous renverrons en utilisant le sigle «B.C.».
[3] B.C., p. 18.
[4] B.C., p. 48.
[5] Pour un exposé détaillé et particulièrement clair des mécanismes de base du fonctionnement du système nerveux, cf. Boisacq-Schepens et Crommelinck (1993).
[6] B.C., p. 33.
[7] B.C., p. 112.
[8] B.C., p. 114.
[9] B.C., p. 115.
[10] B.C., p. 110.
[11] B.C., p. 111.
[11b] Cette distinction des modèles par instruction et par sélection est classique en biologie depuis Darwin. C'est d'ailleurs ce qui conduit Edelman à parler de «darwinisme neuronal». Dans le domaine des neurosciences, ce schéma est également développé par J.P. Changeux depuis de nombreuses années. Déjà en 1974, J.P. Changeux et A. Danchin proposaient une théorie de l'apprentissage «par stabilisation sélective de synapses en cours de développement». Cf. Changeux, J.P. et Danchin, A., 1974; cf. également Changeux, J.P., 1983.
[12] B.C., p. 117.
[13] B.C., p. 119-120.
[14] B.C., p. 120.
[15] B.C., p. 124.
[16] Les exemples de valeurs proposés par Edelman portent essentiellement sur les équilibres homéostasiques et touchent aux centres hédonistes dans l'apprentissage. Par ces exemples, essentiels du point de vue de l'évolution biologique, l'auteur ne prétend pas «épuiser» la problématique des valeurs dans le comportement humain. Cf. notamment les réflexions sur les valeurs au niveau anthropologique, p. 225.
[17] B.C., p. 145.
[18] B.C., p. 147.
[19] B.C., p. 148.
[20] B.C., p. 150.
[21] B.C., p. 150.
[22] B.C., p. 150.
[23] B.C., p. 152.
[24] B.C., p. 153.
[25] B.C., p. 156.
[26] B.C., p. 157.
[27] B.C., p. 157.
[28] B.C., p. 158. La notion de «bootstrapping» renvoie à la manière dont certaines chaussures sont fixées au pied par renforcement multiple du même type de lien.
[29] B.C., p. 158.
[30] B.C., p. 172.
[31] B.C., p. 174.
[32] B.C., p. 175.
[33] B.C., p. 209.
[34] B.C., p. 211.
[35] B.C., p. 219.

[36] B.C., p. 222.
[37] B.C., p. 224.
[38] B.C., p. 223.
[39] B.C., p. 225.
[40] La problématique cognitiviste est développée en plusieurs contributions du présent ouvrage. Cf. les chapitres 4 et 10.
[41] B.C., p. 229.
[42] Cette question fait l'objet d'un numéro spécial de la Revue Philosophique de Louvain *Le réductionnisme en biologie* sous la dir. de B. Feltz (à paraître). Dans l'article introductif, nous développons plus largement les thèmes évoqués ici. Parmi une abondante bibliographie, citons en particulier E. Nagel (1974) et A. Rosenberg (1989).
[43] B.C., p. 150.
[44] B.C., p. 209. Il est permis de voir ici une allusion aux travaux du physicien R. Penrose. Cf. Penrose, 1989.
[45] B.C., p. 223.
[46] B.C., p. 223.
[47] *In* Ladrière, 1973, p. 198-210.
[48] Les propos de Edelman sur la mort comme «perte irrévocable d'un individu et de son être» pourraient être interprétés comme réductionnistes. Ils posent la question classiquement désignée par «l'immortalité de l'âme». En contexte contemporain, cette problématique relève plus de la réflexion théologique que philosophique. C'est la raison pour laquelle nous préférons ne pas l'approfondir ici. Qu'il nous soit simplement permis de signaler que déjà la «position classique» est très réticente à une anthropologie dualiste (cf. à ce propos le chapitre 1 du présent ouvrage). Par ailleurs, la théologie contemporaine redécouvre le concept de «résurrection» à la distinction du concept d'«immortalité de l'âme». Dans ce contexte, la foi en la résurrection repose sur la confiance en une Parole sans que les modalités de réalisation ne soient maîtrisées. Cf. à ce propos : Cullmann (1956), Moltmann(1971).

Cinquième partie

PSYCHOLOGIE

Chapitre 10
Le Mind-Body Problem.
Petite chronique d'une incarnation
A. TÊTE

Paradoxe dont il faut rendre compte, la question du rapport entre le corps et l'esprit relève aujourd'hui de discours où les sciences et la philosophie sont peu discernables. La «philosophie de l'esprit» accompagne les progrès des sciences cognitives de si près, se mêle avec un tel naturel à leurs travaux qu'on ne saurait trouver d'autre champ du savoir contemporain où le dialogue soit à ce point rigoureux, passionné et fécond.

Le paradoxe s'atténue quand on observe que les «philosophes de l'esprit» ne cherchent pas à sauver des valeurs compromises par les avancées réductionnistes de la science mais à reformuler à leur suite une problématique qui peut désormais s'appuyer sur des connaissances objectives. Contrairement à la description comtienne de l'histoire de l'esprit, les sciences cognitives n'apportent pas de réponses positives à de fallacieuses interrogations métaphysiques. Plutôt que de dénoncer les anciennes réponses spéculatives, ces sciences rendent compte, après coup, de leur sérieux et induisent chez les philosophes une plus grande exigence dans la définition de leurs concepts. L'incarnation de l'esprit est le seul problème où le philosophe et le scientifique soient de nos jours mobilisés par les mêmes faits et s'interrogent conjointement devant les mêmes énigmes.

C'est avec Descartes que l'union de l'âme et du corps devient un problème aporétique. Son ambition de fonder une biologie obéissant aux mêmes principes mathématiques que la mécanique des corps inertes introduit, en ce qui regarde l'animalité de l'homme, l'impossible d'une *union* là où la biologie hylémorphique d'Aristote expliquait l'*unité*. L'affirmation de deux substances intrinsèquement incompatibles — l'une pensante, l'autre étendue — revient à poser leur union comme un miracle sur lequel la pensée spéculative n'a aucune prise explicative. Vécue, cette union n'est pas *pensable*. Dans une lettre à Morus (5 février 1649) il avoue « qu'il est plus digne d'admiration de trouver un esprit dans chaque corps humain que de n'en trouver aucun chez les bêtes ». « C'est en usant de la vie et des conversations ordinaires », se résigne Descartes, que l'union s'éprouve mais cette expérience de la psychologie populaire n'est susceptible d'aucune transposition théorique, sinon dans le mythe (contradictoire) d'une glande pinéale. Mythe de cette glande logée au centre du cerveau (seule glande unique au sein d'un cerveau aux parties dédoublées, elle donne à l'union un lieu hypothétique) et mythe contradictoire où l'âme, bien qu'inétendue, entre miraculeusement en contact avec le corps.

Les sciences cognitives contreviennent précisément au projet cartésien du *Traité de l'homme* où devaient être décrits « premièrement, le corps à part, puis après, l'âme aussi à part », avant de montrer « comment ces deux natures doivent être jointes et unies, pour composer des hommes qui nous ressemblent[1] ». Toute la difficulté — mais aussi la nouveauté — du cognitivisme réside dans la décision de ne plus dichotomiser la connaissance et de penser non plus l'esprit « à part » du corps mais de penser un objet qui *ne soit ni l'un, ni l'autre, ni leur union*.

Si donc ni «le» corps, ni «l'»esprit ne sont plus des substances, ces termes sont tributaires d'un certain développement historique des connaissances qui a pour effet de *pluraliser* leur signification et de les subordonner non seulement à des *lieux théoriques* du discours mais aussi à l'ensemble des *moyens technologiques* à travers lesquels nous apparaît aujourd'hui l'être humain.

Avant d'en évoquer une trop schématique chronique, et pour souligner le caractère parfaitement insolite d'une certaine machine qui va remettre en cause la représentation qu'on se faisait jusqu'alors des automates mécaniques, rappelons que, de Descartes à Bergson, l'automate vivant surpassait incommensurablement dans sa structure et ses fonctions les grossières simulations de l'automate mécanique fait de main d'homme. « Du moment, reconnaît Descartes, que l'art est un imitateur de la nature, et que les hommes peuvent fabriquer des automates variés dans lesquels, sans aucune pensée, se trouve le mouvement, il semble conforme à la raison que la nature produise aussi ses automates, mais l'emportant de beaucoup sur les produits de l'art, à savoir toutes les bêtes[2]». Entre la machine-automate et la pensée de l'homme, l'automate vivant creuse pour Descartes un abîme de complexité qui prive de toute vraisemblance la simulation, par quelque machine que ce soit, de l'activité rationnelle de la pensée (notamment quand elle mathématise).

C'est pourtant à cet enjambement inimaginable que les sciences cognitives doivent leur existence.

*
* *

Lorsque Turing, en 1950, se demande si les machines calculatrices sont «intelligentes», il commence par refuser de répondre philosophiquement à la question de savoir ce que c'est que la pensée[3]. A ce vain préambule, il substitue un jeu, le «jeu de l'imitation» où un interrogateur est incapable d'attribuer à l'être humain plutôt qu'à la machine les réponses que ceux-ci lui font parvenir par le canal de deux téléscripteurs. Les performances de la machine sont telles qu'elles restent (au moins durant un certain temps) indiscernables des performances d'un être intelligent : l'interrogateur juge à partir de *conduites* cognitives qui peuvent être autant le fait d'une intelligence naturelle que d'une intelligence artificielle.

Ce critère turingien d'indiscernabilité est de la plus haute importance puisqu'il dédouble l'essence traditionnellement simple de «la» pensée en distinguant une pensée «naturelle» (l'homme, comme esprit incarné dans une matière) et une *seconde pensée*, la pensée «artificielle» (la machine, comme matière incarnant l'esprit). Curieusement, la relation bi-jective ainsi établie, où la pensée naturelle est simulée par une pensée artificielle, peut invoquer non plus l'ontologie de Descartes mais son épistémologie selon laquelle «il est certain que toutes les règles des mécaniques appartiennent à la physique, de sorte que toutes les choses qui sont artificielles sont avec cela naturelles[4]». A charge, bien sûr, de prouver qu'une machine soit capable de calculer ce que la pensée humaine calcule, chose impensable et impensée avant la démonstration de Turing. Mais à charge aussi de poser qu'il est naturel à l'homme de mathématiser, ce que Descartes contestait.

Autrement dit, si le simulant et le simulé relèvent d'une seule et même rationalité, il faut convenir qu'une réversibilité *de jure* peut être instaurée entre l'un et l'autre

Depuis Descartes, ce principe ne souffrait d'aucune contestation en ce qui concernait la «physique» (encore que la simulation des processus biologiques demeura longtemps bien peu réversible dans les modèles mécaniques (linéaires) et exclusivement énergétiques qui ont précédé les modèles informationnels). Mais qu'en est-il de «l'esprit» — strictement distingué de la «physique» par Descartes ? N'est-il pas exclu, par nature, de toute simulation ? Quelle réversibilité attendre d'une «pensée» artificielle qui ne se réduise pas à la pure ustensilité et à l'inertie des calculatrices «pascaliennes» ? A cette question, aucune réponse *d'ordre empirique* (quelle que soit son ingéniosité technique) ne sera recevable tant qu'il n'est pas démontré a priori que *tout ce qui est calculable (par l'esprit humain) peut l'être par une machine (formelle)*. C'est ce qu'établit Alan Turing, en 1936, dans son article «Sur les Nombres calculables[5]».

On n'insistera jamais assez sur la fonction épistémologique de ce document qui rend *possible* la constitution des sciences cognitives. Non seulement les principaux fondateurs (Shannon, Wiener, McCulloch, von Neumann) l'ont lu mais *tous y ont reconnu une garantie rigoureusement formalisée* de leur entreprise de simulation par automate des activités cognitives de l'homme.

1. PREMIÈRE INCARNATION : LA «MACHINE DE TURING»

On sait que l'article de 1936 s'inscrivait dans la suite des travaux de Gödel, de Church et de Turing qu'avait suscités la thèse de Hilbert selon laquelle la construction axiomatique de l'arithmétique, serait consistante, complète et décidable. Gödel démontre qu'il est impossible, à l'intérieur de l'arithmétique d'en prouver la non-contradiction. La «limitation interne» de tout système formel (son incomplétude et sa non-consistance) ainsi prouvée par Gödel, il restait à examiner la décidabilité. Turing s'y emploie et montre qu'il ne peut y avoir de méthode définie pour résoudre tous les problèmes mathématiques. A cette fin, il conçoit une machine idéale capable de décider, pour toute assertion qui lui serait présentée, si elle était démontrable ou non et il montre qu'il existe des problèmes insolubles. A ce propos, son biographe A. Hodges souligne : «Turing avait prouvé qu'il n'existait pas de machine miraculeuse capable de résoudre tous les problèmes mathématiques, mais cela lui avait permis de découvrir quelque chose de presque aussi miraculeux : l'idée d'une machine universelle qui pouvait effectuer la tâche de n'importe quelle autre machine. En outre, il affirmait que tout ce qui pouvait être calculé par un homme pouvait également l'être par une machine[6]. »

Ainsi, l'émergence des sciences cognitives n'est-elle pas l'effet d'un perfectionnement technologique des machines calculatrices (passage du calculateur analogique au calculateur digital). C'est bien au contraire la théorisation mathématique de la «machine de Turing» qui rend possible la réalisation effective de calculateurs d'un nouveau type et introduit une solution de continuité entre celui-ci et la procédure analogique. La thèse turingienne donnait à la simulation sur automate calculateur des garanties théoriques de portée *universelle* dont étaient privées toutes les calculatrices antérieures qui ne calculaient que ce pour quoi elles étaient conçues.

La bijection «machine universelle»-homme, on le soupçonne, va complètement transformer la classique problématique de l'union du corps et de l'esprit. Tandis que l'approche biologique inscrit le corps humain dans le continuum évolutif des espèces animales et confère au système nerveux central une fonction adaptative grâce à quoi le vivant (animal ou humain) survit dans un environnement, la «machine de Turing» est susceptible de s'incarner dans une matière *quelconque* (relais électriques, lampes-radio, transistors, neurones) et n'a pour seule fonction que de calculer «tout ce qu'un esprit humain peut calculer». La réduction drastique du corps au cortex et celui-ci à une «machine de Turing» a pour résultat (au moins immédiat) d'ignorer l'animalité de l'homme tout comme celle de l'animal. Mais c'était le prix à payer dans cette démarche d'un matérialisme radical où la bijection esprit-«machine de Turing» convertit l'union esprit-corps en l'identification matérialisée de l'esprit calculateur. Si tout calcul suppose une «mise en mots» et porte donc sur des symboles, c'est bien la substance pensante cartésienne (reconnaissable à son langage) qui se trouve ainsi réduite, par la simulation, au mécanisme que le même Descartes invoquait dans son *Traité de l'Homme* pour rendre compte non de l'esprit mais du corps, cette «machine de terre». L'homme qui, par son corps, était pour Descartes un animal-machine devient, avec Turing, une pensée-machine dont la corporéité n'excède pas celle du cortex quand il opère sur des représentations.

On peut voir en cela une faillite plus encore qu'une profanation. Que l'éminente dignité de la pensée — capable de penser les «idées éternelles» que sont les idéalités mathématiques — puisse être exactement imitée par un automate calculateur, cette idée répugne si profondément au philosophe qu'il n'aura de cesse d'en contester le bien-fondé. Parmi ses arguments, il ne tardera pas à souligner le solipsisme d'une pensée prétendument incarnée mais incapable de penser autre chose que les idéalités qu'elle se donne et son incapacité à restituer à son incarnation corticale la fonction biologique que lui reconnaît la neurologie. Pensée matérialisée, certes, mais non pensée corporalisée, sa simulation ne s'incarne que dans le simulacre d'un corps dont l'inscription dans l'évolution animale est apparemment *exclue*. corps virtuel de tout calcul possible, la «machine de Turing» avait la pure transparence des *corps glorieux* de la théologie de la Résurrection : machine idéale, corps *pneumatikon*, rien en elle ne semblait la destiner à devenir le paradigme de machines réelles et moins encore du cortex humide.

2. DEUXIÈME INCARNATION : LA «BOÎTE NOIRE» CYBERNÉTIQUE

Par un brusque renversement épistémologique, cette transparence va soudain se transformer en son contraire, l'opacité d'une «boîte noire» d'où sortiront, entre 1940 et 1990, les disciplines qui forment les présentes sciences cognitives.

C'est avec McCulloch et Pitts, un psychiatre et un mathématicien, que la «machine de Turing» va pour la première fois s'incarner dans le corps des neurologues. Dans leur article «A logical calculus of the ideas immanent in nervous activity[7]» (1943), ces lecteurs de Turing postulent que le cortex est une machine constituée d'autant d'automates élémentaires qu'il contient de neurones. Les réseaux qu'ils forment calculent tout ce que les *Principia Mathematica* de Withehead et Russell ont mis en mots et démontré.

Cette inscription corticale de la logique booléenne suppose que soient neutralisées les connaissances accumulées par l'histologie et la physiologie du neurone susceptibles de contrarier cette implémentation. Devenu une «boîte noire», le neurone ne conserve de ses propriétés et de sa structure «réelles» que les traits compatibles avec ceux d'un automate fini (au moins deux entrées, l'une excitatrice, l'autre inhibitrice, une sortie et un seuil avec traitement binaire de l'information). Les auteurs sont conscients du coût élevé d'une telle simplification qui ampute le neurone humide de la plupart de ses propriétés connues à cette époque (évaluation du nombre de neurones et de synapses pour chaque neurone, réseaux non linéaires, activité humorale tout autant qu'électrique, etc.).

« De mon point de vue, dira peu après McCulloch, ce dont nous avons besoin en tout premier lieu, ce n'est pas d'une théorie correcte mais d'une théorie comme point de départ, grâce à laquelle nous pouvons espérer poser une question qui obtienne une réponse, *même si cela conduit à montrer que notre conception était entièrement erronée*. (nous soulignons). (...) Ce n'est que quand je lus le papier de Turing que je commençai à prendre la bonne voie et, avec l'aide de Pitts, formulai le calcul logique voulu. Nous pensions que nous traitions (et je pense que nous y avons assez bien réussi) le cerveau comme une machine de Turing, c'est-à-dire comme un dispositif qui puisse remplir le genre de fonctions qu'un cerveau doit accomplir. Ce qui est réjouissant, c'est que l'ensemble le plus simple d'hypothèses appropriées suffit à montrer qu'un système nerveux peut calculer tout nombre calculable[8]. »

Ainsi, le réseau de neurones formels de McCulloch et Pitts, point d'origine de la prochaine efflorescence cognitiviste, a pour corollaire obligé une extrême opacité de la « boîte noire » neurologique dont ne sont retenues que les seules propriétés compatibles avec le calcul propositionnel. La simplification y est poussée à un degré tel que l'équivalence *esprit = machine de Turing = réseaux de neurones formels = cortex* servira de « degré zéro » de la simulation et ne sera plus reprise.

Le caractère fondateur de l'article de 1943 tient également à ceci qu'il suit une procédure axiomatique à une époque où les calculateurs analogiques, en dépit de remarquables performances calculatoires, ne sont l'occasion d'aucune projection théorique. La mécanisation de l'esprit que promeuvent les cybernéticiens ne doit rien aux avancées de la technologie des calculateurs analogiques, avancées pourtant favorisées par l'effort de guerre. Quand McCulloch affirme, en 1955, que « les machines faites de main d'homme ne sont pas des cerveaux mais les cerveaux sont une variété, très mal comprise, de machines computationnelles[9] », Turing et von Neumann ont depuis peu construit les premières calculatrices digitales mais ces applications technologiques *sont les effets de* leurs élaborations logico-mathématiques, elles ne les précèdent pas. Ce n'est donc pas sur quelque modèle empirique de calculateur que s'appuie McCulloch pour proposer, en 1943, ses réseaux de neurones formels. En cela, son matérialisme ne consiste pas à poser le cortex comme le produit d'un ingénieur industriel à la façon de La Mettrie (ou même de Descartes) mais comme *le lieu du calcul* à partir de quoi peuvent être produits des automates.

Autrement dit, la pensée ne peut être telle (c'est-à-dire génératrice de tout formalisme) *que si elle est incarnée* dans un réseau de neurones. Et inversement, le cortex n'a de sens que si sa structure lui permet de remplir sa fonction calculatoire. Il s'ensuit que le corps n'est plus seulement le medium instrumental à travers lequel sont exécutées les intentions de l'esprit, il *est cet esprit en acte,* machine turingienne, «corps épistémique». Aussi bien McCulloch appellera-t-il ses recherches une «épistémologie expérimentale».

John von Neumann, dans sa conférence de 1948 au Hixon Symposium, «La théorie générale et logique des Automates[10]», reprend à son compte le neurone formel de McCulloch et Pitts mais il ne manque pas d'en pointer les insuffisances, lesquelles sont proportionnelles aux simplifications axiomatiques.

S'il s'agit de simuler l'activité logico-mathématique de l'esprit telle qu'elle est mobilisée par Withehead et Russell dans les *Principia Mathematica,* alors les réseaux de neurones formels de McCulloch et Pitts remplissent pleinement leur fonction. Mais il s'interroge : la logique booléenne serait-elle encore adéquate si ces réseaux avaient à calculer «effectivement» (c'est-à-dire en un nombre fini de pas) une reconnaissance de formes, telle que l'identification d'un simple triangle qu'on aurait incomplètement tracé, ou figuré de façon ombrée ou dont on aurait courbé les côtés, bref un triangle *perçu* dans l'environnement et non plus conçu euclidiennement à partir d'axiomes? On assisterait alors à une explosion combinatoire puisque l'algorithme géométrique du «triangle» serait impropre à traiter la variabilité indéfinie de l'information perçue : il faudrait alors supposer autant d'algorithmes que de formes possibles, c'est-à-dire une infinité.

Nous devons donc convenir, dit-il, que la logique de nos simulations — celle que McCulloch emprunte à Russell — est trop simple. Il nous faut en concevoir une autre ou au moins faire subir à celle-ci une «pseudo-morphose» vers la neurologie afin que nos modèles soient à même de simuler les raisonnements analogiques dont nous usons constamment dans notre vie quotidienne. J. von Neumann est donc parfaitement conscient du caractère révolutionnaire de la pensée cybernétique mais aussi des conséquences stérilisantes du formalisme utilisé si l'on persiste à affecter au cortex les seules ressources de la logique booléenne. Une logique des automates reste à inventer.

Si la jeune histoire des sciences cognitives lui donnera pleinement raison qui verra la prolifération de nouvelles logiques, il reste que McCulloch participe d'une épistémologie où *l'erreur est désormais posée comme constitutive du progrès scientifique* par la fonction heuristique qu'on lui reconnaît : «Avoir prouvé qu'une hypothèse est fausse, c'est en fait le sommet de la connaissance » écrit-il en 1965 dans *Embodiments of Mind*. Proposition qu'il ne faut pas entendre selon une logique binaire dans laquelle la fausseté d'une hypothèse entraînerait la vérité de l'hypohèse rivale (ou de l'hypothèse nulle). Elle signifie seulement que la procédure axiomatique — celle qu'invoque également von Neumann — par la simplification délibérée de la « boîte noire » qu'elle substitue à l'extrême complexité du réel, *se pose a priori comme fausse*. par rapport à ce qu'on sait d'autre part. Elle n'est pas la victime d'un constat ultérieur de fausseté, *elle se sait telle*.

La problématique de l'incarnation de l'esprit, telle qu'on en suit les linéaments des années 40 à nos jours, est ainsi justiciable d'au moins deux appréciations épistémologiques. L'une pour qui les sciences cognitives sont inexorablement engagées dans une entreprise réductionniste qui, malgré les efforts déployés, est impuissante à naturaliser l'intentionnalité de l'esprit (Searle, Dreyfus) ; l'autre pour laquelle la limite des simulations cognitives est le cortex lui-même dans ses fonctions adaptatives (de von Neumann aux Churchland). Ce que la première lecture stigmatise en posant les simulations comme des identifications illégitimes des modèles computationnels à l'esprit, la seconde le légitime en justifiant ces simulations par les contraintes qu'elles s'imposent, contraintes *explicitement simplificatrices* dont les effets ne confèrent en conséquence à ces simulations qu'une validité restreinte. La première interprétation contestera donc la réduction ontologique de la démarche cognitive tandis que l'autre appréciera sa productivité gnoséologique à l'aune des faibles contraintes qu'elle s'impose et des restrictions qui s'ensuivent quant à la pertinence de l'identité de la machine calculatrice et du cortex.

La « seconde incarnation », cybernétique, apparaît donc à la fois comme moment inévitable et comme devant être prochainement dépassé. Moment inévitable si l'on se propose de dégager les fondements épistémologiques des sciences de la cognition et, parmi elles, de la psychologie cognitive : on a vu qu'elles ne doivent rien à l'existence technologique des calculateurs (lesquels sont, à cette époque, analogiques et non pas numériques) mais qu'elles doivent tout aux travaux logico-mathématiques suscités par Hilbert et accomplis par Gödel, Church et Turing, que McCulloch, Pitts et von Neumann vont exploiter en les appliquant aux automates artificiels ou naturels.

Que l'incarnation cybernétique soit en passe d'être dépassée est déjà lisible dans les questions que se pose von Neumann quand il insiste sur les considérables contrastes, tant structurels que fonctionnels, entre les automates calculateurs de son temps et le cerveau humide. Il tente néanmoins les spéculations les plus inattendues en démontrant la non-contradiction d'une auto-reproduction des automates turingiens et leur capacité d'augmenter leurs performances d'une génération à l'autre. Tentative où apparaît le souci d'incarner les réseaux de neurones formels non seulement dans un cortex calculateur mais aussi dans un cortex *biologique inscrit dans une évolution*. Quoique respectant les normes épistémologiques de la procédure axiomatique («boîte noire», petit nombre d'axiomes, démarche hypothético-déductive), von Neumann rappelle opportunément à McCulloch qu'on ne peut confondre la démarche logico-mathématique avec la structure du système cortical qui en est le siège et l'acteur. Le faire serait oublier que l'identification machine de Turing/cortex n'est recevable qu'au mépris de contraintes neurologiques d'ordre structural et fonctionnel déjà solidement établies. Feindre méthodologiquement leur inexistence ne vaut que sous réserve de les intégrer progressivement, au rythme de leur compatibilité avec les formalismes retenus.

L'incarnation cybernétique de l'esprit dans le corps, supposée par McCulloch (1943) et prolongée par von Neumann (1948), va trouver avec Turing sa forme complète quand celui-ci publie en 1950 «Computing Machinery and Intelligence», article d'une trentaine de pages qui suscitera jusqu'à nos jours d'innombrables commentaires[11]. Posant de façon fort cartésienne que *l'intelligence humaine n'est identifiable que si elle est l'objet d'une inférence* par laquelle un expert reconnaît dans le «langage à propos» la *seule* marque de la pensée, Turing propose la fiction d'un jeu, le jeu d'imitation, où un expert doit reconnaître à partir de leurs réponses affichées sur deux téléscripteurs quel est l'homme et quel est l'automate calculateur qui conversent avec lui mais qu'il ne peut voir ni entendre. Dans ce dialogue textuel, toute évocation est possible : opérations mathématiques, partie d'échecs, commentaire littéraire, détails biographiques. Tant que l'expert ne sera pas à même d'identifier qui est l'homme et qui la machine, on est en droit de dire que celle-ci aura présenté un comportement intelligent. Turing estime qu'avec une probabilité de 70%, vers l'an 2000, l'hésitation d'un expert moyen ne sera levée qu'au bout de cinq minutes. Manière de repousser à la fin du siècle les performances d'une simulation que bien d'autres, à l'époque, imaginent très prochaine : une dizaines d'années suffiront, pensent-ils, pour que les automates calculateurs reconnaissent les formes, battent les meilleurs maîtres aux échecs et traduisent une langue dans une autre. Ce en quoi ils se trompent.

Si l'estimation de Turing s'avère, quarante trois ans après, encore bien optimiste, il reste qu'avec cet article l'incarnation de l'esprit dans le cortex se reconnaît à ceci : *il existe un monde de la représentation* où la réalité — quelle qu'elle soit — est mise en mots grâce à une syntaxe, c'est-à-dire à des règles formelles. Si le monde extérieur conserve son statut de matérialité physique, si même le comportement du corps propre n'est pas, comme tel, simulable, ce monde et ce corps ne sont représentables qu'à travers l'activité computationnelle du cortex humain. «La méthode par questions-réponses semble appropriée, précise-t-il, pour pénétrer à peu près tous les secteurs des capacités humaines que nous souhaitons embrasser. Nous ne voulons ni pénaliser la machine pour son incapacité à briller dans des concours de beauté, ni l'homme pour son inaptitude à gagner une course contre un avion. Les conditions de notre jeu rendent non pertinentes ces incapacités. Les «témoins» peuvent, s'ils le considèrent opportun, se vanter autant qu'il leur plaît de leurs charmes, de leur force ou de leur héroïsme mais l'interrogateur ne peut exiger des démonstrations pratiques[12].»

Curieuse inscription que cette incarnation corticale de l'esprit qui se traduit par une représentation matérialisée de la réalité. Qu'une machine «pense» ne prive pas ses productions d'une sémantique : cela confère seulement à celle-ci l'armature d'une syntaxe sans laquelle le sens demeurerait indéterminable. Que la pensée ne puisse se distinguer d'un calcul de ses contenus, et que ce calcul soit indifféremment effectuable par une machine ou par un cortex, voilà qui oblige à repenser *et* l'esprit *et* la machine. Le jeu d'imitation turingien n'implique nul réductionnisme. Il suggère seulement de substituer à la «verticalité» d'une subordination de la syntaxe à la sémantique «l'horizontalité» de leur relation. Comment expliquer autrement que l'interrogateur puisse se méprendre sur le «discours à propos» (celui qui marque pour Descartes l'humanité de l'homme) tenu par la machine durant un certain temps? Cet interrogateur identifie de façon fort classique, dans l'un et l'autre messages des téléscripteurs, la même présence d'une pensée, *sans préjuger pour autant que les neurones «pensent» en lieu et place de «la pensée»*. L'objection de la «chambre chinoise» de Searle[13] ne tiendrait que si, en effet, les neurones anglophones obéissaient aveuglément à des règles pour assembler les cartons qu'ils affichent et produisaient *à leur insu* du chinois pour les lecteurs extérieurs. Mais le calculateur de Turing *produit à la fois ses règles et le sens* de ses réponses. Ses performances seules ont de prochaines limites, dues à l'imperfection provisoire de sa structure. Si en l'an 2000 l'automate-calculateur est identifié au bout de quelques minutes, en combien de temps le sera-t-il cent ans plus tard quand la maîtrise des ordinateurs connaîtra les progrès qu'on est en droit d'imaginer? Ce que laisse entendre Turing, ce n'est pas que l'expert s'est laissé un moment abuser par une pseudo-pensée, c'est qu'il y a *moins de pensée* en la machine qu'en l'homme et que ce *moins* est caduc. La pensée est désormais une *émergence*, non une substance, à l'image de l'histoire humaine à l'origine de laquelle la pensée se reconnaît à des productions éphémères mais annonciatrices.

De cette deuxième incarnation, cybernétique, vont naître de nouvelles problématiques dont nous constaterons la divergence et tenterons de donner les raisons. Elles décrivent des trajectoires potentiellement autorisées par les théorisations cybernétiques : l'une abandonne le projet de simuler au plus près la structure corticale et son fonctionnement (ce sera l'Intelligence Artificielle), l'autre, en accumulant les contraintes neurobiologiques, met en cause les simplifications abusives de la procédure axiomatique et rappelle la fonction adaptative du cortex qui calcule avant tout les informations qu'il reçoit des transducteurs sensoriels et celles qu'il envoie sous forme de réponses motrices.

3. TROISIÈME INCARNATION : LA MÉTAPHORE DE LA BI-POLARITÉ

Le fait qu'un système opère des calculs en choisissant dans son programme les règles qu'ils appellent est le signe auquel se reconnaît l'identité du *fonctionnement* logico-mathématique de l'esprit et de l'automate. Mais cette identité s'accompagne d'un autre constat aux conséquences équivoques. Que le cortex «humide» et quelque automate de structure électro-mécanique ou électronique puissent effectuer les mêmes opérations signifie que la structure matérielle de ces *systèmes symboliques physiques* est contingente. S'ensuit la possibilité de ne s'attacher qu'aux équivalences fonctionnelles et de négliger (provisoirement) les similitudes structurales.

Les réseaux de neurones formels de McCulloch et Pitts avaient l'intérêt d'établir entre structure et fonction une relation étroitement réciproque, même si cette relation obligeait à simplifier à l'extrême la structure et la fonction corticales : chaque neurone était un automate logique et les réseaux de neurones calculaient formellement. Etait déjà présente l'hypothèse de réseaux distribués, même si leur parallélisme respectait le caractère séquentiel des changements d'états. On sait que ce modèle sera durablement abandonné avant de retrouver dans les années 80 une nouvelle pertinence avec les modèles connexionnistes. Abandon qu'explique la mise en œuvre, dès les années 50, de calculateurs « d'architecture von Neumann » dont la puissance de calcul invite mathématiciens et logiciens à multiplier et à compliquer les logiciels. Leur nature computationnelle rigoureusement fondée sur le plan théorique appelle des applications effectives. C'est ainsi que le jeu d'échecs acquiert un statut paradigmatique dans la tâche de résolution de problèmes puisqu'il met en œuvre des heuristiques complexes. Ainsi, les décisions stratégiques tout comme la démonstration de propriétés logiques qui suppose la mobilisation de règles d'inférence sont autant de critères grâce auxquels on reconnaît la présence d'une intelligence.

C'est en 1956, à Dartmouth (New Hampshire), que deux universitaires, Herbert Simon et Allen Newell, présentent à leurs collègues un programme qui devient aussitôt célèbre, le *Logic Theorist*. Implanté sur l'ordinateur Johnniac, il produit la preuve complète du théorème 2.01 tiré des *Principia Mathematica* de Withehead et Russell. Il démontre ensuite « 38 des 52 premiers théorèmes du chapitre 2 des *Principia*. Chacune des épreuves était effectuée en moins d'une minute pour la moitié d'entre elles ; pour la plupart des autres, le temps était de une à cinq minutes, jusqu'à quinze à quarante cinq minutes pour les dernières[14] ».

Quelques années plus tard, Newell et Simon insisteront en ces termes sur le choix théorique de l'Intelligence Artificielle : « Nous ne croyons pas que cette équivalence fonctionnelle entre le cerveau et les ordinateurs signifie qu'il existe une quelconque équivalence à un niveau anatomique plus précis (comme par exemple une équivalence des neurones avec des circuits). Découvrir comment les mécanismes neuronaux réalisent ces fonctions de traitement de l'information dans le cerveau humain est une tâche qui se situe à un autre niveau de la construction théorique. Notre théorie est une théorie des processus d'information impliqués dans la résolution de problèmes, elle n'est pas une théorie des mécanismes neuronaux ou électroniques du traitement de l'information[15]. » C'est dans le même esprit qu'en 1972 ils proposeront le *General Problem Solver*, (*GPS*), programme capable en principe de résoudre n'importe quel problème.

La démarche de Newell et Simon est exemplaire de cette longue période de près de vingt-cinq ans (1956-1980) au cours de laquelle se multiplient les langages de programmation qui intéressent le niveau le plus élevé de la simulation de la pensée par l'ordinateur. Ce niveau *top* est à l'opposé du niveau *bottom* qui concerne aussi bien le *hardware* de la machine que celui des neurones « humides ». Entre ces deux pôles, on peut imaginer une succession de niveaux intermédiaires que les cognitivistes « computationnels » vont descendre (démarche *top-down*) tandis que les neuroscientifiques en tenteront l'ascension (démarche *bottom-up*). C'est un programme de recherche dont on voit combien il diffère de celui qui animait la « deuxième incarnation » cybernétique. Il se propose de faire la preuve que l'ordinateur est capable d'effectuer les opérations que l'on qualifie d'intelligentes chez l'homme : les neurones humides ne sont pas condition exclusive d'une conduite intelligente. Lors de la précédente période, en revanche, on se proposait de considérer le cortex humain dans sa fonction et dans sa structure comme un système constitué d'automates logiques linéairement distribués en réseaux et capables d'effectuer tout ce qu'une machine de Turing universelle peut calculer : les neurones formels sont *condition exclusive* d'une science cognitive des neurones humides.

Cette troisième incarnation apporte certes la preuve manifeste que les affirmations théoriques des cybernéticiens étaient fondées : la simulation de la pensée par un automate calculateur est effective dans les comportements cognitifs de haut niveau (résolution de problèmes). Le fonctionnement cortical y est computationnel et on est alors fondé à parler d'identité entre les *systèmes symboliques physiques (SSP)* artificiels et naturels si par « naturels » on entend le cortex humain. L'incarnation de l'esprit relève désormais de l'ordre des faits mais cette incarnation n'est lisible que par la médiation de faits artificiels d'un type nouveau. *L'esprit se reconnaît dans ce qu'il produit (l'ordinateur) plutôt que dans ce qui lui permet de produire le système dans lequel il se reconnaît (la machine de Turing) comme en un miroir* : l'ordinateur d'architecture von Neumann lui renvoie son image *parce qu'il est l'incarnation* de la machine de Turing universelle, laquelle n'est autre qu'une pensée formelle appliquée sur elle-même. Ainsi définitivement arrimé à de la matière (cérébrale *ou non*), l'esprit est assuré d'un lieu objectif et non plus seulement posé comme ce par quoi un lieu objectif est pensable, comme c'était le cas pour Descartes (la substance pensante) ou pour Kant (le sujet transcendantal).

Devenu objet de connaissance expérimentalement falsifiable, le fonctionnement cognitif est maintenant justiciable d'un second questionnement transcendantal : une fois expliquée sa capacité *a priori* de démonstration inférentielle, il convient de s'interroger sur les procédures par lesquelles il applique ce pouvoir aux données sensibles (disons, dans un langage moins classique, aux informations venues de l'environnement). Autrement dit, l'incarnation *logique* de l'esprit dans le cortex ne résout pas la question d'une incarnation *biologique* de la pensée dans le corps. A quelles conditions le cortex pense-t-il quand il perçoit ?

C'est là que l'investigation des neurosciences est indispensable et semble venir à la rencontre de la démarche *top-down* en accumulant de plus en plus de contraintes à sa progression descendante. La bi-polarité du *top* et du *bottom* introduit du bruit dans l'information idéalement saturée qu'autorisait le modèle turingien adopté par l'Intelligence Artificielle. Mais ce bruit est le coût auquel doit consentir la pensée computationnelle si elle veut conserver son identité dans son cheminement prudent vers le *down*. On peut s'attendre à ce qu'elle y mette le prix.

Tout d'abord, elle doit admettre que l'activité cognitive ne se limite pas aux seuls processus dont on prend conscience. Venir à bout du problème de la Tour de Hanoï demande quelques minutes et l'on peut simuler sur ordinateur les pas du raisonnement annoncés par le sujet. Mais le plus clair des processus cognitifs échappe à la description introspective. Comment percevons-nous ? Comment nous souvenons-nous ? Comment produisons-nous du discours ? Si le domaine « sub-doxastique » occupe l'essentiel du champ qu'étudient les sciences cognitives, est-on fondé à penser que les processus qui s'y succèdent relèvent eux aussi d'une lecture computationnelle ? Quel modèle rendra compte des compilations que suppose la montée de l'information à partir des cent millions de photo-récepteurs de la rétine puis le million de fibres du nerf optique et le passage par le corps genouillé latéral jusqu'aux paliers d'intégration du cortex visuel ?

A Herbert Simon qui déclarait encore en 1980 : « Tout ce qui se passe d'intéressant en matière de cognition dépasse le seuil des cent millisecondes — le temps que vous mettez à reconnaître votre mère », Douglas Hofstadter répond en 1985 : « Je suis du parti diamétralement opposé : tout ce qu'il y a d'intéressant en matière de cognition se passe en deçà du seuil des cent millisecondes — le temps que vous mettez à reconnaître le visage de votre mère. A mon sens, la question maîtresse de l'I.A. tient en ces termes : « qu'est-ce qui peut donc bien se produire, qui vous accorde de convertir cent millions de points rétiniens en un mot unique, « mère », en un dixième de seconde ? » C'est à la perception que tout se joue ![16] »

L'investigation neurologique, qui part du pôle *hardware*, ne perd pas de vue que la simulation par ordinateur de l'activité cérébrale est numérique, séquentielle et binaire alors qu'on a de sérieuses raisons de penser que cette activité est plutôt analogique, distribuée et statistique. McCulloch, von Neumann et Turing le savaient en leur temps et c'est de façon délibérée qu'ils avaient adopté la procédure axiomatique de la « boîte noire », hautement simplificatrice. Face à ce réductionnisme computationnel, le neuropsychologue va opposer un réductionnisme physicaliste où seront étudiés les effets fonctionnels des altérations pathologiques ou expérimentales dont le système nerveux central peut être le siège.

On notera que ces investigations présentent deux caractères qui sont absents de la démarche précédente. D'une part, les neuropsychologues étendent leurs recherches à la neurologie animale alors que «l'incarnation» de la période cybernétique ne prenait en compte que le cortex humain, seul capable d'un fonctionnement logico-mathématique explicite. D'autre part, ils visent à établir des relations de mutuelle dépendance entre la structure neurale et la fonction informationnelle alors que les fonctionnalistes, on l'a vu, dissocient la rationalité physicaliste du *hardware* (qui peut être aussi bien artificiel que naturel) de la rationalité computationnelle du *software*. Les travaux de Sperry[17] sur les cerveaux divisés, ceux de Hubel et Wiesel sur les modules spécialisés dans le traitement de l'information visuelle, ceux de Kandel sur les conditions synaptiques de l'apprentissage chez l'*Aplysie*, ceux de Nottebohm sur le chant des oiseaux, autant d'exemples de découvertes effectuées durant les années 60 et 70, d'où il ressort que le système nerveux central présente à la fois une plasticité fonctionnelle, une robustesse structurale et une capacité d'apprentissage sans commune mesure avec les performances des simulations sur ordinateur proposées par l'I.A.

La béance («*strongest constraint*», reconnaît Pylyshyn) qui sépare les sciences cognitives computationnelles et les neurosciences est si manifeste que D. Dennett, en 1983, dessine en ces termes l'avenir de leurs rapports : «En principe, les deux stratégies (ascendante et descendante) sont légitimes puisqu'elles devraient finir par avoir accompli exactement la même tâche. Au bout du compte, les deux parties veulent comprendre la relation entre le cerveau et l'esprit. Vous pouvez commencer par l'esprit et procéder en descendant, soit commencer par des morceaux de cerveau et procéder en remontant. Si vous faites une analogie avec la construction d'un chemin de fer transcontinental, deux équipes commencent à chaque bout et leur plan est de se rencontrer quelque part au milieu[18].»

Cette métaphore œcuménique, qu'on pourrait qualifier de «double chantier», est moins rassurante qu'il n'y paraît. Elle identifie en effet l'esprit comme étant le pôle «*top*» d'un domaine où le cerveau occuperait le pôle «*bottom*». Or le cognitivisme suppose que le cortex et l'esprit forment un unique domaine que décrivent (pour l'instant) deux langages (celui des neurosciences et celui de la computation). Dans un premier temps fondateur, l'ambition de McCulloch et Pitts se borne à imposer un second langage là où l'on n'en tenait qu'un (le neurologique) parce qu'on ne soupçonnait pas encore qu'un autre pût être tenu. Mais une fois ce second langage fondé au moins dans la région fonctionnellement la plus abstraite (l'I.A.), l'objectif est d'en développer la légitimité sur le reste du spectre fonctionnel. Autrement dit, la démarche descendante ne part pas de l'esprit pour rencontrer à mi-course la démarche ascendante partie du cerveau; elle doit en toute logique parcourir la totalité du spectre et tenir *tout au long* le même langage numérique, séquentiel et binaire (i.e. computationnel) tandis que, de son côté, la démarche ascendante des neurosciences n'a aucune raison d'interrompre à mi-parcours sa progression ni de renoncer alors au langage de la biologie moléculaire qui lui a jusque là si bien réussi.

Deux attitudes épistémologiques sont ainsi face à face dont on peut douter qu'elles génèrent des discours convergents. Pour la première, la structure matérielle des *systèmes symboliques physiques* est contingente et n'affecte pas la spécificité de la fonction computationnelle (équivalence fonctionnelle de l'ordinateur et du cortex). Pour la seconde, la performance fonctionnelle est dépendante de la structure matérielle dans laquelle elle s'incarne. Il est donc inexact de prétendre que les neurosciences, au pôle *bottom*, traitent du cerveau (comme structure) tandis qu'à l'autre pôle (*top*), les sciences cognitives s'inquiéteraient de l'esprit (comme fonction). On s'aperçoit en réalité que l'une et l'autre démarches *ne prennent pas en compte les mêmes contraintes*. Les sciences cognitives subordonnent la structure à la fonction alors que les neurosciences font l'inverse. C'était déjà visible chez McCulloch et Pitts ou chez von Neumann dont les «boîtes noires» avaient pour raison d'être de réduire au maximum les contraintes de structure corticale afin que le cortex ainsi simplifié soit à même de fonctionner de façon booléenne. A l'inverse, les neurosciences accumulent les contraintes de structure en simplifiant au maximum les contraintes fonctionnelles de haut niveau (*i.e.* le *mentalais* fodorien) dont elles font à leur tour des «boîtes noires».

La métaphore du double chantier n'a donc qu'un inconvénient mais de taille, c'est de laisser croire que le tracé de la ligne transcontinentale a les mêmes actionnaires aux deux extrémités de son parcours. En fait, il faut s'attendre non à une rencontre à mi-chemin mais à la construction de deux lignes concurrentes qui traverseront de part en part le continent sur des tracés mitoyens. C'est du moins le programme fort peu œcuménique qui semble, au début des années 80, le plus probable. Serait-on alors revenu à la lecture paralléliste du phénomène «à double face» tel que chez Ribot, d'un côté psychique, de l'autre physiologique[19]? Ou encore au parallélisme piagétien d'une lecture causaliste corrélée à une lecture implicative[20]? L'incarnation de l'esprit doit-elle finalement aboutir à la restauration du double discours, du trait d'union, de «l'esprit-cerveau»[21]? Qu'aurait-on gagné en empruntant le détour turingien?

Naturaliser l'esprit est un projet qui ne tolère pas la demi-mesure. Une psychologie «du trait d'union» reste compatible avec une philosophie anti-naturaliste qui se donne la possibilité d'adopter soit le point de vue physicaliste, soit le point de vue représentationnel. Au contraire, le projet cognitiviste exclut la dichotomie ontologique cerveau *vs.* esprit que suppose toute psychologie dualiste. S'il exclut d'autre part le réductionnisme béhavioriste pour d'évidentes raisons, il exclut tout autant l'éliminativisme qui assimile à tort l'ordre des représentations mentales à celui des pseudo-réalités explicatives qu'on rencontre dans l'histoire de la physique, telle que le phlogistique[22]. Dans l'un et l'autre cas, l'impasse est faite de la médiation théorique de la machine de Turing qui démontre l'identité (et non une simple équivalence fonctionnelle) de l'esprit calculateur et d'une machine idéale, idéale en ceci qu'elle rend concevable toute réalisation physicaliste présentant des contraintes structurales bien définies.

On comprend dans ces conditions l'opiniâtreté d'un Fodor qui ne cède rien du terrain conquis depuis la première incarnation cybernétique. Se fondant sur l'existence des *systèmes symboliques physiques* pour maintenir le principe du computationalisme, il exprime en termes de contraintes les découvertes des neurosciences telles que les colonnes de neurones encapsulées mises en évidence dans le traitement visuel des formes. Son livre de 1983 s'intitule *The Modularity of Mind* et non *of Brain*. Si l'on parle parfois d'un combat d'arrière-garde des cognitivistes computationnalistes face aux avancées des neurosciences, l'image reste superficielle. Il serait plus conforme, semble-t-il, de dire que le computationnisme est condamné à devoir incessamment intégrer de nouvelles contraintes et à quitter les régions éthérées du rêve booléen[23] pour prendre en compte les computations de la perception.

Mais il est significatif que, la même année 1983, J.-P. Changeux publie *L'Homme neuronal* où il annonce la mort prochaine de l'*homo psychologicus*. «L'homme, écrit-il, n'a dès lors plus rien à faire de l'«Esprit», il lui suffit d'être un Homme Neuronal[24]» et il brocarde Fodor après avoir estimé que l'image de l'ordinateur n'est pas supérieure à celle de la montre que proposait Leibniz[25]. Cet éliminativiste expéditif triomphe, il est vrai, d'autant plus facilement qu'il ne cite pas Turing...

On ne voit pas dès lors où pourraient s'accorder ces deux langages car si Dennett a raison d'observer que l'un et l'autre concernent le même territoire (l'identité du cerveau et de l'esprit), l'un parle *mentalais* (Fodor) tandis que l'autre parle le dialecte bio-moléculaire. Il serait surprenant, à ce compte, qu'une traduction de leurs idiomes respectifs leur permette de se rencontrer à mi-chemin.

C'est précisément à mi-chemin que se concentrent les plus grandes difficultés. Que l'on tienne un discours neuroscientifique ou un discours computationnel, il arrive un moment de bascule où se concentrent les polémiques. Ainsi en est-il de l'articulation syntaxico-sémantique qui retrouve la distinction fregéenne *Sinn-Bedeutung*. Entre le sens logique d'un terme et sa valeur dénotative se glisse une différence qui revêt une importance capitale dans un système symbolique physique. On ne contestera pas la fécondité ni la rigueur de ses computations. Mais comment peut-on passer de la consistance *interne* d'une syntaxe à la pertinence *externe* de ses représentations ? Est-il possible de faire l'économie de l'intentionnalité d'un esprit, apparemment rebelle à toute tentative de naturalisation ?

De même, si l'on suit une démarche ascendante, comment légitimer le passage de l'informationnel (physique) au sémantique (cognitif) ? Devra-t-on, à la suite de Marr (1982), distinguer, entre l'implémentation physique et le niveau computationnel proprement dit, un niveau intermédiaire où sont déterminés les formats de la représentation et l'algorithme convenable[26] ?

Autrement dit, que l'on procède à partir de l'esprit ou à partir du cerveau, la naturalisation de l'un et la «pneumatisation» de l'autre rencontrent une béance dont on ne pensait pas, au début des années 80, qu'elle deviendrait bientôt un espace intelligible. Mais notons que cette béance ne favorise alors ni les réductionnistes éliminativistes ni les computationnalistes de souche turingienne. Tout au plus elle incite les uns et les autres à rendre compte des effets spécifiques que l'implémentation neurologique impose comme autant de contraintes à la computation cognitive.

4. QUATRIÈME INCARNATION, CONNEXIONNISTE

Si l'ambition de naturaliser l'esprit habite autant les neurosciences que le cognitivisme computationnel, on a vu que l'entreprise n'employait pas le même discours selon que le cortex était posé comme système logique ou comme système biologique. Dans le premier cas, une «boîte noire» masque ses caractéristiques analogiques, distribuées et non booléennes ;

dans le second, une «boîte noire» masque ses caractéristiques numériques, séquentielles et booléennes. Ce qui conduit à faire de la connaissance soit une image (*match*) produite par un cerveau logique soit une clé (*fit*) de la réalité extérieure construite par un cerveau biologique, pour reprendre les termes de von Glasersfeld[27].

Mais il reste un troisième discours susceptible de décrire l'incarnation de l'esprit, qui pose le cortex comme système *physique* dont la complexité est le théâtre d'états d'équilibre locaux. Utilisé pour la description mathématique du comportement de systèmes dynamiques non linéaires, ce langage de mathématiques statistiques a donc une origine allogène et *indifférente aux démarches bipolaires* évoquées ci-dessus. Il serait donc erroné de voir dans les modèles connexionnistes des adjuvants opportunément apparus pour combler la béance séparant les avancées ascendantes et descendantes. Bien que parfois présentés de la sorte, ils relèvent d'une épistémologie où ne peuvent se reconnaître ni les neurosciences ni le computationnalisme symbolique parce qu'ils sont étrangers à la problématique bi-polaire du cerveau et de l'esprit et qu'ils n'en adoptent pas les formalismes.

On pourrait dire des modèles connexionnistes qu'ils ne cherchent pas à fonder l'identité de l'esprit et du cerveau mais *à supposer que cette identité est donnée*. Il existe des systèmes dynamiques non linéaires que certaines mathématiques permettent de décrire. La physique en fournit des exemples, tels les verres de spin (Hopfield). De même, les innombrables connexions distribuées des neurones corticaux peuvent être l'objet d'une modélisation mathématique dans laquelle des liaisons causales produiront l'émergence d'états d'équilibre locaux de l'information. En retenant, pour chaque unité neuronale, le principe d'un seuil mais en décidant que ce poids est susceptible de varier en fonction des interconnexions que le neurone entretient de façon non linéaire avec d'autres neurones, le modèle formel de McClelland et Rumelhart (1986) se substitue à celui de McCulloch et Pitts (1943). Le principe de liaisons distribuées entre unités d'entrée, unités «cachées» et unités de sortie est tout aussi abstrait que pouvait l'être celui d'une liaison strictement linéaire des réseaux de neurones formels de type booléen mais cette abstraction donne à ces réseaux distribués la capacité d'*apprendre de l'expérience* en changeant le poids des connexions. Ni modélisation de l'activité du système nerveux en tant que tel, ni modélisation de l'activité symbolique représentationnelle, les formalisations connexionnistes «semblent être inspirées de plus en plus par des considérations mathématiques et de moins en moins par des considérations neuronales» (Smolensky, 1988)[28].

Il semble hors de doute que ces considérations mathématiques sont à même de réduire l'écart qui séparait jusqu'alors la rigidité booléenne des modèles computationnels symboliques et la robustesse fonctionnelle du cortex humide. Avec les modèles connexionnistes, le «contraste saisissant[29]» du cortex comparé à l'ordinateur perd de sa pertinence tout comme en perd l'opposition polaire du cerveau et de l'esprit. «Dans la machine virtuelle symbolique, remarque Schyns (1993), les processus cognitifs sont conçus comme des manipulations de structures symboliques qui désignent des objets du monde extérieur. La machine virtuelle connexionniste conçoit la cognition comme l'émergence d'une micro-activité dominée par les concepts de minimisation d'énergie et de satisfaction de contraintes[30].» L'univers sub-symbolique qu'elle postule a ceci de remarquablement nouveau : il n'est plus seulement l'implémentation d'un calcul algorithmique dans un système physique, il génère ses propres algorithmes comme produits d'un apprentissage.

Turing, dans son article de 1950, avait souligné la nécessité de l'apprentissage si l'on voulait qu'un jour un ordinateur simule crédiblement le comportement humain : il convient de concevoir une «machine-enfant» qui, par son rapport avec l'environnement, se donnera ses propres règles sans que sa conduite nous paraisse totalement aléatoire. «Un comportement intelligent consiste probablement en une déviation par rapport à la conduite complètement disciplinée nécessitée par le calcul, déviation qui, néanmoins, n'engendre pas un comportement aléatoire ou des boucles réitérées qui ne mènent à rien[31].» C'est le caractère partiellement imprévisible de la conduite intelligente que Turing assigne au futur ordinateur de l'an 2000 si l'on veut que la simulation par l'automate déborde le cadre rigide des inférences booléennes. Dans ce texte prémonitoire, on n'a donc plus affaire avec l'identité de l'esprit et du cortex logique simulé par l'ordinateur, ni à l'identité de l'esprit et du cortex biologique mais à l'identité de l'esprit et du cortex inscrit dans un milieu humain, un cortex culturel. Mais cette identité reste celle du système des représentations symboliques.

Avec la modélisation connexionniste, la bipolarité cortex-esprit constitue une «boîte noire». En conséquence, il n'est plus besoin de penser en termes de démarches ascendante ou descendante mais de formaliser mathématiquement des processus inobservables (des micro-activités) en intégrant dans un même calcul l'information et le bruit, les états d'équilibre et les contraintes. A la différence des neurosciences, il ne s'agit pas de déployer le spectre des contraintes structurales et fonctionnelles au sein desquelles s'élabore l'activité cognitive. A la différence du cognitivisme des systèmes symboliques, il ne s'agit pas non plus de décrire les règles computationnelles de toute syntaxe quelle que soit leur implémentation naturelle ou artificielle. « Au niveau fondamental du formalisme subsymbolique, rappelle Smolensky[32], on est passé d'une conception de la cognition fondée sur des processus discrets à une conception fondée sur des processus continus. Cela veut dire que ce sont des concepts différents qui interviennent. Cela se voit entre autres, en termes computationnels, dans la thèse selon laquelle l'inférence ne doit pas être interprétée au sens logique mais au sens statistique - au moins au niveau fondamental du système. »

En définitive, penser l'activité cognitive comme le comportement de certains systèmes dynamiques revient à ne pas affecter les contraintes à quelque pôle que ce soit tout en rendant intelligibles les transitions d'états de ces systèmes. Ceci explique pourquoi les modèles connexionnistes, *en raison même de leur abstraction*, se prêtent soit à des interprétations d'inspiration neurologique soit à des interprétations cognitivistes selon la valeur des contraintes retenues par le calcul statistique.

De ce point de vue, l'intérêt des modèles connexionnistes réside dans l'abandon du paradigme de la bi-polarité au profit du paradigme des systèmes dynamiques, abandon qui prive de vraisemblance la lecture œcuménique selon laquelle ces modèles viendraient opportunément combler la béance séparant les avancées (convergentes) des neurosciences et du cognitivisme computationnel. Par voie de conséquence, les modèles connexionnistes sont intrinsèquement indifférents à l'orientation ascendante ou descendante des démarches descriptives qui privilégient leur pôle d'origine, cortical ou mental et qui sont toujours justiciables du soupçon de réductionnisme, sinon d'éliminativisme. Du moins en irait-il de la sorte si l'on n'était pas dans l'obligation d'évoquer la morphodynamique cognitive de Petitot.

5. CINQUIÈME INCARNATION, MORPHODYNAMIQUE

Cette dernière forme du *mind-body problem* serait en droit d'être confondue avec la précédente, connexionniste, si l'on s'en tenait aux seuls concepts utilisés pour traiter des systèmes dynamiques. Ici et là, le langage de la thermodynamique statistique pourrait laisser croire que les travaux de Petitot sont une variété parmi d'autres dans la floraison des modèles connexionnistes. Toutefois une spécificité de cette problématique la distingue épistémologiquement de toutes les autres : son enjeu ontologique.

Tandis que le problème de l'incarnation de l'esprit se concentrait jusqu'ici sur l'irréductibilité (dualisme) ou la réductibilité (monisme) du symbolique au physique, Petitot avance qu'il existe, dans le monde externe, une médiation objective, le morphologique entre le physique et le symbolique. Sans cette médiation, «il est impossible de dépasser le dualisme du physique et du symbolique et d'accéder à une théorie naturaliste intégrée (moniste mais non réductionniste) de leur unité ontologique[33]». On le voit, l'ambition est considérable qui remet en cause non seulement le physicalisme réductionniste des neurosciences et le dualisme du computationalisme symbolique mais encore le «neutralisme» ontologique des modèles connexionnistes.

Reprenant l'ensemble du débat en son point le plus sensible — celui de l'articulation énigmatique du physique et du symbolique, de l'informationnel et du sémantique —, Petitot apporte des arguments à la fois géométriques et physiques qui modifient radicalement la fonction jusqu'ici attribuée aux transducteurs sensoriels. Prolongeant les travaux de Marr sur la perception visuelle (1982), il montre que la transition de l'informationnel au sémantique (la reconnaissance des formes) dans le système cognitif est la *reconstitution* de morphologies existant objectivement dans le monde extérieur. Au lieu d'expliquer le morphologique à partir d'une conception logico-mathématique du calcul symbolique comme le tente Fodor (ce qui est une entreprise «clairement impossible»), il faut reconnaître «qu'il existe une information morphologique et qualitative présente dans le monde externe qui, tout en étant d'origine physique, est néanmoins de nature phénoménologique et, à ce titre, intrinsèquement significative[34]».

S'il en était ainsi, le *mind-body problem* recevrait sa solution d'une extension jusque là insoupçonnée de la topologie algébrique, de la géométrie différentielle et de la théorie des singularités à la physique du monde objectif. La présence de morphologies significatives dans la nature, mathématiquement intelligibles comme des émergences, permet de fonder objectivement la sémantique symbolique des systèmes cognitifs de haut niveau qui exprime de façon discrète une information *déjà* significative contenue dans les morphologies naturelles.

CONCLUSIONS

Présenter le *mind-body problem* sous forme d'une chronique offre le risque de schématiser les enjeux épistémologiques en simplifiant les attitudes théoriques, procédure avantageuse pour qui cherche à discerner rétrospectivement, des années quarante à nos jours, l'esquisse d'une cohérence en devenir. Ce souci didactique permet par exemple de dégager une évolution remarquable de la représentation du cortex quand il s'agit d'y reconnaître l'inscription physique de la pensée. Cortex logique de McCulloch et Pitts, constitué de réseaux de neurones formels, cortex modulaire de Fodor, cortex analogique de la biologie moléculaire, cortex connexionniste des émergences d'états d'équilibre : on assiste à une prise en compte croissante des contraintes organiques de la structure neuronale et des contraintes informationnelles de la perception. On observe de même une dérive du formalisme logico-mathématique, depuis la prédominance de la logique booléenne jusqu'aux équations différentielles appliquées aux systèmes non-linéaires, dérive marquant la suprématie d'un langage mathématique de plus en plus sophistiqué.

En d'autres termes, les quarante dernières années sont le théâtre d'une révolution sans précédent dans le champ de l'épistémologie qui se veut désormais «expérimentale» selon le vœu de McCulloch. La mise en relation fonctionnelle et structurale du cerveau humide de la biologie et de la pensée logico-mathématique est une façon de refermer sur lui-même l'ordre des connaissances scientifiques. Ce projet de nature essentiellement philosophique le demeure malgré qu'il soit maintenant formulé dans un langage théorético-empirique. Il oppose ainsi un démenti fécond à la certitude positiviste d'un dépassement du discours métaphysique par le discours de la science : *jamais*, par le passé, les philosophes n'avaient eu l'occasion d'interroger *de l'intérieur* une science visant à naturaliser l'esprit.

Une telle chronique ne peut rendre ses simplifications tolérables que si elle dégage les caractéristiques les plus constantes de la «révolution cognitive[35]». Sous peine d'altérer ce que celle-ci a de novateur, il convient au préalable de contester toute description qui réduirait ses développements à l'exploitation théorique d'un certain état de la technologie. Bien au contraire, une lecture événementielle serait dans l'obligation de souligner que les réalisations technologiques qui s'y rencontrent sont le fruit d'élaborations théoriques fidèles à la démarche axiomatique revendiquée dès 1948 par von Neumann.

Les traits épistémologiquement dominants de cette chronique schématique semblent les suivants : l'origine turingienne, la médiation obligée de la simulation et la nature virtuelle de l'incarnation.

L'origine turingienne. Telle une pyramide reposant sur sa pointe, la démarche cognitiviste reste inintelligible tant qu'on omet l'article que Turing consacre en 1936 aux nombres calculables dans lequel est imaginée la machine universelle qui portera désormais son nom. Shannon, Wiener, McCulloch et von Neumann s'y réfèrent explicitement comme à l'origine des théories de l'information, du feddback, des réseaux de neurones formels et des futurs ordinateurs. Toutes les extensions que connaîtront les sciences cognitives lui sont redevables du principe d'une «mise en mots» numérique de tout problème que se pose la pensée, y compris lorsqu'elle les formule dans la syntaxe d'une langue naturelle. L'abandon connexionniste de la référence à la machine de Turing comme paradigme de description des systèmes dynamiques doit une partie de sa force à ce point d'appui.

La médiation obligée de la simulation. Il n'existe pas d'inférence démonstrative entre la machine de Turing et la théorie des réseaux de neurones formels. La justification de l'une est entièrement absorbée par l'argumentation conjointe de Church, Gödel et Turing face aux thèses de Hilbert. En revanche, l'analogie qu'établissent McCulloch et Pitts entre le cortex et la machine de Turing relève d'une épistémologie spécifique, celle dite de la «boîte noire», décrite par von Neumann, qui consiste à *feindre* l'extrême simplicité de ce qui est extrêmement complexe. Ce recours à la fiction fallacieuse du «comme si» offre ceci de nouveau qu'elle exclut délibérément de ses données des connaissances objectives de première grandeur (à la différence, par exemple, des choix de variables opérés par Galilée — masse, temps, espace — retenus sur fond d'ignorance). De même que dans les *Principes de la Philosophie*[36] Descartes affirme la nécessité du détour par la simulation (qui déborde par principe le monde des apparences de surface, celui de l'illusion ludique des marionnettes) et se pose comme le rival (imparfait) du Créateur, de même le sujet épistémique ne retient aujourd'hui de l'inépuisable réel que *ce qu'il est capable de générer formellement*. Libre qu'il est de ses choix, maître des seules contraintes qu'il s'est donné mais corrélativement vulnérable à proportion de celles qu'il a volontairement délaissées.

La nature virtuelle de l'incarnation. Si l'on excepte les implications ontologiques de la théorie de Petitot (existence de significations morphologiques externes) — qui n'est pas sans analogie avec la philosophie aristotélicienne de la Nature —, l'efflorescence théorique des sciences cognitives se caractérise par une indifférence généralisée à l'égard de toute ontologie des origines polaires (le cerveau, l'esprit). Le dualisme ou le monisme (qu'il soit réducteur ou éliminativiste) ne portent pas sur la croyance en l'existence d'un esprit *et* d'un corps, ou d'un corps *plutôt que* d'un esprit, ils traduisent des «styles» épistémologiques qui peuvent revendiquer tour à tour un certain champ d'efficience du savoir. «Styles» motivés, inscrits dans un moment défini de la recherche mais dont les contenus ne sont intelligibles que dans le langage formel qui leur donne sens. Si le vivant corticalisé est le meilleur de tous les modèles grâce auxquels on a quelque prise sur lui, le problème de l'incarnation de la pensée dans le cerveau ne peut être abordé que sous la forme analogique d'une machine virtuelle.

NOTES

[1] Descartes R., 1664, Traité de l'Homme, *Œuvres*, Paris, Gallimard, La Pleiade (1953), p. 807.
[2] Descartes R., 1649, Lettre à Morus, *id., ibid.*, p. 1319.
[3] Turing A.M., 1950, Computing Machinery and Intelligence, *Mind*, LIX, 236, (trad. franç. in *Sciences Cognitives, Textes fondateurs 1943-1950*, A. Pélissier & A. Tête (Eds), Paris, P.U.F., 1994).
[4] Descartes R., 1644, Principes de la Philosophie, art. 203; *id., ibid.*, p. 666.
[5] Turing A.M., 1936, On Computable Numbers, with an Application to the Entscheidungs problem, *Proceedings of the London Mathematical Society*, LXII, 230-265.
[6] Hodges A., 1983, *Alan Turing : the enigma of intelligence*, (trad. franç. *Alan Turing ou l'énigme de l'intelligence*, 1988, Paris, Payot, p. 105).
[7] McCulloch W.S. & Pitts W., 1943, A logical calculus of the ideas immanent in nervous activity, *Bulletin of Mathematical Biophysics*, 5; 115-133, (trad. franç. in *Sciences Cognitives, Textes fondateurs*, Paris, P.U.F., 1994).
[8] McCulloch W.S., 1948, dans la discussion qui suit la conférence de J. von Neumann au Hixon Symposium, The General and Logical Theory of Automata, *Cerebral Mechanisms in Behavior*, L.A. Jeffries (Ed.), New-York, John Wiley & Sons, Inc., 1951 (trad. franç. in *Sciences Cognitives, Textes fondateurs*, Paris, P.U.F, 1994).
[9] McCulloch W.S., 1955, *Embodiments of Mind*, The M.I.T. Press, 1965, p. 163.
[10] Cf. note 8, la référence de cette conférence.
[11] Turing A.M., 1950, cf. ci-dessus note 3.
[12] Turing A.M., *id., ibid.*
[13] Searle J.R., 1984, *Minds, Brains and Science*, Londres, BBC (Ed.) (trad. franç. *Du cerveau au savoir*, Paris, Hermann, p. 42).
[14] Gardner H., 1985, *The Mind's New Science. A History of the Cognitive Revolution*, New York, Basic Books Inc. Publishers (trad. franç. *Histoire de la révolution cognitive, La nouvelle science de l'esprit*, Paris, Payot, 1993, p. 173).
[15] Cité par Gardner, *op. cit.*, p. 174.
[16] Hofstadter D., 1987, Cognition, subcognition. Sortir du rêve de Boole, *Une nouvelle science de l'esprit, Le Débat*, n° 47, nov.-dec. 1987, Gallimard, p. 26.
[17] Gardner H., 1985, *op. cit.*, p. 315 et suiv.
[18] Dennett D., 1983, cf. Johnatan Miller (Ed.) States of Mind, Londres B.B.C. publ., p. 63. Cité par P. Jacob, Questions pour la table ronde sur l'épistémologie des sciences cognitives, *Sciences de la Cognition. Grands Colloques de Prospective*, Paris, 28-31 janv. 1991, Min. de la Recherche et de la Technologie (ed.), Paris, p. 145.
[19] Ribot T., 1885, La psychologie allemande contemporaine, Paris, Alcan, p. 149.

[20] Piaget J., 1981, L'explication en psychologie et le parallélisme psycho-physiologique, *Traité de Psychologie Expérimentale*, t. 1, Paris, P.U.F., p. 137-184.
[21] Missa J.-N., 1993, *L'esprit-Cerveau, La philosophie de l'esprit à la lumière des neurosciences*, Paris, Vrin.
[22] Pacherie E., 1993, Naturaliser l'intentionnalité, Paris, P.U.F., p. 35.
[23] Expression de D. Hofstadter. Voir ci-dessus note 16.
[24] Changeux J.-P., 1983, *L'homme neuronal*, Paris, Fayard, p. 227.
[25] Changeux J.-P., *op. cit.* p. 171 et 364.
[26] Petitot J., 1990, Le Physique, le Morphologique, le Symbolique. Remarques sur la vision, *Revue de Synthèse*, Janvier-Juin 1990, p. 150.
[27] von Glaserfeld E., 1981, (trad. franç. Introduction à un constructivisme radical, *in* P. Watzlawick (Ed.) *L'invention de la réalité*, Paris, Seuil, 1988, p. 23).
[28] Cité par W. Bechtel et Adele Abrahamsen, 1991, *Connectionism and the Mind*, Cambridge, Mass., Basil Blackwell; trad. franç. par J. Proust, *Le connexionnisme et l'esprit*, Paris, Ed. de la Découverte, 1993, p. 304).
[29] Paillard J., 1987, L'ordinateur et le Cerveau : un contraste saisissant, *Afcet/Interfaces*, n° 57, juillet 1987, p. 4.
[30] Schyns P.G., 1993, Psychologie de synthèse : les métaphores de l'esprit calculateur, *Intelligence naturelle et Intelligence artificielle*, Le Ny (Ed.), Paris, P.U.F., p. 357.
[31] Turing A.M., 1950, cf. ci-dessus note 3.
[32] Smolensky P., 1992, IA connexionniste, IA symbolique et cerveau, *Introduction aux sciences cognitives*, sous la direction de Daniel Andler, Paris, Gallimard, folio/essais 179, p. 90.
[33] Petitot J., 1990, *op. cit.*, p. 146; cf. ci-dessus note 26.
[34] Petitot J., *id., ibid.*, p. 145.
[35] Titre de l'ouvrage de H. Gardner cité ci-dessus, note 14.
[36] Descartes R., *Principes de la Philosophie*, art. 204.

Chapitre 11
Ni ange, ni bête
ou : la nécessaire intrication des trois registres du corps humain
P. DE NEUTER

Après un élémentaire rappel de la découverte freudienne, on trouvera dans ces quelques pages une présentation des thèses de J. Lacan qui concernent le corps, thèses qui peuvent se regrouper autour des trois registres qu'il a toujours soutenus comme primordiaux dans leurs différences et dans leurs nécessaires intrications chez l'être humain[1].

LA DÉCOUVERTE FREUDIENNE : LA CONVERSION HYSTÉRIQUE ET LA PULSION

A l'aube de la psychanalyse, les hystériques dévoilaient à Freud la sensibilité particulière de leur corps aux représentations inconscientes.

L'antique réflexion de l'homme sur les rapports complexes et mystérieux qu'entretiennent le soma et la psyché s'en trouva radicalement renouvelée.

Le concept de conversion, désignant le passage dans le corps des représentations refoulées dans l'inconscient, fut l'un des premiers concepts freudiens chargés de théoriser ce mystérieux rapport du corps et de l'inconscient. L'énergie libidinale est «transportée dans le corporel» écrivait Freud en 1894[2]. En 1905, il précisait que les représentations refoulées «parlaient» dans le corps. Ainsi, Freud, à partir des associations de sa patiente, interprète l'aphonie de «Dora» comme signifiant inconsciemment sa renonciation à la parole puisque, pour elle, cette parole n'avait plus de valeur, l'aimé étant absent[3].

En cette même année 1905, dans les «Trois essais sur la sexualité», Freud avance le concept de pulsion (Trieb), concept limite entre le psychique et le somatique[4]. Ce concept souligne une autre dimension du rapport entre le corps et l'univers psychique puisqu'il désigne une délégation — énergétique — envoyée par une excitation somatique d'origine interne dans le psychisme. La tension psychique ainsi créée cherche à se décharger par les multiples voies qui se sont petit à petit précisées pour chacun au cours de son histoire. Freud distingua deux grands types de pulsions : les pulsions sexuelles et les pulsions d'auto-conservation, puis les pulsions de vie et les pulsions de mort. C'est principalement dans le domaine des pulsions sexuelles qu'il établira les diverses sources organiques des pulsions : les zones corporelles érogènes. Remarquons que, pour Freud, ces pulsions sont toujours partielles et sujettes à de multiples destins : elles peuvent être retournées en leur contraire, déplacées sur de nouveaux objets, refoulées dans l'inconscient et devenir source de symptômes ou encore sublimées dans des activités non sexuelles culturellement valorisées. En tout ceci, elles se différencient radicalement des instincts animaux qui font l'objet d'une transmission héréditaire et qui apparaissent fixes et identiques chez tous les représentants d'une espèce donnée. Les objets de la pulsion sont, eux, essentiellement variables et les comportements auxquels les pulsions aboutissent s'avèrent multiples.

BREF PARCOURS HISTORIQUE DE L'ENSEIGNEMENT DE J. LACAN

L'exposé princeps de Lacan sur le corps date de 1936. Il s'agit de sa communication sur le stade dit du miroir[5]. C'est l'image du corps qui préoccupe J. Lacan à cette époque, image qui se constitue à partir de l'image dans le miroir au sens réel ou au sens métaphorique du terme : l'image de l'autre et l'image dans le regard de l'autre assurant eux aussi la fonction du miroir. Celle-ci permet à l'enfant de se constituer une image de lui-même et une première ébauche du moi qui anticipe l'unité même du système nerveux, ce processus se déroulant entre 6 et 18 mois.

A ce moment de l'enseignement de Lacan, le corps apparaît essentiellement dans sa dimension imaginaire. Très rapidement cependant il va introduire la dimension symbolique du stade du miroir, à savoir, l'impact, chez les êtres humains, de la reconnaissance par l'Autre maternel de cette image dans le miroir : « oui, là, c'est toi, Pedro, mon fils », constituant côté enfant de « celui que je vois là, c'est moi, Pedro, son fils »[6].

En 1953, Lacan propose comme essentielle à toute compréhension de l'humain la triade Symbolique, Imaginaire et Réel[7], catégories élémentaires sans lesquelles, « nous ne pouvons rien distinguer dans notre expérience[8] ». A cette même époque, il retravaille cette question du corps à partir de ces trois catégories, du schéma optique et de l'expérience de Bouasse, sur l'illusion d'optique engendrée à l'aide d'un miroir concave[9]. Comme on le voit, le dualisme cartésien — et celui de Freud — se trouvent radicalement dépassés.

La dimension imaginaire du corps apparaît ici comme l'effet d'une opération intriquant le réel du corps, et une image apparaissant comme réelle. De plus, le symbolique est déjà présent. L'année 1953 est aussi l'année du « Discours de Rome » : la fonction et le champ de la parole et du langage s'y trouvent conjoints à la dimension de l'image[10]. Néanmoins le primat de la parole, du langage, des signifiants, en un mot, du symbolique s'y trouve affirmé avec une telle force et une telle brillance que beaucoup de ses auditeurs en oublièrent la fonction de l'image et ce, bien que Lacan n'ait cessé de la soutenir dans plus d'un passage de ses écrits et de ses séminaires. En 1970, il proposa le concept de « corps symbolique[11] », désignant par là le « corps » des signifiants d'un sujet, corps qui deviendra pour un certain nombre de lacaniens le seul vrai « corps », ou du moins le seul « corps » qui importe au psychanalyste[12].

Mais revenons un instant en arrière.

En 1964, il avait déjà exclu que la parole soit le seul fondement du sujet. Après avoir affirmé que l'Autre était le lieu de la parole, il affirma que l'Autre est aussi le corps, le corps comme lieu de l'Autre. L'Autre, ce n'est plus seulement l'esprit, le symbolique, le trésor de signifiant, c'est aussi le corps[13]. Notamment parce que « notre présence de corps animal », l'expression est de Lacan, est le premier lieu où mettre les inscriptions qui nous viennent de l'Autre. Dans ce même séminaire Lacan souligne que le corps est aussi le lieu de la jouissance. Il va jusqu'à affirmer : « Il n'y a pas d'autre jouissance que celle de mon corps ». Dans ce même séminaire encore, il élabore un nouvel Imaginaire : celui de l'objet « a », morceau de corps perdu dans la rencontre avec le langage et qui va être recherché de façon plus ou moins privilégiée auprès du corps de l'autre afin d'obturer le vide laissé par leur perte.

Illustrons ceci à partir d'un de ces objets : le sein. L'enfant le pense d'abord comme partie de lui-même. Il est bien obligé de renoncer à cette illusion structurante de son désir. Ce sein «perdu»[14] il ne cessera de chercher à le retrouver sur le corps de l'autre : le captivant dans un amour dévorant, buvant ses paroles comme du petit lait, ou réalisant son fantasme de façon moins incarnée ou désincarnée en accordant une attention toute particulière à toute partie de l'anatomie de l'autre qui peut évoquer le sein «perdu» : la clinique démontre, par exemple, que la rondeur des fesses de l'autre peut être investie de cette valeur particulière originairement accordée au sein.

Puis Lacan s'intéressa au nœud borroméen, figure topologique qui présentifie bien l'intrication, le nouage, l'interrelation entre les trois registres décrits dès 1953 du Symbolique, de l'Imaginaire et du Réel.

Le nœud borroméen est un nœud composé d'au moins trois ronds de ficelle qui sont noués ensemble de telle sorte que, si l'un vient à se rompre, tous les autres se désolidarisent.

A l'occasion de son second discours de Rome[15], il réaffirme, d'une part, le lien entre le corps et l'Imaginaire et d'autre part entre le corps et le Réel de la jouissance Autre. Nous y reviendrons aussi dans quelques instants. Par ailleurs, il situe l'objet «a» comme relevant des trois registres. Enfin, par l'introduction du nouage borroméen, il souligne l'égalité des trois registres Imaginaire, Réel et Symbolique. Entre eux, il n'y a pas - ou plus - d'ordre hiérarchique. Le nœud borroméen présentifie bien cette égalité : si l'un venait à disparaître, les deux autres registres disparaîtraient eux aussi. Ce qui correspond bien à l'observation clinique : un sujet sans Imaginaire n'est pas plus viable qu'un sujet sans Réel ou sans Symbolique.

Construction du nœud borroméen.

LE NOUAGE DU RÉEL, DE L'IMAGINAIRE ET DU SYMBOLIQUE

Pour Lacan, le temps de la primauté de l'ordre symbolique, autrement dit l'ordre de la parole et du langage, est donc définitivement dépassé. Une seule primauté subsiste néanmoins : cette adjonction du registre Symbolique est ce qui spécifie l'humain et ce qui le distingue de l'animal qui semble fonctionner lui à partir d'une conjonction spécifique de l'Imaginaire et du Réel, sauf, peut-être, lorsqu'il est domestiqué.

Pour étayer la thèse du primat du symbolique, certains psychanalystes font appel à l'«expérimentation» de Frédéric II, aux observations concernant l'hospitalisme relevées notamment par Spitz et aux expérimentations sur l'effet placebo. Ce qui échappe à tous ceux que j'ai lus, c'est que ces observations démontrent tout autant l'importance vitale de l'imaginaire que celle du symbolique.

L'«expérience» de Frédéric II

Frédéric II, empereur germanique qui régna au début du XIIIe siècle, voulait savoir quelle langue parlerait l'enfant si on ne lui en apprenait aucune. L'«expérimentation» est décrite comme suit. : «A cette fin, il fit élever une quarantaine d'enfants, enlevés à leurs parents dès la naissance, dans une institution où des nourrices reçurent pour consigne «d'allaiter les enfants, de les baigner, de les laver, mais de ne babiller avec eux et de ne leur parler d'aucune façon». Non seulement elle ne parlait pas aux enfants, mais elles ne devaient pas parler entre elles, de sorte que ces enfants n'entendirent pas le son de la voix humaine, ni son, ni paroles, ni chants. De plus, dit explicitement celui qui rapporte cette expérience, elles ne caressaient pas ces enfants qui étaient seulement lavés, langés puis vêtus dans de parfaites conditions corporelles[16]. L'exclusion du corps et de la relation qui relèvent de l'imaginaire lacanien est donc tout aussi présente dans cette consigne que l'exclusion de la parole, c'est-à-dire du symbolique.

L'hospitalisme

Il en va de même pour les observations de Spitz sur l'hospitalisme.

Celui-ci ne compare pas des groupes d'enfants qui se caractérisent seulement par le fait qu'aux uns l'on parle tandis que les autres baignent dans le silence. Les choses sont bien plus complexes et le concept d'imaginaire est à nouveau indispensable pour en rendre compte.

Spitz désigne en effet comme nécessaire au bon développement de l'enfant : « le modeste contact qu'ils ont durant l'allaitement, le développement progressif de l'échange émotionnel avec la mère, la satisfaction émotionnelle, la présence de la mère ou de son substitut, la stimulation par toute personne pouvant évoquer une caractéristique de la mère pour l'enfant » et encore « une relation mère enfant adéquate et satisfaisante ». Spitz dévoile par ailleurs les effets pathogènes des privations dans le champ des stimulations perceptives et motrices et il ajoute à ceci que la perception est « une fonction de l'investissement libidinal et donc le résultat d'une intervention d'une émotion d'une sorte ou d'une autre[17] ».

On ne peut donc réduire ces observations cliniques à une démonstration de l'importance, assurément essentielle, du seul registre de la parole et méconnaître les éléments imaginaires, qui, d'après Spitz, sont en jeu dans la constitution et dans le développement du corps de l'enfant. Où l'on retrouve la nécessité de l'interaction des trois registres soulignée par Lacan dans le schéma optique.

Imaginons d'ailleurs un instant qu'un enfant soit élevé dans un bain de paroles dénuées de toute composante imaginaire : des paroles donc sans affect, sans désir pour l'enfant, voire sans signification (puisque, pour Lacan, la signification surgit de la conjonction du symbolique, du pur signifiant dénué de toute signification, avec l'imaginaire). Et encore, un enfant élevé dans un bain de paroles non accompagnées de regards, d'odeurs ni de contacts corporel affectueux. Que peut-on prévoir quant au devenir d'un tel enfant étant donné tout ce que nous ont appris les études sur l'hospitalisme?

Or c'est à cela que mène cette déviation lacanienne, déviation par rapport aux thèses lacaniennes elles-mêmes, déviation qui consiste à affirmer une primauté du Symbolique explicitement récusée par Lacan lui-même dans les dernières années de son enseignement. N'en déplaise à ces lacaniens, nous ne sommes pas des anges parce que nous ne sommes pas des êtres parlants sans corps et sans détermination sexuelle. Nous ne sommes pas pour autant des bêtes comme certains physiologistes et certains psychologues expérimentalistes un peu bornés semblent le croire qui réduisent le comportement des humains à celui du rat, du chien, du chat ou de la souris de laboratoire. A les lire, seule une plus grande complexité nous différencierait de ces « frères » animaux alors qu'en fait cette plus grande complexité a entraîné l'émergence de propriétés nouvelles qui, à leur tour, interagissent avec ce que Lacan lui-même, quoique d'aucuns en disent, appelait le «corps animal»[18].

Le placebo

Nous pouvons faire des remarques semblables en ce qui concerne les effets du placebo sur le corps du malade. Les psychanalystes les utilisent parfois pour démontrer l'importance de la parole du prescripteur et des signifiants qui composent le nom du médicament. Ce que prouve en effet certaines recherches. Mais d'autres recherches indiquent, elles, les effets imaginaires induits par la forme, la matière ou la couleur de l'emballage et encore par la nature de la relation affective — et donc imaginaire — au prescripteur[19].

Il est par conséquent indispensable, pour élaborer une théorie du corps qui ne soit pas folle et pour soutenir une pratique qui ne rende pas l'autre fou[20], de prendre en compte les trois registres de l'humain et de considérer l'étroite intrication qui réunit chez l'homme, et notamment en son corps, le Symbolique, l'Imaginaire et le Réel.

Ceci étant posé, passons à quelques notations explicatives plus systématiques concernant ces trois registres que j'ai évoqués jusqu'à présent dans un certain désordre et une certaine approximation.

Que pouvons nous donc dire du corps et de ses trois registres : Imaginaire, Réel et Symbolique?

L'IMAGINAIRE DU CORPS

Commençons par le registre de l'Imaginaire.

L'image unifiante du corps et le Moi

Comme indiqué plus haut, Lacan a mis en lumière deux imaginaires du corps : celui de la phase du miroir et celui de l'objet «a». Le corps de la phase du miroir est l'image spéculaire. Celle-ci procure au sujet naissant une impression, un sentiment d'unité qui devance l'unité neurologique et s'oppose aux représentations du corps morcelé dont on peut néanmoins retrouver quelques traces dans certains dessins d'enfant, dans certains rêves et fantasmes de névrosés, dans certaines crises hystériques[21] et surtout dans les cas de psychoses. Pensons notamment au délire du Président D.P. Schreber pour qui le corps n'était qu'un agrégat de colonies de nerfs étrangers[22]. Pensons aussi les nombreux cas de schizophrénie présentées par G. Pankow[23].

Corrélativement à cette image — unitaire — du corps, le moi se forme à l'image de l'Autre dans deux sens au moins de ce terme. En effet, d'une part l'Autre maternel est celui qui fait fonction de miroir : c'est au travers de son regard, de son désir et sa parole que le moi se constitue. D'autre part, c'est en s'identifiant à l'image de l'autre que l'individu se structure corporellement. Il suffit d'évoquer le devenir de la stature du corps de l'enfant loup. Ou encore, le petit jeu de l'anthropologue Marcel Mauss hospitalisé pour un long séjour dans un hôpital new-yorkais dont le personnel venait des quatre coins du monde. Son œil, sans doute particulièrement entraîné, parvenait à deviner l'origine culturelle des multiples et changeantes infirmières qui le soignait et ce, simplement, disait-il, à partir de leur démarche[24].

Le moi et notre corps imaginaire se constituent donc à l'image de l'Autre et de l'autre qui l'incarne. Telle est l'origine de notre aliénation imaginaire : l'Autre et l'autre sont installés au cœur de notre subjectivité y compris de notre subjectivité corporelle. D'où le transitivisme enfantin et notre propension à nous confondre, adultes, avec notre semblable. Ceci produit tous ces petits plaisirs projectifs de la vie de couple et de la vie de groupe parmi lesquels la jalousie paranoïaque qui consiste à attribuer à l'autre les sentiments et désirs que l'on éprouve soi-même pour la tierce personne ainsi que les rivalités de voisinage interindividuelles ou internationales dont nous pouvons observer quotidiennement le déferlement dans nos journaux ou sur nos écrans de télévision.

Remarquons ici que cette image du corps et le moi qui lui est conjoint sont les deux objets du narcissisme primaire indispensable à la survie. Tandis que la forme du corps et l'image du moi constituent les deux objets de l'amour. On sait en effet l'importance de la forme dans l'amour. Les formes, par contre, les belles formes, au pluriel, sont plutôt les objets du désir.

Le sac troué des objets «perdus» et des orifices pulsionnels

Il est, en effet, un autre aspect du corps imaginaire, souligné par Lacan après qu'il ait mis en avant l'importance du langage et de la parole : le corps en tant qu'il est le lieu des objets «a». Le corps imaginaire apparaît alors comme un sac troué. Troué par la perte de bouts de corps : sein, excrément, voix et regard, principalement[25] certaines pertes étant plus marquantes que d'autres : ce qui constitue la singularité du fantasme de chacun. Le fantasme est, en effet, constitué par le rapport d'un sujet divisé par son entrée dans le langage, le rapport donc de ce sujet à l'objet imaginaire privilégié qu'il va rechercher sur le corps de l'autre : $ ◊ a (à lire : S barré poinçon de petit a). A cette liste s'ajoute un bout de corps très particulier à savoir le phallus imaginaire. Cette quête de l'objet « a » et du phallus imaginaire implique l'érogénéisation des zones orificielles pulsionnelles de ce grand sac : la bouche, l'anus, l'œil et l'oreille mais aussi de certains de ses appendices : le mamelon et le pénis.

Rappelons au passage que cette recherche chez l'autre du bout de corps qui conviendrait à combler le trou laissé par l'objet « perdu » est aussi désespérée qu'éternelle, puisque l'autre n'a évidemment pas cet objet, et puisqu'il ne l'est pas davantage. Il ne peut l'avoir et il ne peut l'être. Il n'en a, ou il n'en n'est, qu'un substitut plus ou moins correspondant donc plus ou moins satisfaisant pour l'autre. D'où l'inévitable vagabondage du désir[26].

Le lieu du plaisir et des jouissances

En tant que bout de corps pour le désir de l'autre, le corps imaginaire est aussi le lieu du plaisir et de la jouissance imaginaire. Mais il est aussi le lieu de l'envie et de la « jalouissance » (comme disait Lacan), celle qui concerne l'objet de l'autre : par exemple, le sein que tète le frère. Rappelons-nous les confessions de Saint Augustin et sa pâleur mortelle à la vision du frère de lait tétant le sein de sa mère. Mais cette « jalouissance » peut tout aussi bien se transposer ultérieurement sur la femme ou l'homme de l'autre, ou sur la voiture du voisin, (comme l'illustre bien l'histoire de « Toto le Héros »[27]), ou encore sur le pénis de l'amant, « jalouissance » qui peut aller jusqu'à la mutilation du dit amant. Cette amoureuse mutilation fut crûment portée à l'écran par l'auteur de l'Empire des sens[28] et se retrouve comme fantasme inconscient chez plus d'une analysante.

Le corps s'avère donc être, d'une part, une forme totale, illusoire, objet du narcissisme du sujet et de l'amour de l'autre, et d'autre part, un ensemble de bouts de corps suscitant le désir de l'autre et lieu de sa jouissance comme de la sienne propre - auto-érotique notamment. Voilà donc les deux faces de ce corps imaginaire qui constitue un voile épais sur le réel de notre anatomie, de notre biologie et notre physiologie et qui, sans cette reprise par l'imaginaire, ont peu de chance, avouons-le, de susciter amour et désir de qui que ce soit.

Remarques sur l'impact de cet imaginaire

Remarquons la puissance de l'impact de cet imaginaire du corps. Il se révèle non seulement dans son pouvoir de déclencher l'amour et le désir, et les diverses réactions organiques qui leur sont associées (pâleur ou rougeur du visage, tumescence des organes érectiles, sécrétions, etc.), et cela même lorsque ce corps imaginaire se réduit à une pure image détachée de tout corps réel. Il ne faut plus démontrer, je suppose, le pouvoir déclenchant de l'amour et du désir qui peut être celui de certaines images que nous proposent le cinéma, la télévision ou certains illustrés, par exemple. D'aucuns se sont d'ailleurs spécialisés dans l'exploitation financière, très lucrative semble-t-il, de ce pouvoir de l'image.

Mais ce pouvoir de l'image s'exerce aussi sur le corps de façon bien plus vitale et bien plus continue que dans ces seuls moments d'éveil et de satisfaction du désir : on peut en avoir la preuve dans les identifications problématiques à l'image du sexe opposé qui entraîne l'homosexualité, l'identification féminine psychotique, le transvestisme voire, plus radicalement, l'opération transsexuelle.

Ce même pouvoir de l'imaginaire s'atteste aussi dans les dysfonctionnements organiques corrélatifs d'une carence dans la constitution de cette image du corps. Dans ses «Nouvelles études sur l'Hystérie[29]», Ch. Melman attribue à cette carence de l'image du corps les labilités toniques, les dysrythmies gestuelles, les tétanisations musculaires et les réactions vasomotrices paradoxales fréquentes chez les hystériques. Il serait d'ailleurs intéressant d'examiner plus avant ce qu'il en est de ce rapport entre le corps et son image dans l'hystérie et dans les autres structures et notamment dans les cas de psychoses à propos desquelles les cliniciens nous disent tantôt que la maladie somatique permet l'évitement du délire, tantôt que la carence de l'image induit la somatisation.

La puissance de cette image du corps propre se révèle encore dans ces phénomènes bien connus du membre fantôme puisqu'elle amène un sujet à souffrir d'un membre qu'il ne possède de plus, sauf dans sa représentation imaginaire du corps propre.

Pour faire valoir cette puissance de l'imaginaire corporel, il faudrait encore parcourir les multiples usages métaphoriques de ces cinq petites lettres : c, o, r, p et s. On pourrait recueillir sur ce chemin le corps du logis, celui du délit et celui de l'Église, les corps célestes, politiques, électoraux, mystiques, diplomatiques, calleux, striés ou jaunes. Nous pourrions y trouver des corps d'armée, des corps de ballet, des corps de doctrine et des corps de garde. Nous pourrions enfin remarquer un papier ou un vin qui a du corps, une idée qui prend corps tandis qu'un groupe d'individus faisait corps. Ces usages métaphoriques connotent donc le plus fréquemment l'unité par delà les différences, les individualités et les particularités. Certaines de ces métaphores s'enracinent néanmoins dans cette autre caractéristique du corps : sa consistance, sa matérialité réelle sur laquelle nous reviendrons dans quelques instants après avoir quelque peu déployé le versant symbolique du corps.

LE SYMBOLIQUE DU CORPS

Le registre symbolique du corps englobe deux réalités très différentes dans l'enseignement de Lacan. Je propose de les appeler respectivement : le corps symbolique et le corps des signifiants.

Le corps des signifiants

Le corps des signifiants[30] d'un sujet comprend l'ensemble des signifiants, conscients, refoulés ou forclos d'un sujet ainsi que leur modalité générale et singulière d'organisation, à savoir le système de la langue dans sa généralité et l'éventuelle forclusion du signifiant de la castration ou du phallus, principaux organisateurs de ces ensembles singuliers.

J'ai évoqué au passage l'importance de la parole de l'Autre maternel jointe à celle de son regard dès l'instant du stade du miroir. Mais les paroles qui constituent le sujet remontent bien au-delà de sa conception. Participent à ce corps des signifiants d'un sujet toutes paroles parentales ou grand-parentales ainsi que celles du groupe social qui précèdent la venue de l'enfant et qui peuvent concerner son nom, son statut familial, sa généalogie, le sexe attendu, le choix ou le non choix du prénom, etc. Après la naissance viennent s'adjoindre tous les signifiants qui véhiculent les désirs et les demandes conscientes et inconscientes des grands Autres parentaux, signifiants qui sont, ou non, choisis ou rejetés, incorporés ou exclus par le sujet advenant. Où l'on peut repérer l'origine de l'aliénation symbolique du sujet désirant qui lui permet d'échapper au destin psychotique et le structure dans la névrose ou la perversion. Le psychotique échappe d'une façon ou d'une autre à au moins une de ces aliénations. Ce qui faisait dire à Lacan que le fou est seul homme vraiment libre[31], liberté qu'il doit malheureusement souvent payer par l'enfermement psychiatrique.

Le corps symbolique

Certains de ces signifiants s'inscriront dans la mémoire psychique. D'autres se graveront sur le corps, d'autres enfin, dans le corps. Certains sur le mode hystérique, d'autres dans une modalité psychosomatique. Les mots, les syllabes, des lettres peuvent paralyser, supprimer toute sensibilité, faire gonfler les seins, mimer une grossesse, ou encore induire diarrhée et constipation, énurésie ou impuissance, nanisme psychosocial[32] et hyperactivité psychomotrice[33].

Le corps est un livre, un livre de chair, dans lequel viennent s'inscrire les signifiants de la demande et du désir de l'Autre.

Les signifiants de la demande de l'Autre découpent et valorisent les objets «a» imaginaires que sont le sein et les excréments, tandis que ceux qui sont porteurs du désir de l'Autre donnent naissance aux objets «a» imaginaires que sont la voix et le regard.

On peut ici constater combien l'Imaginaire se trouve étroitement tressé au Symbolique, et le Symbolique à l'Imaginaire. Il suffit pour ce faire de considérer de près et sans a priori, ni angélique, ni organiciste, les phénomènes que la clinique nous donne d'observer et d'entendre et les éléments théoriques que les transcriptions des séminaires de Lacan nous donnent à lire.

Le corps est donc des plus réceptif au bain de langage dans lequel il évolue. En ce sens, on peut dire que notre corps est parlé.

Corrélativement, on peut tout à fait soutenir qu'il est parlant. «Par son corps même, disait Lacan, le sujet émet une parole qui est, comme telle, parole de vérité, une parole qu'il ne sait pas même qu'il émet comme signifiante. C'est qu'il en dit toujours plus qu'il ne veut en dire, toujours plus qu'il ne sait en dire[34].»

Le corps de l'hystérique est sans doute le corps le plus parlé et le plus parlant. Les symptômes hystériques sont des messages, disait Freud, malheureusement très astucieusement codés — tels les hiéroglyphes — adressés à qui veut bien les entendre en espérant — ou en craignant — que cet autre puisse aussi les déchiffrer.

On se souviendra peut-être de ce que Freud faisait dire à la jambe «parlante» d'Élisabeth von R. : «Je souffre de solitude, je souffre d'avoir à tenir debout toute seule» disait, entr'autres choses, sa douleur (Freud tenait beaucoup à le surdétermination des symptômes), et «je ne puis tenir debout toute seule» disait son astasie-abasie. Pour ce faire, il s'appuyait sur le fait que sa patiente terminait le récit de toute une série d'incidents en se plaignant d'avoir ressenti sa «solitude», en allemand «Alleinstehen», ce qui donne en traduction littérale : «se trouver debout toute seule[35]».

Je pourrais encore évoquer ce que Freud faisait dire à la toux de Dora[36] mais je préfère revenir à la grossesse — nerveuse — de Bertha Pappenheim qui montre une autre facette du corps symbolique. Ce symptôme n'est pas un effet de signifiant comme l'était l'astasie-abasie d'Élisabeth. Cette grossesse est un signe : le signe d'un désir et plus précisément, comme le souligne Lacan, le signe du désir de l'autre dans toute l'équivoque du terme : le désir de Bertha pour Breuer et celui de Breuer pour Bertha[37].

Plus près de nous, G. Raimbault a fort bien décrit dans son livre déjà cité un cas de nanisme psychosocial démontrant d'un manière quasi expérimentale l'effet sur le corps d'un enfant du désir de non existence qui animait sa mère à son endroit. Cet enfant avait un corps de 6 ans alors que lui en avait 11. Il se mit à grandir chaque fois qu'il était hospitalisé loin de sa famille. Et la mère de confier sur le mode de l'aveu à la psychanalyste travaillant avec les pédiatres et les endocrinologues qui ne comprennent rien à ce nanisme : «Je ne voulais pas qu'il existe... il est tombé comme un cheveu dans la soupe... des fois je voudrais l'anéantir[38]».

L'intrication du Symbolique et de l'Imaginaire

Si j'évoque ces deux vignettes cliniques ici, c'est qu'il convient de ne pas en rester aux seuls effets du pur signifiant qui fonctionne lui indépendamment de son intrication avec l'Imaginaire et plus particulièrement avec les signifiants et l'Imaginaire de l'autre[39].

Qui dit désir dit en effet fantasme qui le supporte et qui dit fantasme implique toujours les trois registres du Réel, de l'Imaginaire et du Symbolique. Le mathème du fantasme présentifie bien le sujet divisé par son entrée dans le monde des signifiants ($) entretenant un rapport singulier avec l'objet «a» réel oblitéré par sa quête incessante de l'objet «a», imaginaire, substitutif, qui conviendrait à obturer ce manque[40].

Ces deux vignettes nous indiquent aussi combien notre corps animal, notre organisme, notre physiologie sont radicalement transformés par ce bain de langage et de désir dans lequel il baigne dès avant sa conception.

Remarquons encore que le corps symbolique apparaît désintriqué du réel dans l'existence que notre pensée, notre désir, nos paroles, nos rites accordent à ce corps au-delà de sa mort, voire au-delà de sa complète disparition biologique.

Mais remarquons encore une fois, ici, la difficulté de différencier les éléments symboliques de cette «existence» et leur facette imaginaire.

Le parole et le langage dans les travaux de I.P. Pavlov et de ses successeurs

Il est tout à fait remarquable que, en partant d'un point de vue réductionniste tendant à assimiler l'homme à l'animal, I.P. Pavlov découvre dans ses expérimentations l'importance essentielle de la parole et du langage pour l'être humain. «Si nos sensations et nos représentations (nos images) forment pour nous les premiers signaux de la réalité, les signaux concrets, la parole et avant tout les excitants kinesthésiques allant de l'organe de la parole vers l'écorce constituent les seconds signaux, les signaux des signaux. Ils représentent une abstraction de la réalité et se prêtent à une généralisation, ce qui forme précisément notre mode de pensée supplémentaire, spécifiquement humaine, supérieure...» Ailleurs il affirmera : «Il (ce deuxième système de signalisation) représente le système régulateur de la conduite humaine[41]». Les effets spécifiques de ce second système de signaux — le langage humain — s'observent notamment dans la généralisation des conditionnements. Ainsi, par exemple, un chien conditionné à saliver à l'énoncé du mot «sonnette» ne le fera pas lorsque l'on fera retentir une sonnette tandis qu'un homme conditionné à un mouvement de retrait de la main à partir du mot «sonnette» est automatiquement conditionné au bruit de la sonnette. Autre exemple de cette spécificité des réactions humaines aux processus de conditionnement : le transfert aisé du conditionnement du mot «sonnette» au mot «carillon», alors que chez le chien ce transfert ne se fait pas. Par contre, le chien conditionné à réagir au mot «sonnette» aura tendance à réagir à un mot qui lui ressemble tel que «cornette», ce que l'homme ne fera pas, sauf en cas de fatigue mentale, de rêve, d'état stuporeux épileptique, de névrose, de débilité mentale, situations dans lesquelles le premier système de signalisation que l'homme partage avec l'animal l'emporte sur le second. Dans les autres cas, c'est le langage et ses significations qui jouent le rôle prédominant[42].

Ces travaux rejoignent donc les constatations cliniques de Freud et de Lacan dans la mesure où ils démontrent la spécificité du langage humain et la subversion que celui-ci apporte au sein même de nos mécanismes «animaux» en même temps qu'ils nous indiquent que dans l'inconscient (les rêves, la fatigue, la névrose, etc.) nous fonctionnons avec un langage différent : un langage où prédomine l'homophonie et où s'estompe la signification.

A propos du néologisme lacanien du «parlêtre»

Suite à tout ce qui précède, on peut dire, avec Lacan, que le corps habite le langage tout en étant habité par celui-ci. Il parle, tout en étant parlé. Lacan a résumé cet enseignement de l'expérience analytique dans un néologisme, celui du «parlêtre».

Si ce néologisme a l'avantage de laisser entendre l'importance de la parole et du langage, il a le lourd inconvénient de promouvoir une suprématie monopolistique du signifiant de laquelle Lacan lui-même est revenu. Par ailleurs, il laisse dans l'ombre et favorise l'oubli de ce que nous devons à l'imaginaire et au désir dans lequel nous baignons. Enfin, l'être n'étant pas nécessairement corporel, cette formule, par sa valorisation du seul symbolique, peut rendre le théoricien et le praticien sourds et aveugles aux deux autres dimensions de l'être humain.

Ce qui n'est pas sans effets cliniques très concrets où s'avère la vérité de certains proverbes comme celui-ci : chassez le naturel, il revient au galop. J'ai déjà mentionné ces observations à vérifier, il est vrai, qui indiqueraient un taux plus élevé de consommation de médicaments dans des services psychiatriques centrés sur la seule écoute du signifiant.

On ne peut donc que regretter la promotion de théories psychanalytiques «angéliques» n'accordant aucune place à l'imaginaire du corps et scotomisant les dimensions imaginaires des observations évoquées en commençant sur le placebo, sur l'hospitalisme et sur l'expérience de Frédéric II. C'est notamment le cas du livre d'A. Zenoni qui affirme en outre «l'abolition» de l'anatomique et du biologique comme plan pertinent de la causalité du comportement du corps humain et la coupure radicale d'avec les déterminismes qui prévalent dans les organismes animaux[43]. Ces affirmations sont pourtant régulièrement contredites par la clinique. Elles sont aussi en contradiction avec l'enseignement et la pratique de Lacan comme nous avons pu le constater[44]. Assurément l'homme est un effet du langage, mais il est surtout un effet de la rencontre de deux désirs. Certes l'homme est un être parlant, mais il est aussi et surtout un être désirant. C'est pourquoi je pense qu'il vaudrait mieux pour le désigner user du néologisme de «désirêtre».

LE REGISTRE DU RÉEL DU CORPS

Lorsque l'on parcourt attentivement l'enseignement de Lacan, on peut y repérer au moins quatre significations du concept de Réel.

Le Réel synonyme de réalité

Il arrive à Lacan d'utiliser le terme de Réel comme simple synonyme de réalité. Ceci, surtout dans le début de son enseignement. La signification du Réel est analogue à celle du concept de réalité. Or cette réalité n'est en rien réelle puisqu'elle ne nous est jamais accessible qu'au travers de la fenêtre déformante de nos théories et de nos fantasmes. Il faut savoir que cet usage existe, mais il vaut mieux l'éviter étant donné l'ambiguïté qu'il induit.

Le Réel comme impossible

La seconde signification de ce concept est équivalente à celle que les scientifiques rigoureux donnent à ce terme. Dans cette perspective, le Réel est constitué par ce qui de l'objet de leur science échappe à toute tentative de théorisation, autrement dit, à toute tentative d'imaginarisation et de symbolisation. Il est évidemment absurde de vouloir dire avec des mots ce qui constitue l'impossible à dire mais on peut néanmoins tenter d'en avoir l'intuition. On peut ainsi approcher ce qu'est ce réel scientifique du corps en pensant aux diverses théories physiologiques qui ont vu le jour et qui verront encore le jour au cours des siècles et sur les différents continents (cf. la médecine chinoise, par exemple). Bien que n'étant pas dépourvues d'efficacité, toutes ces théories sont insatisfaisantes, toutes sont incomplètes, aucune ne dit tout de son objet. Le Réel du corps leur échappe et ce, non pas par inachèvement de la science mais de structure, autrement dit, parce que le monde est ainsi fait. J.P. Lebrun a longuement développé cette thèse dans son livre «La maladie de la médecine[45]».

Le Réel en tant que résistant

En psychanalyse et dans la perspective lacanienne, le Réel comporte encore une autre dimension : il est ce à quoi l'on se heurte, ce sur quoi l'on bute, ce qui revient toujours à la même place, qu'on le veuille ou non, le mouvement des «corps» célestes par exemple. J'ajouterais que ce Réel, c'est aussi ce qui vient faire échec à nos vœux et nos désirs, ou encore ce qui vient entamer la toute puissance de nos pensées, conscientes ou inconscientes, infantiles.

En ce qui concerne plus particulièrement ce corps que j'appellerai «corps réel», pour le distinguer du précédemment cité, c'est-à-dire du «réel du corps», on a souvent évoqué la différence des sexes et la mort en tant qu'inévitable destruction du soma. On a moins souvent évoqué la prématuration et le morcellement neurologique originaire de l'enfant ainsi que son patrimoine génétique dont il convient néanmoins de souligner qu'il est aussi une sorte d'écriture, propre à l'organisme[46].

Pour tel ou tel sujet particulier, le corps réel peut prendre pour visage telle tache épidermique, telle forme du nez ou encore tel handicap particulier qui est venu marquer son corps accidentellement ou par suite de maladie : paralysie, amputation, surdité ou perte de la vision, infertilité et impuissance organique, par exemple.

Le Réel synonyme du rejeté

Ceci nous amène à une dimension connexe, mais non équivalente, du corps réel de l'être désirant : ce qui est refusé, rejeté, forclos par l'homme dans telle culture ou par tel ou tel sujet dans sa singularité. L'expérience de l'analyse montre que notre culture témoigne d'une tendance plus ou moins prononcée à méconnaître la différence des sexes, déjà évoquée, et plus particulièrement l'absence dans le corps de la mère, du bout de chair érectile, remarqué chez le père. L'être humain assume aussi difficilement la non-existence du rapport sexuel et, finalement et surtout, la mort comme destin de chaque corps, quels que soient les détours qu'il emprunte avant d'y aboutir. On sait que dans certaines cultures ces rejets sont moins affirmés.

Tous ces rejets empruntent pour chacun et chacune des modalités singulières et la clinique montre que bien d'autres rejets singuliers peuvent s'y adjoindre comme le rejet de sa race, celui de la couleur de ses yeux et le refus ou le refoulement de certaines jouissances (on peut ici évoquer par exemple le dégoût hystérique d'Anna O.[47] ou le rejet de sa jouissance sadique par l'Homme au rat[48]). Dans cette dernière perspective, il y a donc, en marge du Réel commun, un Réel singulier propre à chacun.

«L'anatomie c'est le destin»

Faut-il conclure de tout cela que l'anatomie est le destin, comme le disait Freud? La clinique nous démontre qu'il ne suffit pas d'avoir un corps de sexe masculin pour s'identifier «mâlement». De même, il ne suffit pas de ne pas être porteur du chromosome pour devenir femme. Les identifications imaginaires et symboliques peuvent en effet s'opposer à la sexuation anatomique : ainsi «naissent» les garçons manqués, les hommes efféminés, certaines homosexualités ou, encore, les travestismes et transsexualismes. Néanmoins, l'anatomie n'est pas sans opposer quelques résistances à ces identifications et, même lorsque la chirurgie est chargée d'accommoder le corps réel au désir du sujet, les choses sont loin d'aller de soi. Indépendamment des perturbations cliniquement repérables, le désir féminin d'un sujet anatomiquement masculin n'est pas équivalent au désir féminin d'une personne anatomiquement femme. Le corps réel n'est pas sans résistance. Il n'est pas sans faire destin, même si l'anatomie ne fait pas le tout du destin, tant s'en faut.

CONCLUSIONS :
LE NÉCESSAIRE NOUAGE DES TROIS REGISTRES

Une des fonctions de l'Imaginaire et du Symbolique consiste à voiler et donc à apprivoiser ce Réel. L'image du corps, avons-nous déjà souligné en commençant, vise à oblitérer le Réel de la prématuration et du morcellement du corps neurologique du petit d'homme. Par ailleurs, Freud comme Lacan ont tous deux indiqué la fonction de protection du fantasme par rapport au Réel inassimilable pour le sujet.

Mais il ne s'agit pas seulement de voiler ce Réel. Par l'Imaginaire, le Réel se trouve radicalement transformé et, par le Symbolique, le Réel et l'Imaginaire animal se trouvent bouleversés : dénaturé disait Lacan. Ceci ne veut pas dire, à mon sens, que l'être désirant — le désirêtre — ne soit plus affecté par aucun des mécanismes propres aux corps inanimés ou aux organismes animaux, comme le soutiennent certains lacaniens emportés par leur passion du signifiant.

Si leur thèse d'une totale coupure était exacte, nos laboratoires de physiologie ou de psychologie expérimentale auraient déjà depuis longtemps fermé leurs portes. Mais parce que leurs expérimentations et observations sur les animaux ne sont pas sans rapport avec ce qui peut s'observer chez l'homme, leurs travaux gardent tout leur intérêt, quand bien même ils sont loin d'être, comme tels, transposables à l'homme.

Par ailleurs, si la thèse de la primauté du symbolique était vraie, à force de le vouloir, de le désirer ou de simplement y penser, nous aurions pu déjà depuis longtemps transgresser avec notre seul symbolique les diverses lois qui régissent les corps inanimés, celles qui règlent leur chute, par exemple. Je propose quant à moi de laisser ce rêve à Icare, d'autant plus que nous engagerions dans cette folle et mortelle aventure ceux qui nous confient la direction de leur cure.

Ne voulant pas terminer ces quelques pages sur une chute aussi dure, j'évoquerai pour conclure la parole elle-même comme lieu d'une intrication exemplaire entre l'Imaginaire, le Symbolique et le Réel.

Point de parole, en effet, sans le Réel d'un réseau neurologique arrivé à maturité suffisante et sans une anatomie intacte de l'appareil phonatoire. Point de parole non plus sans l'Imaginaire d'une relation de désir entre l'enfant et ses parents.

Corrélativement, pas de croissance normale de l'organisme réel hors du bain de parole, d'image, de regard et de désir de grands Autres qui veillent sur lui.

Enfin, pas de mise en place de l'indispensable image du corps, pas de jouissance non plus, sans l'intervention conjointe, sur le corps réel de l'enfant, des regards et des paroles adéquates de ceux qui l'accompagnent dans son entrée dans la vie.

Le grand intérêt du nouage borroméen réside dans le fait qu'il présentifie, simplement et remarquablement, ces intrications, ces tressages, ces interactions du Réel, de l'Imaginaire et du Symbolique, intrications nécessaires à la vie des êtres désirants que nous sommes.

NOTES

[1] Écrit suite à un exposé fait le 22 octobre 93, dans le cadre des conférences organisées par le Centre de formation à la clinique psychanalytique (Université de Louvain) sur le thème «Le corps et l'inconscient». J'ai bénéficié pour cette étude d'un important travail de repérage de l'émergence du concept de corps dans l'enseignement de J. Lacan, travail réalisé et mis à ma disposition par L. de la Robertie que je remercie ici chaleureusement.
[2] Freud S. Les psychonévroses de défense (1894). Trad. franç. in *Psychose, névrose et perversion*, Paris, P.U.F, 1973, p. 1-14.
[3] Freud S. Fragment d'une analyse d'hystérie (1905). Trad. franç. in *Cinq psychanalyses*, Paris, P.U.F, 1967, p. 27.
[4] Freud S., *Trois essais sur la sexualité* (1905). Trad. franç. aux éditions Gallimard (Idées), Paris, 1962.

⁵ Cet exposé a été repris en 1949 et publié sous le titre «Le stade du miroir comme formateur de la fonction du Je telle qu'elle nous est révélée dans l'expérience psychanalytique» dans Lacan J., *Écrits*, Paris, Seuil, 1966, p. 93-100.
⁶ Voir à ce propos la rubrique «Stade du miroir» dans le *Dictionnaire de la psychanalyse* sous la direction de R. Chemama, Paris, Larousse, 1993.
⁷ Lacan J., «Le Symbolique, l'Imaginaire et le Réel», conférence à la Société française de psychanalyse publiée dans le *Bulletin de l'Association freudienne*, 1982, p. 4-13.
⁸ Lacan J., *Séminaire I, Les écrits techniques*, Paris, Seuil, 1975, leçon du 30 juin 1954.
⁹ Lacan J., ibidem, leçon du 24 février 1954.
¹⁰ Lacan J., «Fonction et champ de la parole et du langage en psychanalyse», republié dans les *Écrits*, Paris, Seuil, 1966, p. 237-322.
¹¹ Lacan J., «Radiophonie», *Scilicet*, Paris, Seuil, 1970, 2/3, p. 61.
¹² Cf. Zenoni A., *Le corps de l'être parlant*, Bruxelles, De Boeck, 1991. Ajoutons ici qu'il convient évidemment de différencier l'abstention méthodologique qui amène le psychanalyste a renoncer à toute intervention sur le corps dans le cadre de la cure — la prescription de médicament, par exemple — et la forclusion des dimensions imaginaires et réelles du corps dans une théorie générale du sujet.
¹³ Cf. notamment Lacan J., *Annuaire de l'EPHE*, 1967-68, p. 193 et *Séminaire XIV, La logique du fantasme*, séances du 10/05/67 et le 30/05/67.
¹⁴ *Ibidem*, séance du 16/11/66.
¹⁵ Lacan J., La troisième, *Lettres de l'École freudienne de Paris*, 1975, 16, 177-203. Cf. aussi Darmon M., *Essais de topologie lacanienne*, Éditions de l'Association freudienne, 1990, p. 353-416 ainsi que C. Calligaris, Un certain corps psychotique à partir de la cenesthésie de la pensée. *Le Trimestre psychanalytique*, Paris, Éditions de l'Association freudienne, 1991, 2, p. 99.
¹⁶ Müller M., Lecture on sciences of language, cité par Guérin G. dans sa préface au livre de G. Raimbault, *Clinique du réel, la psychanalyse et les frontières du médical*, Paris, Seuil, 1982.
¹⁷ Spitz R., dans *Psychoanalytic Study of the child*, 1, 1945. Voir aussi David M. et Appel G. dans *La psychiatrie de l'enfant*, 1958, vol. IV, fasc. 2.
¹⁸ Lacan J., *Séminaire sur la Logique du fantasme*, séance du 10.05.1967.
¹⁹ Voir la synthèse de Kissel P. et Barrucand D., *Placebo et effet placebo en médecine*. Paris, Masson, 1964.
²⁰ Nous sont revenus deux témoignages indiquant que dans les institutions qui fonctionnaient avec une telle croyance dans la primauté du symbolique, les psychotiques devaient être davantage médicalisés que dans d'autres où les psychothérapeutes théorisaient leurs interventions en donnant une plus juste place à chacun des trois registres. Il est fréquent d'observer que ce qui est refoulé ou forclos revient toujours d'une façon ou d'une autre dans le réel. Néanmoins, ces témoignages mériteraient évidemment de faire l'objet d'une vérification empirique sérieuse.
²¹ Melman Ch., *Nouvelles études sur l'hystérie*, Paris, Éditions de l'Association freudienne, 1984, p. 105.
²² Schreber D.P., *Mémoires d'un névropathe*, (1903), trad. fr. Paris, Seuil, 1975.
²³ Pankow G., *L'être là du schizophrène*, Paris, Aubier, 1969.
²⁴ Cité par C. Calligaris dans *Le Trimestre psychanalytique*, Paris, Éditions de l'Association freudienne, 1991, 2, p. 99.
²⁵ Lacan à ajouté à cette liste : le placenta d'une part, le rien d'autre part, ce dernier à partir de la clinique de l'anorexique.
²⁶ La possession totale du corps de l'autre est un rêve aussi fréquent que condamné à rester insatisfait. Le projet pervers implique lui la réalisation effective de cette possession. Sade en a bien décrit le chemin : l'addition, jamais achevée, de la possession de bouts de corps

de l'autre. Avec l'ennui, l'horreur ou l'envie que les descriptions de ces entreprises suscitent chez le lecteur.

[27] *Toto le Héros*, un film de J. Van Dormael (1991). Le scénario fut publié à Paris, en 1991, chez Gallimard, collection Pages blanches.

[28] *L'Empire des sens*, film de N. Oschima (1976).

[29] Melman Ch., *Nouvelles études sur l'hystérie, op. cit.*, p. 204.

[30] Lacan a proposé le concept de «corps des signifiants» dans son séminaire sur les psychoses (Seuil, p. 171). Dans son texte «Radiophonie» (*Scilicet* 2/3), il rebaptise ce même corps «corps du symbolique». Je propose de maintenir ici la première dénomination pour éviter toute confusion avec le concept de «corps symbolique».

[31] Lacan J., «Petit discours aux psychiatres» (prononcé le 10/11/67 à Paris, au Cercle psychiatrique H. Ey de l'Hôpital St. Anne). Inédit.

[32] Raimbault G., «Simon, un nanisme psychosocial», dans *Clinique du Réel, op. cit.*, p. 61-67.

[33] Dolto Fr., *L'image inconsciente du corps*, Paris, Seuil, 1984.

[34] Lacan J., *Séminaire I, Les écrits techniques de Freud* (1953-1954), Paris, Seuil, p. 292.

[35] Freud S., *Études sur l'hystérie* (1895). Trad. franç., Paris, P.U.F, p. 121. Notons ici que Freud tenait beaucoup à la surdétermination du symptôme.

[36] «Je suis la fille de papa. J'ai un catarrhe comme lui. Il m'a rendue malade comme il a rendu malade maman. C'est de lui que je tiens les mauvaises passions qui sont punies par la maladie». Freud S., Fragment d'une analyse d'hystérie (1905). Trad. franç., Paris, P.U.F, 1967, p. 61.

[37] Lacan J. *Séminaire XI, Les quatre concepts fondamentaux*, leçon du

[38] Raimbault G., *op. cit.*, p. 61-76.

[39] Pour rappel, le sens comme la signification implique le tressage du pur signifiant avec le registre de l'imaginaire. Cf. Lacan J., La troisième, *op. cit.*

[40] Cf. De Neuter P., «Le fantasme». Rubrique du *Dictionnaire de la psychanalyse*. Paris, Larousse,

[41] I.P. Pavlov, cité par S. Follin dans «Le deuxième système de signalisation chez l'homme». Dans *La raison. Cahiers de psychopathologie scdientifique*, Paris, 1954, n° 8.

[42] Cf. le *Manuel de psychologie. Introduction à la psychologie scientifique* sous la direction de R. Droz et M. Richelle. Bruxelles, Dessart et Mardaga, 1976, p. 329-330.

[43] Zenoni A., *op. cit.*, notamment p. 35, 36 et 76.

[44] Dans les travaux de I.P. Pavlov et de ses successeurs amènent aussi à constater l'intrication des deux systèmes de signalisation (les images et le langage) dans leur effets sur le réel du corps humain. Cf. le paragraphe II «Rapports et relations réciproques du premier et du deuxième systèmes de signalisation» du chapitre de S. Sollin dans l'ouvrage déjà cité *La raison. Cahiers de psychopathologie scientifique*, p. 110-115.

[45] Lebrun J.P., *La maladie de la médecine*, Bruxelles, De Boeck, 1993.

[46] Melman Ch., «L'inconscient c'est l'organique». Dans *Le trimestre psychanalytique*, Paris, éd. de l'Association freudienne, 1991, 2, p. 110.

[47] Freud S. *Etudes sur l'hystérie*, (1895), trad. fr., Paris, P.U.F., 1956, 1973, p. 14.

[48] Freud S. «Remarques sur un cas de névrose obsessionnelle» (1909), trad. fr. dans *Cinq psychanalyses*, p. 207.

En guise de conclusion
B. FELTZ et D. LAMBERT

Au vu de l'ensemble des contributions, est-il possible de dégager certaines lignes de force ? Il nous semble qu'effectivement plusieurs types d'approches des rapports entre le corps et l'esprit peuvent être caractérisés.

Un premier ensemble de démarches inscrit dès l'abord l'activité mentale dans une corporéité. Il s'agit par conséquent d'analyser la structure dynamique du système nerveux pour montrer comment émergent les comportements complexes et les processus cognitifs. Les neurophysiologistes M. Crommelinck et G. Edelman, tel que l'analyse B. Feltz, apparaissent les plus ardents porteurs de cette position. Les données les plus récentes concernant la genèse et la structuration du système nerveux plaident en faveur d'une conception dynamique, souple, plastique, où l'activité de l'individu s'inscrit corporellement dans l'organisation matérielle de ce système. Paradoxalement peut-être, il faut souligner que chacun de ces auteurs se réfère à l'intentionnalité pour rendre compte du lien entre système nerveux et comportement humain. Ainsi donc, une démarche au passé très marqué par le réductionnisme voit-elle bon nombre de ses protagonistes réintroduire des concepts autour desquels se structure l'anthropologie phénoménologique de Merleau-Ponty, telle que nous la rapporte J. Duchêne. La «conscience intentionnelle» selon Edelman converge vers la liberté incorporée et l'être-au-monde selon Merleau-Ponty. On retrouve une version moderne d'une anthropologie unitaire, enracinée dans la biologie, dont le travail d'Aristote constitue déjà un remarquable exemple, ainsi que cela apparaît dans la contribution de J. Ladrière. D. Lambert s'inscrit dans la même tradition puiqu'il plaide, dans la conclusion de son intervention, sur la nécessité d'une prise en compte des contraintes corporelles et historiques pour une modélisation de l'activité noétique.

Sans que la physiologie ne soit centrale, la psychanalyse voit dans le rapport au corps symbolique un lieu déterminant de structuration de la personnalité dans son contexte relationnel. La contribution de P. De Neuter montre ainsi que le rapport au corps peut être envisagé suivant des modalités multiples.

Les traditions cognitivistes œuvrent sur des présuppositions différentes. Il s'agit de retrouver chaque étape du processus cognitif indépendamment du substrat biologique. Le processus cognitif est étudié en lui-même, comme une dynamique autonome. L'émergence du sens y est abordée de manière essentiellement formelle, comme l'a bien mis en évidence G. Van De Vijver. De même, les diverses «incarnations» selon A. Tete renvoient aux multiples formalismes qui mettent en œuvre les modélisations des propriétés des systèmes cognitifs. A certains égards, ce centrage sur les «dynamiques de l'esprit» conduit à éluder la question même du rapport au corps. L'«esprit» ici en jeu est purement cognitif.

Les traditions dualistes peuvent être envisagées au niveau anthropologique et au niveau méthodologique. H. Bergson reste sans doute un représentant moderne paradigmatique d'un courant qui, de Platon à Eccles en passant par Augustin et Descartes, traverse la pensée occidentale. A. Petit montre pourtant précisément comment le dualisme de Bergson se distingue radicalement du dualisme de Platon ou Descartes et comment le rapport au corps relève d'une dynamique positive essentielle dans l'anthropologie bergsonnienne. Deux contributions nous mènent du dualisme anthropologique à un dualisme méthodologique. Les tentatives de Ph. Gallois et G. Forsy de relier neurosciences et physique quantique et le principe de complémentarité auquel ils se réfèrent manifestent bien une dualité anthropologique dont les implications sont le plus manifestes sur le plan méthodologique. Dans la théorie du double aspect, proposée par T. Nagel et exposée par J.N. Missa en interaction avec la problématique de la mort, on retrouve ce même dualisme dont les implications sont essentiellement méthodologiques. Notons ici qu'une telle position méthodologique est compatible aussi bien avec une anthropologie dualiste qu'avec une anthropologie unitaire. En effet, le pluralisme méthodologique est postulé de la même manière par G. Edelman et M. Crommelinck.

Dans cette multiplicité, deux traits majeurs peuvent être soulignés qui spécifient l'état actuel de la recherche. Tout d'abord, la convergence entre certains courants neurophysiologiques et une conception de la liberté, au sens phénoménologique, nous paraît un événement capital à mettre en exergue. D'autre part, les développements considérables du courant cognitiviste constituent des avancées incontournables. La question qui surgit est celle du lien avec les recherches centrées sur les structures biologiques. Sont-ce là des univers hétérogènes ou va-t-on assister à un phénomène d'interfécondation de deux champs de recherches jusqu'à présent disjoints ? C'est un des débats les plus marquants de l'état actuel de la recherche.

«Entre le corps et l'esprit» s'instaure une variété de relations dynamiques et réciproques. Variété liée au fond disciplinaire de chaque intervention. Variété liée aux perspectives philosophiques particulières de chacun. En proposant ces contributions, nous espérons nourrir un processus d'élucidation et de réappropriation, qui prenne en compte cette double richesse. Les articulations proposées sont multiples. Reste à chacun l'audace et la responsabilité de reprendre la démarche, de jeter les ponts qui posent une convergence pour un rapport du corps à l'esprit qui soit porteur de sens.

Bibliographie

Ad Hoc Committee of the Harvard Medical School, A Definition of Irreversible Coma, Report of the Ad Hoc Committee of the Harvard Medical School to Examine the Definition of Brain Death, *JAMA*, 205, Aug 5, 1968, p. 337-342.

American Academy of Neurology, Position on the AAN on certain aspects of the care and management of the PVS patient, «Persistent Vegetative State is the result of a functioning brainstem and the total loss of cerebral functioning», *Neurology*, 39, 1989, p. 125-126.

American Medical Association Council on Scientific Affairs and Council on Ethical and Judicial Affairs, Persistent Vegetative State and the decision to withdraw or withhold life support, *JAMA*, 263, 1990, p. 427.

Andler, D., dir. de pub., *Introduction aux sciences cognitives*, Paris, Gallimard, 1992.

Andler, D., «Le cognitivisme orthodoxe en question», *Cahiers du CREA*, n° 9, 1986, p. 7-105.

Andler, D., «Progrès en situation d'incertitude», dans *Une nouvelle science de l'esprit, Le Débat*, Paris, Gallimard, 1987, p. 5-25.

Beale, R., Jackson, T., *Neural Computing. An Introduction*, Bristol, Adam Hilger, 1990.

Beaufret, J., *Parménide - Le Poème*, Paris, P.U.F., 1986.

Bechtel, W., Abrahamsen, A., *Le connexionnisme et l'esprit*, Paris, La Découverte, 1993. (*Connectionism and the Mind*, Cambridge, Mass., Basil Blackwell, 1991).

Bergson, H., *Œuvres (Editions du centenaire)*, Paris, P.U.F., 1959.

Bergson, H., *Mélanges*, Paris, P.U.F., 1972.

Berthoz, A., «Reference frames for the perception and control of movement», *in Brain and Space*, J. Paillard (Ed.), Oxford University Press, 1991, p. 81-111.

Berthoz, A., *Leçon inaugurale*, Chaire de Physiologie de la perception et de l'action, Collège de France, mars 1993.

Boisacq-Schepens, N. et Crommelinck, M., *Neuro-psycho-physiologie. 1. Fonctions sensori-motrices*, Paris, Masson, 1993.

Brierley, J.B., Graham, D.I., Adams, J.H., Simpsom, J.A., «Neocortical death after cardiac arrest», *The Lancet*, September 11, 1971, p. 560-565.

Calligaris, C., «Un certain corps psychotique à partir de la cenesthésie de la pensée», *Le Trimestre psychanalytique*, Paris, Éditions de l'Association freudienne, 2, 1991, p. 99.

Camus, A., *Le mythe de Sisyphe*, Paris, Gallimard, 1942.

Canguilhem, G., «Le cerveau et la pensée», *in Georges Canguilhem, philosophe, historien des sciences*, Bibliothèque du Collège international de Philosophie, Paris, Albin Michel, 1993.

Cassin, B., Narcy, M., *La décision du sens*, Paris, Vrin, 1989.

Chalmers, A., *Qu'est-ce que la science?*, Paris, La Découverte, 1987.

Changeux, J.-P., *L'homme neuronal*, Paris, Fayard, 1983.

Changeux, J.P., Conne, A., *Matière à penser*, Paris, Odile Jacob, 1989.

Changeux, J.P. et Danchin A., «Apprendre par stabilisation sélective de synapses en cours de développement», *in* Morin, E. et Piatelli-Palmarini, M., *L'unité de l'homme. 2. Le cerveau humain*, Paris, Seuil, 1974, 58-88.

Chauvin, R., *La biologie de l'esprit*, Monaco, Editions du Rocher, 1990.

Chemamasous, R. (sous la direction de), «Stade du miroir» dans le *Dictionnaire de la psychanalyse*, Paris, Larousse, 1993.

Churchland, P.S., *Neurophilosophy*, M.I.T. Press, Cambridge, 1986.

Churchland, P., Sejnowski, T., *The computational Brain*, M.I.T. Press, 1992.

Clark, A., «Systematicity, Structured Representations and Cognitive Architecture : A Reply to Fodor and Pylyshyn», *in Connectionism and the Philosophy of Mind*, T. Horgan & J. Tienson (Eds), Dordrecht, Kluwer Academic Publishers, 1991, p. 198-219.

Clark, A., *Microcognition. Philosophy, Cognitive Science, and Parallel Distributed Processing*, Massachusetts, The M.I.T. Press, A Bradford Book, 1989.

Cowey, A., Stoerig, P., «The neurobiology of blindsight», *Trends in Neuroscience, 14*, 1991, p. 140-145.

Crommelinck, M., Guitton, D., «Oculomotricité» dans *Traité de Psychologie expérimentale*, M. Richelle, J. Requin et M. Robert (Eds), vol. 1, Paris, P.U.F., 1994, p. 657-728.

Crossley, J.N., Ash, C.J., Brickhill, C.J., Stillwell, J.C., Williams, N.H., *What is Mathematical Logic?*, New York, Dover, 1990, p. 20-30.

Cullmann, O., *Immortalité de l'âme ou résurrection des morts? Le témoignage du Nouveau Testament*, Neuchâtel, Delachaux et Niestlé, 1956.

Cummins, R., «The Role of Representation in Connectionist Explanations of Cognitive Capacities» *in Philosophy and Connectionist Theory*, W. Ramsey, S.P. Stich & D.E. Rumelhart (Eds), Hillsdale, New Jersey, Lawrence Erlbaum Publishers, 1991, p. 91-115.

Dagognet, F., *Le cerveau citadelle*, Paris, Delagrange, 1992.

Darmon, M., *Essais de topologie lacanienne*, Éditions de l'Association freudienne, 1990, p. 353-416.

Davalo, E., Naim, P., *Des réseaux de neurones*, Paris, Eyrolles, 1989.

de Waelhens, A., *Existence et signification*, Leuven, Ed. Nauwelaerts, 1967.

De Neuter, P., «Le fantasme», Rubrique du *Dictionnaire de la psychanalyse*, Paris, Larousse.

Debru, C., *Neurophilosophie du rêve*, Paris, Hermann, 1990.

Delay, J., *Etudes de psychologie médicale*, Paris, P.U.F., 1953.
Dennet, D.C., *La conscience expliquée*, Paris, Odile Jacob (*Consciousness Explained*, Little, Brown and Company, 1991), 1993.
Dennett, D.C., *La stratégie de l'interprète*, Paris, Gallimard, 1990.
Descartes, R., 1664, Traité de l'Homme, *Œuvres*, Paris, Gallimard, La Pléiade (1953).
Dolto, Fr., *L'image inconsciente du corps*, Paris, Seuil, 1984.
Droz, R., Richelle, M. (sous la direction de), *Manuel de psychologie. Introduction à la psychologie scientifique*, Bruxelles, Dessart et Mardaga, 1976.
Duchene, J., «La Structure de la Phénoménalisation dans la *Phénoménologie de la Perception* de Merleau-Ponty» in *Revue de Métaphysique et de Morale*, n° 3, 1978, p. 373-398.
Duchene, J., «World and Rationality in Merleau-Ponty's, *Phénoménologie de la Perception*» : in *International Philosophical Quarterly*, vol. XVII, n° 4, Décembre 1977, p. 393-413.
Duhamel, J-R., Colby, C., Goldberg, M., «The updating of the representation of visual space in parietal cortex by intended eye movements», *Science*, 225, 1992, p. 90-92.
Edelman, G.M., *Neural Darwinism. The Theory of Neural Group Selection*, Basic Books, Harper Collins, New York, 1987.
Edelman, G.M., *Topobiology. An Introduction to Molecular Embryology*, Basic Books, Harper Collins, New York, 1988.
Edelman, G.M., *The Remembered Present*, New York, Basic Books, 1989.
Edelman, G.M., *Biologie de la conscience*, Odile Jacob, Paris. (*Bright Air, Brillant Fire : On the Matter of Mind*, Basic Books, Harpers Collins, New York, 1992), 1992.
Engelhardt, H.T. Jr, *The Foundations of Bioethics*, New York, Oxford University Press, 1986.
Feltz, B., *Croisées biologiques*, Louvain-la-Neuve, Ciaco, Artel, 1991.
Feltz, B. (dir de pub.), *Le réductionnisme en biologie*, *Revue Philosophique de Louvain*, Numéro spécial, sous presse.
Feltz, B., Lambert, D., Thill, G. (dir. de pub.), *Le cerveau pluriel*, Louvain-la-Neuve, Ciaco, Artel, 1991.
Fodor, J., *La modularité de l'esprit*, Paris, Minuit, 1986.
Fodor, J., McLaughlin, B.P. Connectionism and the problem of systematicity : Why Smolensky's solution doesn't work, *Cognition*, vol. 35, 1990, p. 183-204 (reprinted *in Connectionism and the Philosophy of Mind*, 1991, T. Horgan & J. Tienson (eds.), Dordrecht, Kluwer Academic Publishers, p. 331-354).
Fodor, J.A., Pylyshyn, Z.W., Connectionism and cognitive architecture : A critical analysis, *Cognition*, vol. 28, nos 1-2, 1988, p. 3-73.
Follin, S., «Le deuxième système de signalisation chez l'homme» dans *La raison. Cahiers de psychopathologie scientifique*, Paris, 1954, n° 8.
Freud, S., *Trois essais sur la sexualité*, 1905, trad. fr., Paris, Gallimard, 1962.
Freud, S., *Etudes sur l'hystérie*, 1895, trad. fr., Paris, P.U.F., 1956, 1973.
Freud, S., Fragment d'une analyse d'hystérie, 1905, trad. fr. in *Cinq psychanalyses*, Paris, P.U.F., 1967.
Freud, S., Les psychonévroses de défense, 1894, trad. fr. in *Psychose, névrose et perversion*, Paris, P.U.F., 1973, p. 1-14.
Gardner, H., *The Mind's New Science. A History of the Cognitive Revolution*, New York, Basic Books Inc. Publishers, 1985 (trad. fr. *Histoire de la révolution cognitive, La nouvelle science de l'esprit*, Paris, Payot, 1993).

Gauchet, M., *L'inconscient cérébral*, Paris, Seuil, 1992.

Goschke, T., Koppelberg, D., «The Concept of Representation and the Representation of Concepts» *in Philosophy and Connectionist Theory*, W. Ramsey, S.P. Stich & D.E. Rumelhart (Eds), Hillsdale, Lawrence Erlbaum Publishers, 1991, p. 129-163.

Green, M., Wikler, D., «Mort cérébrale et identité personnelle» *in Cahiers S.T.S., Ethique et biologie*, Paris, Editions du C.N.R.S., 1986, p. 109-134.

Heidegger, M., «Qu'est-ce que la métaphysique», *Questions I*, Paris, Gallimard, 1968.

Heidegger, M., *Qu'est-ce qu'une chose?*, Paris, Gallimard, 1971.

Held, R., Hein, A., «Movement-produced stimulation in the development of visually guided behavior», *J. Comp. Physiol. Psychol.*, 56, 1963, p. 872-876.

Hodges, A., *Alan Turing : the Enigma of Intelligence*, 1983 (trad. fr. *Alan Turing ou l'énigme de l'intelligence*, Paris, Payot, 1988).

Hofstadter, D., Cognition, subcognition. Sortir du rêve de Boole, *Une nouvelle science de l'esprit, Le Débat*, n° 47, nov.-dec. 1987, Gallimard.

Horgan, T., Tienson, J., *Connectionism and the Philosophy of Mind*, Kluwer Academic Publ., 1991.

Hottois, G., *Penser la logique. Une introduction technique, théorique et philosophique à la logique formelle*, Bruxelles, De Boeck, 1989.

Hume, D., *Traité de la nature humaine*, Paris, Aubier Montaigne, 1968.

Isaye, G., *L'affirmation de l'être et les sciences positives*, Paris-Namur, Lethielleux-P.U.N., 1987.

Jeannerod, M., *Le cerveau-machine*, Paris, Fayard, 1983.

Jeannerod, M., *The Neural and Behavioural Organization of Goal-directed Movements*, Oxford Science Publications, 1988.

Jennett, B., Plum, F., Persistent vegetative state after brain damage A syndrome in search of a name, *The Lancet*, April 1, 1972, p. 734-737.

Kant, E., *Critique de la raison pure*, Paris, P.U.F., 1981.

Kauffman, S.A., *The Origins of Order. Self-organization and Selection in Evolution*, Oxford University Press, 1993.

Kissel, P., Barrucand, D., *Placebo et effet placebo en médecine*, Paris, Masson, 1964.

Klee, R., Micro-determinism and concepts of emergence, *Phil. of Sc.*, vol. 51, 1984, p. 44-64.

Lacan, J., *Écrits*, Paris, Seuil, 1966.

Lacan, J., La troisième, *Lettres de l'École freudienne de Paris*, 1975, 16, 177-203.

Lacan, J., *Séminaire I, Les écrits techniques de Freud* (1953-1954), Paris, Seuil, 1975.

Lacan, J., «Le Symbolique, l'Imaginaire et le Réel», conférence à la Société française de psychanalyse, dans *Bulletin de l'Association freudienne*, 1982, p. 4-13.

Ladrière, J., «L'abîme» dans *Savoir, faire, espérer : les limites de la raison*, tome I, Bruxelles, Publications des Facultés universitaires Saint-Louis, 1976.

Ladrière, J., «Langage scientifique et langage spéculatif», *Revue philosophique de Louvain*, tome 69, 1971, p. 92-132 et 250-282.

Ladrière, J., «Les limites de la formalisation» *in Logique et connaissance scientifique* (sous la dir. de J. Piaget), La Pléiade, Paris, Gallimard, 1967, p. 312-333.

Ladrière, J., «Signes et concepts en science» dans *Science et théologie, Méthode et langage*, Paris, Desclée De Brouwer, 1969, p. 107-129.

Ladrière, J., «Les sciences humaines et le problème du fondement» dans *Vie sociale et destinée*, Gembloux, Duculot, 1973, p. 199-210.

Lamb, D., *Death, Brain Death and Ethics*, London and Sydney, Croom Helm, 1985.

Lebrun, J.P., *La maladie de la médecine*, Bruxelles, De Boeck, 1993.

Mandler, «Cohabitation in the cognitive sciences» dans W. Kintsch, J.R. Miller et P.G. Polson (Eds), *Method and Tactics in Cognitive Science*, Hillsdale, Erlbaum, 1984.

Mayr, E., *Histoire de la biologie. Diversité, évolution et hérédité*, Paris, Fayard (*The Growth of Biological Thought. Diversity, Evolution and Inheritance*, Harvard, 1982), 1989.

McClelland, J., Rumelhart, D., PDP Research Group, *Parallel Distributed Processing : Explorations in the Microstructure of Cognition, Vol 1 : Foundations, Vol. 2 : Psychological and Biological Models*, M.I.T. Press, 1986.

McCulloch, W.S., *Embodiments of Mind*, The M.I.T. Press, 1965.

McCulloch, W.S., The General and Logical Theory of Automata, *Cerebral Mechanisms in Behavior*, L.A. Jeffries (Ed.), New-York, John Wiley & Sons, 1948, Inc., 1951 (trad. fr. in *Sciences Cognitives, Textes fondateurs*, Paris, P.U.F., 1994).

McCulloch, W.S., Pitts, W.A., Logical calculus of the ideas immanent in nervous activity, *Bulletin of Mathematical Biophysics*, 5, 1943, 115-133, (trad. franç. in *Sciences Cognitives, Textes fondateurs*, Paris, P.U.F., 1994).

Médina, J., Morali, C., Sénik, A. (Eds), *La philosophie comme débat entre les textes*, Magnard, 1984.

Melman, Ch., *Nouvelles études sur l'hystérie*, Paris, Éditions de l'Association freudienne, 1984.

Melman, Ch., «L'inconscient c'est l'organique» dans *Le trimestre psychanalytique*, Paris, Ed. de l'Association freudienne, 1991, 2, p. 110.

Mendelson, E., *Introduction to Mathematical Logic*, New York, D. Van Nostrand, 1979.

Merleau-Ponty, M., *La structure du comportement*, Paris, P.U.F. (1942), 1977.

Merleau-Ponty, M., *Phénoménologie de la perception*, Paris, Gallimard (1945), 1987.

Merleau-Ponty, M., *Eloge de la philosophie et autres essais*, Paris, Gallimard, 1960.

Merleau-Ponty, M., *Le visible et l'invisible*, Paris, Gallimard, 1964.

Merleau-Ponty, M., *L'Œil et l'Esprit*, Paris, Gallimard, 1964.

Merleau-Ponty, M., *L'Union de l'âme et du corps chez Malebranche, Biran et Bergson*, Paris, Vrin (notes prises au cours de Merleau-Ponty à l'Ecole Normale Supérieure (1947-48) recueillies et rédigées par Jean Deprun), 1968.

Métraux, A., «L'intentionnalité et le problème de la réduction de la psychologie», *Etudes phénoménologiques*, tome II, 1986, p. 75-76.

Meyer, F., «Situation épistémologique de la biologie» dans *Logique et connaissance scientifique*, J. Piaget (Ed.), Paris, Gallimard, Encyclopédie de la Pléiade, 1967, p. 781-821.

Missa, J.-N., *L'esprit-Cerveau, La philosophie de l'esprit à la lumière des neurosciences*, Paris, Vrin, 1993.

Missa, J.-N. (Ed.), *Philosophie de l'esprit et sciences du cerveau*, Paris, Vrin, 1991.

Molinari, G.F., «Persistent vegetative state, do not resuscitate... and still more words doctors use», *Journal of the Neurological Sciences*, 102, 1991, p. 125-127.

Mollaret, P., Goulon, M., «Le coma dépassé», *Revue Neurologique*, 101, 1959, p. 3-15.

Moltmann, J., *Théologie de l'espérance*, Paris, Cerf, 1971.

Müller, M., Lecture on sciences of language, cité par Guérin G. dans sa préface au livre de G. Raimbault, *Clinique du réel, la psychanalyse et les frontières du médical*, Paris, Seuil, 1982.

Nagel, E. (5ᵉ éd.), *The Structure of Science. Problems in the Logic of Scientific Explanation*, London, Routledge & Kegan Paul, 1979.

Nagel, T., *Questions mortelles*, P.U.F., Paris (*Mortal Questions*, Cambridge University Press, Cambridge, 1979), 1983.

Nagel, T., The Mind Wins!, *The New York Review*, March 4, 1993, p. 37-41.

Nagel, T., *What does it all mean?*, New York, Oxford University Press, 1987.

Nagel, T., What is it like to be a bat?, *Philosophical Review*, 83, 1974, p. 435-450.

Newell, A., Physical symbol systems, *Cognitive Science*, vol. 4, 1980, p. 135-183.

O'Keefe, J., Nadel, L., *The Hippocampus as a Cognitive Map*, Oxford Clarendon Press, 1978.

O'Keefe, J., «Kant and the sea-horse : An essay in the neurophilosophy of space» dans *Spatial Representation*, N. Eilan, R. McCarthy et B. Brewer (Eds), Blackwell, 1993, p. 43-64.

Pacherie, E., *Naturaliser l'intentionnalité*, Paris, P.U.F., 1993.

Paillard, J., «L'ordinateur et le Cerveau : un contraste saisissant», *Afcet/Interfaces*, n° 57, juillet 1987, p. 4.

Paillard, J., «Les déterminants moteurs de l'espace», *Cahiers de Psychologie*, 14, 1971, p. 261-316.

Pankow, G., *L'être là du schizophrène*, Paris, Aubier, 1969.

Penrose, R., *The Emperor's New Mind. Concerning computers, minds and the laws of Physics*, Oxford University Press, 1989.

Personnaz, L., Dreyfus, G., Guyon, I., «Les machines neuronales», *La Recherche*, 19, 1988, p. 1362-1371.

Petitot, J., *Les Catastrophes de la Parole. De Roman Jacobson à René Thom*, Paris, Maloine, 1985.

Petitot, J., *Morphogénèse du Sens I. Pour un schématisme de la structure* (Préface de René Thom), Paris, P.U.F., 1985.

Petitot, J., *La Philosophie transcendantale et le Problème de l'Objectivité*, Paris, Editions Osiris, 1991.

Petitot, J., «Le physique, le morphologique, le symbolique. Remarques sur la vision», *Revue de Synthèse*, 1990, vol. 4, n°^{s} 1-2, 1990, p. 139-183.

Petitot, J., «Why Connectionism is Such a Good Thing. A Criticism of Fodor and Pylyshyn's Criticism of Smolensky», *Philosophica*, vol. 47, n° 1 : *Self-organization and Teleology. Self-organizing and Complex Systems II*, G. Van de Vijver (Ed.), 1991, p. 49-81.

Petitot, J., A propos de la querelle du déterminisme : De la théorie des catastrophes à la Critique de la Faculté de Juger, *C.M.S. - P.016*, Centre d'Analyse et de Mathématique Sociales, Paris, nov. 1985.

Piaget, J., *L'épistémologie génétique*, Paris, P.U.F., 1970.

Piaget, J., L'explication en psychologie et le parallélisme psycho-physiologique, *Traité de Psychologie Expérimentale*, t. 1, Paris, P.U.F., 1981, p. 137-184.

Piatelli-Palmarini, M., «Evolution, selection and cognition», *Cognition*, vol. 31, 1989, p. 1-44.

Piatelli-Palmarini, M., «Sélection sémantique et sélection naturelle : le rôle causal du lexique», *Revue de Synthèse*, vol. 4, 1990, n°^{s} 1-2, p. 57-95.

Piatelli-Palmarini, M., *Théories du langage, Théories de l'apprentissage. Le débat entre Jean Piaget et Noam Chomsky*, Paris, Seuil, 1979.

Platon, *Le Banquet*, Paris, Les belles lettres, 1966, traduction L. Robin.

Popper, K.R., Eccles, J.C., *The Self and its Brain*, Springer International, New York, 1977.

Rastier, F., *Sémantique et recherches cognitives*, Paris, P.U.F., 1991.

Ribot, T., *La psychologie allemande contemporaine*, Paris, Alcan, 1885.

Richelle, M., *Du nouveau sur l'Esprit ?*, Paris, P.U.F., 1993.

Ricœur, P., *Philosophie de la volonté*, Paris, Aubier, 1950.

Rose, S., *La mémoire. Des molécules à l'esprit*, Paris, Seuil, 1994.

Rosenberg, A., *The Structure of Biological Science*, Cambridge University Press, Cambridge, 1985.

Roth, G., Schwegler, H., «Self-Organization, Emergent Properties and the Unity of the World», *Philosophica*, vol. 46, n° 2 : *Self-Organizing and Complex Systems I*, G. Van de Vijver (Ed.), 1990, p. 45-65.

Roucoux, A., Crommelinck, M., «Orienting the gaze : a brief survey» dans *Multisensory Control of Movement*, A. Berthoz (Ed.), Oxford University Press, 1993, p. 130-149.

Schreber, D.P., *Mémoires d'un névropathe* (1903), trad. fr., Paris, Seuil, 1975.

Schyns, P.G., Psychologie de synthèse : les métaphores de l'esprit calculateur, *Intelligence naturelle et Intelligence artificielle*, Le Ny (Ed.), Paris, P.U.F., 1993.

Searle, J.R., *Minds, Brains and Science*, Londres, BBC (Ed.), (trad. franç., *Du cerveau au savoir*, Paris, Hermann, 1984).

Searle, J., *L'intentionalité*, Paris, Ed. Minuit, 1985.

Searle, J., *The Rediscovery of the Mind*, Cambridge, M.I.T. Press, 1992.

Searle, J., «Consciousness, explanatory inversion, and cognitive science», *Behavioural and Brain Sciences*, vol. 13, n° 4, 1990, p. 585-643.

Sinaceur, H., *Corps et Modèles*, Paris, Vrin, 1991.

Smolensky P., IA connexionniste, IA symbolique et cerveau, *Introduction aux sciences cognitives*, sous la direction de Daniel Andler, Paris, Gallimard, folio/essais 179, 1992, p. 90.

Smolensky, P., «Connectionism, Constituency and the Language of Thought» in *Meaning in Mind. Fodor and his Critics*, B. Loewer and G. Rey (Eds), Basil Blackwell, Oxford, 1991, p. 201-229.

Smolensky, P., «On the proper treatment of connectionism», *Behavioral and Brain Sciences*, vol. 11, n° 1, Cambridge University Press, 1988, p. 1-75.

Smolensky, P., «The constituent structure of mental states : A reply to Fodor and Pylyshyn», *Southern Journal of Philosophy*, vol. 16, 1987, p. 137-160.

Smullyan, R., *Les théorèmes d'incomplétude de Gödel* (trad. M. Margenstern), Paris, Masson, 1993.

Stich, S.P., Consciousness revived, *Times Literary Review*, March 5, 1993, p. 5-6.

Thom, R., *La science malgré tout*, Encyclopaedia Universalis, Organum.

Thom, R., *Prédire n'est pas expliquer*, Paris, Ed. Eshel, 1991.

Turing, A.M., «Computing Machinery and Intelligence», *Mind*, LIX, 1950 (trad. franç. in *Sciences Cognitives, Textes fondateurs 1943-1950*, A. Pélissier et A. Tête (Eds), Paris, P.U.F., 1994).

Turing, A.M., «On Computable Numbers, with an Application to the Entscheidungs problem», *Proceedings of the London Mathematical Society*, LXII, 1936, p. 230-265.

Van de Vijver, G., *New perspectives on cybernetics : self-organization, autonomy and connectionism*, Kluwer Academic Publ., 1992.

Van de Vijver, G., «D'une naturalisation du sens dans les sciences cognitives» in *Proc. du 1ᵉʳ congrès biennal de AFCET*, vol. 8 : *Systémique et Cognition*, Versailles, 1993, p. 269-281.

Van de Vijver, G., «Het ontstaan van betekenis : argumenten voor een schematisme van de struktuur», *Rondzendbrief uit het Freudiaanse Veld*, vol. 5, nr 4, 1986, p. 27-43.

Van Gelder, T., «Classical Questions, Radical Answers : Connectionism and the Structure of Mental Representations» *in Connectionism and the Philosophy of Mind*, T. Horgan & J. Tienson (Eds), Dordrecht, Kluwer Academic Publishers, 1991, p. 355-382.

Van Gelder, T., «What is the «D» *in* «PDP» ? A Survey of the Concept of Distribution» *in Philosophy and Connectionist Theory*, W. Ramsey, S.P. Stich & D.E. Rumelhart (Eds), Hillsdale, Lawrence Erlbaum Publishers, 1991, p. 33-61.

Vandamme, F., Hellinck, A., Mortier, C., Lexicon voor geavanceerde informatica, toegepaste epistemologie en cognitieve wetenschappen, Gent, Communicatie & Cognitie.

Varela, F., Thompson F. E., Rosch, E., *L'inscription corporelle de l'esprit*, Paris, Seuil, 1993.

Varela, F., *Autonomie et Connaissance*, Paris, Seuil, 1989.

Varela, F., *Connaître*, Paris, Seuil, 1989.

Vincent, J.-D., *Biologie des passions*, Paris, Seuil, 1986.

von Glaserfeld, E., Introduction à un constructivisme radical *in* P. Watzlawick (Ed.), *L'invention de la réalité*, Paris, Seuil, 1988.

Wanet-Defalque, M.C., *Influence de la cécité sur la perception de l'espace*, Thèse de doctorat en Psychologie, UCL, 1987.

Winograd, T., Flores, F., *L'intelligence artificielle en question*, Paris, P.U.F., 1989.

Zaner, R.M. (Ed.), *Death : Beyond Whole-Brain Criteria*, Kluwer Academic Publishers, Dordrecht, Holland, 1988.

Zarader, M., *Heidegger et les paroles de l'origine*, Paris, Vrin, 1986.

Zenoni, A., *Le corps de l'être parlant*, Bruxelles, De Boeck, 1991.

Index des noms

Abrahamsen, 138
Adams, 178
Ampère, 145, 162
Andler, 119, 120, 121, 137, 150, 151, 156
Aristote, 11-28, 110, 117, 220
Armstrong, 177
Arnaud, 39
Ash, 113
Atlan, 157

Barrucand, 266
Beaufret, 153
Bechtel, 138, 152, 245
Belot, 58, 59, 69, 75, 77
Bergson, 38, 39, 40, 53-69, 155-166, 220
Bernard-Weil, 103
Berthoz, 130, 148, 152
Bohr, 156-166
Boisacq-Schepens, 214
Bondi, 164
Boole, 121
Brandt, 130
Brehier, 153
Brentano, 140, 141, 153, 212
Brickhill, 113
Brierley, 178

Calligaris, 266
Camus, 153
Canguilhem, 139, 152
Cankara, 165, 166

Cassin, 113
Chalmers, 150
Changeux, 54, 70, 72, 126, 128, 150, 151, 155, 156, 177, 181, 214, 236
Chauvin, 181
Chemana, 265
Chomsky, 132
Chopra, 166
Church, 222, 227, 243
Churchland, 152, 159, 181, 227
Clark, 103
Clifford, 163
Colby, 153
Condillac, 126
Corballis, 157
Crick, 206
Crommelinck, 152, 214
Crossley, 113
Cullmann, 215
Cummins, 103

d'Espagnat, 164-166
Dagognet, 181
Danchin, 214
Davalo, 112
Davies, 163, 164
De Broglie, 161
De Neuter, 267
de Waelhens, 141, 153
Debru, 181
Delay, 176, 179

Dennett, 121, 151, 156, 181, 234, 236, 244
Descartes, 37-51, 57, 125, 155-165, 220-243
Deutsch, 158
Dichgans, 130
Dirac, 156
Dolto, 266
Dreyfus, 227
Duhamel, 153.

Eccles, 155, 181
Edelman, 177, 181-215
Einstein, 161-164
Engelhardt, 173, 178, 179
Everett, 159

Faraday, 162
Faust, 143, 144
Feigl, 156, 159
Feltz, 150, 215
Feynmann, 156
Flores, 153
Fodor, 85-97, 102, 103, 124, 126, 148, 151, 236-242
Frege, 121
Freud, 247-267
Frölich, 158

Gadamer, 140
Galilée, 156, 162, 243
Gardner, 244
Gauchet, 181
General Problem Solver, (GPS), , 231
Glashow, 163
Gödel, 107, 108, 113, 222, 227, 243
Goethe, 143, 144
Goldstein, 43
Goschke, 102, 103
Goulon, 171, 178
Graham, 178
Green, 173, 178
Guitton, 152

Hebb, 134, 152
Hegel, 35
Heidegger, 117-143, 150, 153
Hein, 145, 146
Heisenberg, 156, 160, 161
Heitler, 157
Held, 145, 146
Hellin, 102
Hilbert, 159, 222, 227, 243
Hodges, 222, 244
Hofstadter, 233, 244-245
Hopfield, 134, 135, 238
Horgan, 152
Hottois, 113
Hubel, 234

Hume, 125-127, 151
Husserl, 35, 50, 140
Hyperaspites, 38

Jacob, 156
James, 145, 162, 195, 198, 211
Jankélévitch, 54-69, 77
Jeannerot, 153
Jennett, 174, 178
Johnson, 139
Jordan, 164

Kandel, 234
Kant, 35, 44, 50, 127--131, 151, 232
Kauffman, 112
Kierkegaard, 35
Kissel, 266
Klee, 104
Koppelberg, 102-103

La Mettrie, 225
Lacan, 247-267
Ladrière, 113, 150, 153, 210, 211, 215
Lakatos, 118, 122, 150
Lebrun, 262, 267
Leibniz, 236
Lewis, 177
Locke, 125
Lockwood, 156-163
Lorenz, 157
Löwenheim, 108

Maine de Biran, 38, 39, 40, 140, 144, 145, 153
Malebranche, 38-41, 51
Mandler, 151
Marr, 237, 241
Marshall, 158
Mason, 157
Mauss, 253
Maxwell, 162, 163
Mayr, 205
McClelland, 152, 238
McCulloch, 121, 133, 151, 222-243
McLaughlin, 103
Melman, 256, 266
Mendelson, 113
Merleau-Ponty, 33- 51, 54, 68, 69, 140-149, 152, 153, 212, 213
Mesland, 38
Meyer, 136, 152
Miller , 111, 244
Misrahi, 165
Missa, 178, 181, 245
Molinari, 179
Mollaret, 171, 178
Moltmann, 215
Mortier, 102

Morus, 39
Müller, 266

Nadel, 152
Nagel E., 104, 215
Nagel T. , 170, 176, 177, 179, 181
Naim, 112
Narcy, 113
Newell, 102, 231
Newton, 156, 158, 162
Nottebohm, 234

O'Keefe, 131, 132, 152
Oschima, 266

Pacherie, 245
Paillard, 129, 151, 245
Pais, 162
Pankow, 253
Pavlov, 42, 259
Peano, 121
Penrose, 110, 113, 158, 163, 215
Petitot, 81, 103, 104, 240, 241, 243
Piaget, 132, 146, 153, 245
Piatelli-Palmarini, 104, 152
Pitts, 121, 133, 151, 224-243
Place, 177
Planck, 159, 160
Platon, 50, 118, 150, 170
Plum, 174, 178
Politzer, 68, 77
Popper, 118, 155, 181
Prigogine, 209
Princeton, 164
Puccetti, 172, 178
Putnam, 156
Pylyshyn, 85-96, 102, 103, 234

Raimbault, 258, 266, 267
Ribot, 235, 244
Richelle, 181
Ricoeur, 145, 146, 149, 153
Rose, 181
Rosenberg, 215
Roth, 104
Roucoux, 152
Rumelhart, 152, 238
Russell, 121, 126, 156, 224, 226, 231

Salam, 157, 163, 164
Schopenhauer, 140
Schreber, 253, 266

Schrödinger, 156-166
Schyns, 239, 245,
Searle, 143, 153, 179, 227, 229, 244
Sejnowski, 135, 136, 152
Shannon, 222, 243
Simon, 231, 233
Simpson, 178
Sinaceur, 113
Sirius, 37, 46
Skolem, 108
Smart, 177
Smolensky, 88-98, 152, 156, 238
Smullyan, 113
Spinoza, 51, 164, 165, 166
Spitz, 251, 252, 266
Stapp, 158, 164
Stengers, 70
Stillwell, 113

Tannoudji, 163
Tarski , 109
Thom, 104, 118, 150, 156, 157, 160
Tienson, 152
Turing, 221-243, 244

Van de Vijver, 103, 152
Van Dormael, 266
Van Gelder, 102, 103
Vandamme, 102
Varela, 121-143, 151-153
Vincent, 54, 70, 181
von Glasersfeld, 238, 245
von Neumann, 123, 159, 222,-242, 243
von Uexküll, 130
von Weizsaecker, 144

Wanet-Defalque, 153
Watson, 42
Watzlawick, 245
Weinberg, 163
Whitehead, 121, 224, 226, 231
Wiener, 222, 243
Wiesel, 234
Wigner, 159, 163
Williams, 113
Winkler, 173, 178
Winograd, 153

Young, 161

Zarader, 153
Zenoni, 261, 265

Index des matières

algorithme, 88-98, 135-137, 226-239
aliénation, 254, 257
âme, 11-31, 34-45, 53-68, 125-156, 170, 171, 196, 204, 220
animal, 26, 58, 59, 60, 105, 157, 187-200, 220-249, 250-264
aphasie, 43
apprentissage, 119-147, 192-208, 234, 239
artefact, 106-112, 139
associationnisme, 86
atomisme, 126, 160
auto-organisation, 122, 135, 136
automatisme, 58
axiomatique, 107-109, 222-242

behaviorisme, 42, 144
boîte noire, 98, 100, 224-243

calcul, 56, 121-137, 142, 224-241
carte, 186-194
carte neuronale, 128
catastrophe, 99, 101
cause, 14, 36-50, 59-62, 81-102, 118-145, 173, 203, 220-241, 261
cerveau, 53-69, 85-100, 105-111, 121-149, 155, 158, 161, 169-177, 181-209, 220-244
cervelet, 173, 193, 198
clinique, 171-177, 250-263
cogito, 33-49, 57, 141
cognitif, 13, 81-100, 107, 117-149, 155, 156, 166, 172, 175, 177, 182-207, 219-243
coma, 171-174
complexité, 14-24, 66, 68, 86, 135, 204, 205, 221-238
compositionnalité, 81-99
computation, 122, 123

connexion, 47, 68, 81-101, 121-138, 230-243
conscience, 12-20, 42-48, 53-69, 119-145, 155-165, 172-177, 182-213, 233
consistance, 20, 25, 108, 237, 256
corporéité, 24-31, 33, 38, 110-112, 139, 141, 223
corps des signifiants, 249, 257
corps expressif, 33-51
corps morcelé, 253
corps propre, 33-50, 147, 229, 256
corps symbolique, 249-259
corps, 13-31, 33-51, 53-69, 111, 112, 124-131, 155-166, 170-175, 181-213, 219-243, 247-265
cortex, 130, 148, 170, 172, 184-200, 223-243, 253, 256
cosmologie, 112, 163
cybernétique, 121, 133, 226-236

désir, 55, 119-149, 250-265
déterminisme, 56, 112, 156, 203, 209, 261
devenir, 24, 45-51, 117, 172, 224, 242, 248-263
dialectique, 37-51, 64, 118, 141, 162
diencéphale, 176
douleur, 44, 176, 258
doute, 35-45, 57, 59, 82, 92, 239
dualisme, 17, 34-51, 55-65, 142, 164, 165, 213, 241, 243, 249

émergence, 24, 81-101, 111, 122, 191-213, 136, 223-242, 252
émerger, 137-143, 173
épiphénomène, 61, 136
esprit, 13, 16, 36-51, 53-69, 92, 117-149, 155-166, 169-176, 181-212, 219-243, 249

état d'âme, 65, 66
état psychologique, 56, 63
état végétatif chronique, 172-176
étendue, 36-39, 61, 64, 137, 155-165, 220
éveil, 161, 174-177, 255
existence, 13-30, 34- 51, 59, 68, 95, 101, 108, 125-145, 158, 173, 195, 197, 204, 221-243, 258, 259, 263

fantasme, 250-264
fonction, 21-29, 35-43, 54-64, 85-96, 119-144, 156-164, 171-177, 185-207, 220-241, 248-264
formalisation, 107-112, 118, 138, 149, 206, 209, 210, 225-242
formation réticulée, 176
forme, 12-31, 33-51, 58, 62, 64, 82-101, 112-148, 155, 157, 160, 174, 182-193, 226-244, 252-262

glande pinéale, 220

hardware, 231, 233, 234
harmonie, 36-49, 149
hémisphère, 157, 172-177
hippocampe, 122, 131, 134, 193, 194, 198
hospitalisme, 250-261
hystérique, 247-263

idéalisme, 42, 59-68
identité, 37, 46, 47, 156, 159, 162, 173, 195, 227-239
imagerie médicale, 120, 170
imaginaire, 248-263
immanence, 49, 141
implémentation, 87, 88, 89, 224-240
incarnation, 30, 69, 219-244
indécidabilité, 107
information, 13, 54, 96, 99, 107, 121-147, 158-166, 189, 193, 224-243
intelligence artificielle, 105, 112, 120, 133, 143, 155, 158, 221
intelligence, 111
intentionnalité, 68, 122-149, 203-212, 227, 237
intériorité, 36, 142, 170
intersubjectivité, 46, 49, 50
introspection, 162, 176
irréfléchi, 35, 41, 48

langage formel, 44, 47, 50, 105-109, 244
langage, 31, 44-50, 67, 83-101, 106-110, 117-141, 155, 160, 161, 193-200, 223-242, 249-261
liberté, 11, 14, 42, 56-64, 108, 112, 166, 203-213, 257
limitation interne, 222
localisation, 43, 62, 66, 130, 132

logique booléenne, 224, 226, 242

machine de Turing, 223-243
machine formelle, 105, 106, 111
matérialisme, 42, 44, 50, 54, 60, 61, 121, 155, 156, 164, 169, 170, 171, 223, 225
mémoire, 53-67, 119-155, 161, 177, 188-208, 257
métaphore, 57-67, 156, 157, 161, 205, 207, 234, 235, 256
modèle, 16, 37, 66, 82-101, 108, 109, 156, 163, 187-210, 222-244
monisme, 51, 61, 156, 164, 166, 241, 243
morale, 60, 204
morphodynamique, 81-101, 240
mort cérébrale, 171, 172, 177
mort corticale, 172
mort, 13-31, 170-173, 187, 202, 204, 236, 248, 259, 262, 263

naturalisation, 99, 237
néant, 36, 37, 41, 49
néo-connexionnisme, 133, 134
neurone formel, 226
neurosciences, 181-213
noeud borroméen, 250

objectivité, 33, 34, 141
ontogenèse, 129, 192

parallélisme, 53-66, 85, 86, 158, 230, 235
pensée, 11-31, 34-49, 53-66, 83-101, 105-110, 121-149, 155-165, 183-209, 220-244, 259, 260, 262
perception, 34-50, 57-68, 119-148, 158, 170, 176, 177, 212, 233-242, 252
personnalité, 14, 57
personne, 15-18, 47, 60, 156, 170-175, 195-204, 252, 254, 263
placebo, 251, 252, 261
positiviste, 36, 51, 242
principe d'incertitude, 161
principe de complémentarité, 159-166
principe de non-contradiction, 109, 110
produit tensoriel, 94, 95, 97
protubérance, 173
pulsion, 248

réalisme, 59-68, 125, 132
reconnaissance, 40, 57, 58, 107, 133, 144, 147, 195, 226, 241, 248
réduction, 61, 64, 126, 139, 159, 160, 164, 182-213, 223, 227
réel, 12-30, 37, 58, 67, 108, 118-143, 160, 165, 194-210, 227, 243, 248-265
référentiel, 130, 131
religieux, 60
représentation distribuée, 87-94

représentation mentale, 119, 124
réseau de neurones, 133, 137, 209, 225
réseau d'automates, 209
robot, 111, 150

sémantique, 81-101, 123-144, 195, 200, 201, 229, 237, 241
sensation, 56, 58, 61, 126-149, 164, 175, 196, 197, 259
sentiment, 34-41, 55, 56, 65, 119, 144, 162, 196, 253, 254
software, 234
sommeil, 127, 171-176
spiritualisme, 42, 43, 44, 119, 169
structure, 12-25, 33-50, 58, 60, 68, 81-86, 105, 106, 119-144, 156, 177, 182-210, 220-242, 253-262
subjectivité, 35, 36, 37, 254
superimposition, 87
superposition, 24, 26, 87, 94, 159

symbole, 37, 43, 44, 48, 81-101, 106, 121-138, 165, 201, 223-241, 248-264
syntaxe, 81-98, 106, 124, 200, 201, 229-243
système cérébral, 57, 176
système cortical, 228
système médullaire, 57
système nerveux, 57, 131-148, 158, 171, 207, 208, 212, 223-238, 248
systèmes centraux, 124
systèmes périphériques, 124

théorème, 107, 108, 231
théorie du double aspect, 170, 175
transcendance, 48, 49, 112, 141
tronc cérébral, 171-177, 198, 199

verres de spin, 238
vigilance, 176

Table des matières

Introduction 5
B. FELTZ et D. LAMBERT

Première partie
PERSPECTIVES HISTORIQUES

Chapitre 1
Le problème de l'âme et du corps dans la conception classique 11
J. LADRIÈRE

Chapitre 2
Du corps objet au corps expressif : l'ontologie phénoménologique
de Merleau-Ponty 33
J. DUCHÊNE

Chapitre 3
La Relation du corps à l'esprit selon Henri Bergson 53
A. PETIT

Deuxième partie
APPROCHES FORMELLES

Chapitre 4
La constituance et l'émergence du sens. Les points de vue classique,
connexionniste et morphodynamique 81
G. VAN DE VIJVER

Chapitre 5
De l'intelligence formelle à l'intelligence artificielle 105
D. LAMBERT

Troisième partie
NEUROSCIENCES

Chapitre 6
Neurones, architectures cognitives et intentionnalité.................... 117
M. CROMMELINCK

Chapitre 7
**Le «mind-body problem» en neurobiologie : de l'âge «classique»
à l'âge «quantique» ?** 155
G. FORZY et Ph. GALLOIS

Quatrième partie
PHILOSOPHIE DE LA BIOLOGIE

Chapitre 8
**Mort du cerveau et «état végétatif chronique» :
le problème de la relation esprit-cerveau à la fin de la vie**.................... 169
J.-N. MISSA

Chapitre 9
Neurosciences et réductionnisme Une lecture de G. M. Edelman........ 181
B. FELTZ

Cinquième partie
PSYCHOLOGIE

Chapitre 10
Le Mind-Body Problem. Petite chronique d'une incarnation.............. 219
A. TÊTE

Chapitre 11
**Ni ange, ni bête ou : la nécessaire intrication des trois registres
du corps humain** 247
P. DE NEUTER

En guise de conclusion 269
B. FELTZ et D. LAMBERT

Bibliographie 273

Index 281

Imprimé en Belgique par Pierre Mardaga, Liège.

CHEZ LE MÊME ÉDITEUR

PSYCHOLOGIE ET SCIENCES HUMAINES
collection publiée sous la direction de MARC RICHELLE

1 Dr Paul Chauchard : LA MAITRISE DE SOI. 9ᵉ éd.
7 Paul-A. Osterrieth : FAIRE DES ADULTES. 16ᵉ éd.
9 Daniel Widlöcher : L'INTERPRETATION DES DESSINS D'ENFANTS. 9ᵉ éd.
11 Berthe Reymond-Rivier : LE DEVELOPPEMENT SOCIAL DE L'ENFANT ET DE L'ADOLESCENT. 9ᵉ éd.
22 H. T. Klinkhamer-Steketée : PSYCHOTHERAPIE PAR LE JEU. 3ᵉ éd.
24 Marc Richelle : POURQUOI LES PSYCHOLOGUES? 6ᵉ éd.
25 Lucien Israel : LE MEDECIN FACE AU MALADE. 5ᵉ éd.
26 Francine Robaye-Geelen : L'ENFANT AU CERVEAU BLESSE. 2ᵉ éd.
27 B.F. Skinner : LA REVOLUTION SCIENTIFIQUE DE L'ENSEIGNEMENT. 3ᵉ éd.
29 J.C. Ruwet : ETHOLOGIE : BIOLOGIE DU COMPORTEMENT. 3ᵉ éd.
38 B.-F. Skinner : L'ANALYSE EXPERIMENTALE DU COMPORTEMENT. 2ᵉ éd.
40 R. Droz et M. Rahmy : LIRE PIAGET. 3ᵉ éd.
42 Denis Szabo, Denis Gagné, Alice Parizeau : L'ADOLESCENT ET LA SOCIETE. 2ᵉ éd.
43 Pierre Oléron : LANGAGE ET DEVELOPPEMENT MENTAL. 2ᵉ éd.
45 Gertrud L. Wyatt : LA RELATION MERE-ENFANT ET L'ACQUISITION DU LANGAGE. 2ᵉ éd.
49 T. Ayllon et N. Azrin : TRAITEMENT COMPORTEMENTAL EN INSTITUTION PSYCHIATRIQUE
52 G. Kellens : BANQUEROUTE ET BANQUEROUTIERS
55 Alain Lieury : LA MEMOIRE
58 Jean-Marie Paisse : L'UNIVERS SYMBOLIQUE DE L'ENFANT ARRIERE MENTAL
59 Jacques Van Rillaer : L'AGRESSIVITE HUMAINE
61 Jérôme Kagan : COMPRENDRE L'ENFANT
62 Michel S. Gazzaniga : LE CERVEAU DEDOUBLE
64 X. Seron, J.L. Lambert, M. Van der Linden : LA MODIFICATION DU COMPORTEMENT
65 W. Huber : INTRODUCTION A LA PSYCHOLOGIE DE LA PERSONNALITE. 2ᵉ éd.
66 Emile Meurice : PSYCHIATRIE ET VIE SOCIALE
67 J. Château, H. Gratiot-Alphandéry, R. Doron et P. Cazayus : LES GRANDES PSYCHOLOGIES MODERNES
68 P. Sifnéos : PSYCHOTHERAPIE BREVE ET CRISE EMOTIONNELLE
69 Marc Richelle : B.F. SKINNER OU LE PERIL BEHAVIORISTE
70 J.P. Bronckart : THEORIES DU LANGAGE
71 Anika Lemaire : JACQUES LACAN. 2ᵉ éd. revue et augmentée.
72 J.L. Lambert : INTRODUCTION A L'ARRIERATION MENTALE
73 T.G.R. Bower : DEVELOPPEMENT PSYCHOLOGIQUE DE LA PREMIERE ENFANCE
74 J. Rondal : LANGAGE ET EDUCATION
75 Sheila Kitzinger : PREPARER A L'ACCOUCHEMENT
76 Ovide Fontaine : INTRODUCTION AUX THERAPIES COMPORTEMENTALES
77 Jacques-Philippe Leyens : PSYCHOLOGIE SOCIALE. 2ᵉ éd.
78 Jean Rondal : VOTRE ENFANT APPREND A PARLER
79 Michel Legrand : LE TEST DE SZONDI
80 H.J. Eysenck : LA NEVROSE ET VOUS
81 Albert Demaret : ETHOLOGIE ET PSYCHIATRIE
82 Jean-Luc Lambert et Jean A. Rondal : LE MONGOLISME
83 Albert Bandura : L'APPRENTISSAGE SOCIAL
84 Xavier Seron : APHASIE ET NEUROPSYCHOLOGIE
85 Roger Rondeau : LES GROUPES EN CRISE?

86 J. Danset-Léger : L'ENFANT ET LES IMAGES DE LA LITTERATURE ENFANTINE
87 Herbert S. Terrace : NIM. UN CHIMPANZE QUI A APPRIS LE LANGAGE GESTUEL
88 Roger Gilbert : BON POUR ENSEIGNER?
89 Wing, Cooper et Sartorius : GUIDE POUR UN EXAMEN PSYCHIATRIQUE
90 Jean Costermans : PSYCHOLOGIE DU LANGAGE
91 Françoise Macar : LE TEMPS, PERSPECTIVES PSYCHOPHYSIOLOGIQUES
92 Jacques Van Rillaer : LES ILLUSIONS DE LA PSYCHANALYSE. 2e éd.
93 Alain Lieury : LES PROCEDES MNEMOTECHNIQUES
94 Georges Thinès : PHENOMENOLOGIE ET SCIENCE DU COMPORTEMENT
95 Rudolph Schaffer : COMPORTEMENT MATERNEL
96 Daniel Stern : MERE ET ENFANT, LES PREMIERES RELATIONS
97 R. Kempe & C. Kempe : L'ENFANCE TORTUREE
98 Jean-Luc Lambert : ENSEIGNEMENT SPECIAL ET HANDICAP MENTAL
99 Jean Morval : INTRODUCTION A LA PSYCHOLOGIE DE L'ENVIRONNEMENT
100 Pierre Oleron et al. : SAVOIRS ET SAVOIR-FAIRE PSYCHOLOGIQUES CHEZ L'ENFANT
101 Bernard I. Murstein : STYLES DE VIE INTIME
102 Rondal/Lambert/Chipman : PSYCHOLINGUISTIQUE ET HANDICAP MENTAL
103 Brédart/Rondal : L'ANALYSE DU LANGAGE CHEZ L'ENFANT
104 David Malan : PSYCHODYNAMIQUE ET PSYCHOTHERAPIE INDIVIDUELLE
105 Philippe Muller : WAGNER PAR SES REVES
106 John Eccles : LE MYSTERE HUMAIN
107 Xavier Seron : REEDUQUER LE CERVEAU
108 Moreau/Richelle : L'ACQUISITION DU LANGAGE
109 Georges Nizard : ANALYSE TRANSACTIONNELLE ET SOIN INFIRMIER
110 Howard Gardner : GRIBOUILLAGES ET DESSINS D'ENFANTS, LEUR SIGNIFICATION
111 Wilson/Otto : LA FEMME MODERNE ET L'ALCOOL
112 Edwards : DESSINER GRACE AU CERVEAU DROIT
113 Rondal : L'INTERACTION ADULTE-ENFANT
114 Blancheteau : L'APPRENTISSAGE CHEZ L'ANIMAL
115 Boutin : FORMATION ET DEVELOPPEMENTS
116 Húsen : L'ECOLE EN QUESTION
117 Ferrero/Besse : L'ENFANT ET SES COMPLEXES
118 R. Bruyer : LE VISAGE ET L'EXPRESSION FACIALE
119 J.P. Leyens : SOMMES-NOUS TOUS DES PSYCHOLOGUES?
120 J. Château : L'INTELLIGENCE OU LES INTELLIGENCES?
121 M. Claes : L'EXPERIENCE ADOLESCENTE
122 J. Hayes et P. Nutman : COMPRENDRE LES CHOMEURS
123 S. Sturdivant : LES FEMMES ET LA PSYCHOTHERAPIE
124 A. Pomerleau et G. Malcuit : L'ENFANT ET SON ENVIRONNEMENT
125 A. Van Hout et X. Seron : L'APHASIE DE L'ENFANT
126 A. Vergote : RELIGION, FOI, INCROYANCE
127 Sivadon/Fernandez-Zoïla : TEMPS DE TRAVAIL, TEMPS DE VIVRE
128 Born : JEUNES DEVIANTS OU DELINQUANTS JUVENILES?
129 Hamers/Blanc : BILINGUALITE ET BILINGUISME
130 Legrand : PSYCHANALYSE, SCIENCE, SOCIETE
131 Le Camus : PRATIQUES PSYCHOMOTRICES
132 Lars Fredén : ASPECTS PSYCHOSOCIAUX DE LA DEPRESSION
133 Mount : LA FAMILLE SUBVERSIVE
134 Magerotte : MANUEL D'EDUCATION COMPORTEMENTALE CLINIQUE
135 Dailly/Moscato : LATERALISATION ET LATERALITE CHEZ L'ENFANT
136 Bonnet/Tamine-Gardes : QUAND L'ENFANT PARLE DU LANGAGE
137 Bruyer : LES SCIENCES HUMAINES ET LES DROITS DE L'HOMME

138 Taulelle : L'ENFANT A LA RENCONTRE DU LANGAGE
139 de Boucaud : PSYCHOLOGIE DE L'ENFANT ASTHMATIQUE
140 Duruz : NARCISSE EN QUETE DE SOI
141 Feyereisen/de Lannoy : PSYCHOLOGIE DU GESTE
142 Florin et al. : LE LANGAGE A L'ECOLE MATERNELLE
143 Debuyst : MODELE ETHOLOGIQUE ET CRIMINOLOGIE
144 Ashton/Stepney : FUMER
145 Winkel et al. : L'IMAGE DE LA FEMME DANS LES LIVRES SCOLAIRES
146 Bideau/Richelle : PSYCHOLOGIE DEVELOPPEMENTALE
147 Schmid-Kitsikis : THEORIE CLINIQUE ET FONCTIONNEMENT MENTAL
148 Guggenbühl/Craig : POUVOIR ET RELATION D'AIDE
149 Rondal : LANGAGE ET COMMUNICATION CHEZ LES HANDICAPES MENTAUX
150 Moscato et al. : FONCTIONNEMENT COGNITIF ET INDIVIDUALITE
151 Château : L'HUMANISATION OU LES PREMIERS PAS DES VALEURS HUMAINES
152 Avery/Litwack : NEE TROP TOT
153 Rondal : LE DEVELOPPEMENT DU LANGAGE CHEZ L'ENFANT TRISOMIQUE 21
154 Kellens : QU'AS-TU FAIT DE TON FRERE?
155 Rondal/Henrot : LE LANGAGE DES SIGNES
156 Lafontaine : LE PARTI PRIS DES MOTS
157 Bonnet/Hoc/Tiberghien : AUTOMATIQUE, INTELLIGENCE ARTIFICIELLE ET PSYCHOLOGIE
158 Giovannini et al. : PSYCHOLOGIE ET SANTE
159 Wilmotte et al. : LE SUICIDE
160 Giurgea : L'HERITAGE DE PAVLOV
161 Ionescu : MANUEL D'INTERVENTION EN DEFICIENCE MENTALE N° 1
162 Ionescu : MANUEL D'INTERVENTION EN DEFICIENCE MENTALE N° 2
163 Pieraut-Le Bonniec : CONNAITRE ET LE DIRE
164 Huber : PSYCHOLOGIE CLINIQUE AUJOURD'HUI
165 Rondal et al. : PROBLEMES DE PSYCHOLINGUISTIQUE
166 Slukin : LE LIEN MATERNEL
167 Baudour : L'AMOUR CONDAMNE
168 Wilwerth : VISAGES DE LA LITTERATURE FEMININE
169 Edwards : VISION, DESSIN, CREATIVITE
170 Lutte : LIBERER L'ADOLESCENCE
171 Defays : L'ESPRIT EN FRICHE
172 Broome Walace : PSYCHOLOGIE ET PROBLEMES GYNECOLOGIQUES
173 Aimard : LES BEBES DE L'HUMOUR
174 Perruchet : LES AUTOMATISMES COGNITIFS
175 Bawin-Legros : FAMILLES, MARIAGE, DIVORCE
176 Pourtois/Desmet : EPISTEMOLOGIE ET INSTRUMENTATION EN SCIENCES HUMAINES
177 Sloboda : L'ESPRIT MUSICIEN
178 Fraisse : POUR LA PSYCHOLOGIE SCIENTIFIQUE
179 Ruffiot : PSYCHOLOGIE DU SIDA
180 McAdams/Deliège : LA MUSIQUE ET LES SCIENCES COGNITIVES
181 Argentin : QUAND FAIRE C'EST DIRE...
182 Van der Linden : LES TROUBLES DE LA MEMOIRE
183 Lecuyer : BEBES ASTRONOMES, BEBES PSYCHOLOGUES : L'INTELLIGENCE DE LA 1re ANNEE
184 Immelmann : DICTIONNAIRE DE L'ETHOLOGIE
185 Collectif : ACTEUR SOCIAL ET DELINQUANCE
186 Fontana : GERER LE STRESS
187 Bouchard : DE LA PHENOMENOLOGIE A LA PSYCHANALYSE
188 Chanceaulme : MOURIR, ULTIME TENDRESSE
189 Rivière : LA PSYCHOLOGIE DE VYGOTSKY

190 Lecoq : APPRENTISSAGE DE LA LECTURE ET DYSLEXIE
191 de Montmolin/Amalberti/Theureau : MODÈLES DE L'ANALYSE DU TRAVAIL
192 Minary : MODÈLES SYSTÉMIQUES ET PSYCHOLOGIE
193 Grégoire : ÉVALUER L'INTELLIGENCE DE L'ENFANT
194 Gommers/van den Bosch/de Aguilar : POUR UNE VIEILLESSE AUTONOME
195 Van Rillaer : LA GESTION DE SOI
196 Lecas : L'ATTENTION VISUELLE
197 Macquet : TOXICOMANIES ET FORMES DE LA VIE QUOTIDIENNE
198 Giurgea : LE VIEILLISSEMENT CÉRÉBRAL
199 Pillon : LA MÉMOIRE DES MOTS
200 Pouthas/Jouen : LES COMPORTEMENTS DU BÉBÉ : EXPRESSION DE SON SAVOIR ?
201 Montangero/Maurice-Naville : PIAGET OU L'INTELLIGENCE EN MARCHE
202 Colin A. Epsie : LE TRAITEMENT PSYCHOLOGIQUE DE L'INSOMNIE
203 Samalin-Amboise : VIVRE À DEUX
204 Feltz/Lambert : ENTRE LE CORPS ET L'ESPRIT

Manuels et Traités

Droz-Richelle : MANUEL DE PSYCHOLOGIE
Hurtig-Rondal : MANUEL DE PSYCHOLOGIE DE L'ENFANT (Tome 1)
Hurtig-Rondal : MANUEL DE PSYCHOLOGIE DE L'ENFANT (Tome 2)
Hurtig-Rondal : MANUEL DE PSYCHOLOGIE DE L'ENFANT (Tome 3)
Rondal-Seron : LES TROUBLES DU LANGAGE (DIAGNOSTIC ET REEDUCATION)
Fontaine/Cottraux/Ladouceur : CLINIQUES DE THERAPIE COMPORTEMENTALE
Godefroid : LES CHEMINS DE LA PSYCHOLOGIE